MIND IN THE BALANCE

MIND IN THE BALANCE

Copyright ⓒ 2009 Columbia University Press.
All rights reserved.

Korean translation copyright ⓒ 2012 by GOBS
Korean translation rights arranged with COLUMBIA UNIVERSITY PRESS
through EYA(Eric Yang Agency).

이 책의 한국어판 저작권은 EYA(Eric Yang Agency)를 통해 COLUMBIA UNIVERSITY PRESS와 독점계약한
'㈜지오비스'에 있습니다. 저작권법에 의하여 한국 내에서 보호를 받는 저작물이므로 무단전재와 복제를 금합니다.

MIND IN THE BALANCE

마음과 통찰

과학, 불교, 그리스도교에서 본 명상

앨런 월리스B. Alan Wallace 저 · 이창엽 옮김

클리어마인드
CLEARMIND

사라와 트로이

그리고

삶을 보다 넓게 이해하고 그 의미를 찾으려는 모든 이들을 위해

| **머리말** |

    2006년 가을에 나의 양녀 사라 볼랜드가 편지를 보내왔다. 사라는 먼저 자신의 인생에 매우 만족하고 있다고 했다. 그런데 이제 사라는 진심으로 마음을 닦아서 내면의 삶을 발전시키고 싶다고 했고, 그런 면에 도움이 되고 나중에 아들과도 함께 읽을 수 있는 책을 써 달라고 요청했다. 그녀는 자신의 가족뿐만 아니라 새로운 차원의 삶에 이르는 길을 모색하고 있는 모든 사람들에게 도움이 될 수 있는 책을 원했던 것이다.

    사라가 내게 그런 부탁을 하는 이유는, 내가 자신과 가까운 사람일 뿐만 아니라 그런 문제를 이해하는 데 필요한 동양과 서양의 전통에 모두 익숙하기 때문이었다. 나는 지난 38년 동안 달라이 라마를 비롯한 많은 위대한 명상 스승들로부터 가르침을 받았다. 나는 달라이 라마로부터 계를 받아 승려가 되었고 14년 동안 인도, 티베트, 스리랑카, 스위스의 불교 사원에서 수행했다.

나는 승려였을 때와 그 후에도 계속 히말라야, 불교 사원, 사막에서, 그리고 캘리포니아에 있는 집에서 명상을 해 왔다. 또한 암허스트 대학에서 물리학과 과학철학을 전공했고, 스탠퍼드 대학에서 종교 연구로 박사 학위를 받았으며, 산타바바라 캘리포니아 대학에서 4년간 종교학을 가르치기도 했다.

1990년 이래 나는 주요 대학에서 여러 실험인지과학자들과 공동으로 명상이 정신과 감정의 균형과 행복에 미치는 영향을 연구하고 있다. 그리고 그런 연구를 추진하기 위해 〈산타바바라 의식연구소〉를 설립했다. 또 불교학자, 명상가, 철학자, 과학자를 대상으로 하는 여러 권의 책을 번역하고 저술했다.

하지만 사라는 자기 같은 일반인들을 위해 불교나 과학이나 철학의 전문용어를 사용하지 않고 마음과 인간의 본성에 대한 근본적 문제를 다루는 책을 써 달라고 요청했다. 그녀는 어렸을 때 항상 자신이 뭔가 진실로 위대하고 의미 있는 일을 하기 위해 태어났다고 느꼈다. 그런데 놀랍게도 가까운 친구들과 지인들 중에도 특별한 목적을 위해 이 세상에 태어난 것같이 느끼는 사람들이 많다는 걸 알게 되었다. 하지만 실제로 그 목적을 발견하거나 달성하는 사람들은 많지 않아 보였다. 모든 사람들이 위대함에 이르는 소명을 받았지만, 불행하게도 많은 사람들이 나이가 들면서 그 느낌이 잦아들고 그 문제에 대한 적절한 답을 얻지 못하는 것이었다. 그녀는 거기에는 틀림없이 어떤 이유가 있을 것이라고 생각했다.

사라는 오랫동안 그리스도인이었고 그리스도교에서 위대한 것을 많이 배우고 경험했지만, 아직 배워야 할 것이 훨씬 더 많이 있다고 생각했다. 특히 가장 순수하고 깊은 기도는 명상이라는 것을 직관적으로 느끼고 있었다. 그래서 가장 진실하고 오래된 명상법과 명상의 역사와 기원에 대해 알고 싶었다. 그녀는 명상을 통해 우리 모두가 알고 싶어 하는, 다음과 같은 물음에 답을 얻기를 바랐다. 나는 누구인가? 우리가 인생에서 해야 할 일은 단지 부모나 연인 또는 사회인이라는 역할뿐인가? 아니면 우리는 단지 환경에 의해 좌우되지 않고, 더 깊은 의미를 지닌 존재인가? 우리는 몸이 아닌 어떤 것으로서 존재하는가? 우리 인간은 죄악 속으로 태어나지만 본성이 완전히 선해지고 신과 하나임을 느끼도록 변화될 수 있는가?

또한 사라는 내가 오랫동안 다양한 연구를 통해 과학자들과 협력해 온 것을 알고 있었으므로, 인지과학자나 신경과학자들이 명상가들을 연구해서 무엇을 발견했는지를 알고 싶어 했다. 그런 연구에 의하면 지금 우리는 어느 정도의 경지에 이를 수 있는가? 또 그 너머에는 어떤 차원이 있는가? 그리고 보다 구체적으로, 평범한 사람들이 규칙적으로 명상하면 어떤 효과를 얻을 수 있는가? 명상하는 사람들은 어떤 문제들을 어려워하고, 또 그것을 어떻게 극복하는가? 불가지론자도 명상을 하면 도움을 얻을 수 있는가? 어떤 종교도 미심쩍어하고, 늘 바쁘게 살고 있는 현대인들이 어렵지 않게 배울 수 있는 명상법이 있는가?

나는 이러한 사라의 요청에 깊이 감동 받아서 이 책을 쓰게 되었다. 이 책에는 불교학자와 그리스도교 신학자, 명상가, 철학자, 심리학자, 신경과학자, 물리학자를 비롯해서 동양과 서양의 많은 스승들에게서 얻은 지혜가 담겨 있다. 이 책을 쓰는 일은 이전의 다른 책을 쓰는 일보다 더 즐거웠다. 나는 한 장(章)을 쓰고 나면 그것을 사라에게 보내서 검토해 달라고 했다. 그녀는 비판적 시각으로 원고를 읽고, 이해가 안 되는 부분을 명확하게 지적하고, 내가 미처 생각하지 못한 내용을 추가하고, 표현이 명료하지 못한 단락을 고치고, 관련이 없어 보이는 내용을 빼 달라고 했다. 사라는 내가 지난 35년 동안 책을 쓰면서 만난 어떤 편집자보다도 뛰어났다. 그녀는 책 내용에 깊은 관심이 있었고, 그동안 배운 것을 나누려는 나의 노력을 지지해 주었으며, 한편 나의 글이 만족스럽지 못하다고 느낄 때면 언제나 주저하지 않고 예리한 비평을 해 주었다.

이 책은 처음에 명상의 기원과 유익한 점에 대한 과학적 연구로 시작해서, 2부에서는 명상 수행과 이론에 초점을 맞춘 짝으로 된 장들이 이어진다. 수행에 관한 장들은 그리스도교와 불교에서 명상을 점진적으로 수행하는 것에 대해서 개괄적으로 말한다. 그 장들은 가장 기초적인 마음챙김 수행부터 시작해서, 가장 깊은 의식의 본질과 그것이 세계와 맺는 관계를 헤아리기 위해 고안된 가장 진보된 수행으로 막을 내린다.

그 수행법을 탐구하기 원하는 독자들은 이 책에서 수행에 대한 설명을 읽고 스스로 시도해 볼 수도 있고, 각 명상법에 대한 설명이 녹음된 CD를 사서 들으면서 배울 수도 있다. 그 CD는 〈산타바바라 의식연구소〉(http://sbinstitute.com)에서 구입할 수 있다. 그런데 명상 수행을 하려는 사람들은 명상을 몇 번 해 보고 나서 금방 어떤 성과를 얻을 수 있을 것이라고 기대해서는 안 된다. 명상을 통해 성과를 얻으려면 스승의 지도를 받으면서 대개 수년 동안 철저하게 수행해야만 한다.

처음에 내게 이 책을 써 달라고 요청하고, 이후 내가 최선을 다해 응답할 수 있도록 꾸준히 도와 준 사라에게 깊이 감사한다. 킴벌리 스노우는 편집에 대해 귀중한 제안을 해 주었고, 교정을 보는 데는 킴벌리 스노우와 랜시 린 클레반의 도움이 컸다. 프레드 쿠퍼, 애덤 프랭크, 벤 샤피로와 피에르 뤼기는 기술적인 면에서 많은 조언을 해 주었다. 원고를 전체적으로 다듬는 데 헌신적으로 노력한 브라이언 하델에게 특별히 감사하고 싶다. 마지막으로 이 책의 출판을 적극적으로 지지해 주었던 컬럼비아 대학 출판사의 종교·철학 분야 편집자 웬디 라처너와 탁월한 능력으로 전체 원고를 편집해 준 편집부국장 레슬리 크리셀에게 진심 어린 감사를 보낸다. 우리 모두의 노력이 모인 이 책이 삶을 보다 깊이 이해하고 인생에서 더 큰 성취를 이루기를 소망하는 많은 사람들에게 정말 도움이 되기를 바란다.

| 차례 |

머리말 _6

제1부 명상의 기원과 현재 _13

1. 나는 누구인가? _16
2. 명상의 기원 _22
3. 명상의 과학적 객관화 _33
4. 명상의 과학적 연구 _50

제2부 명상의 이론과 수행 _65

5. 수행 : 삶의 호흡에 집중하기 _68
6. 이론: 감각에 이르기 _71
7. 수행: 고요와 움직임의 통합 _80
8. 이론: 마음 알기와 치유하기 _87
9. 수행: 의식의 빛을 보라 _112
10. 이론: 의식의 본질을 탐구하기 _116
11. 수행 : 지켜보는 자의 본성을 살펴보기 _132
12. 이론: 의식의 기저 상태 _135

13. **수행** : 인식을 풀어 주기와 집중하기를 번갈아 하기 _146

14. **이론** : 시작도 끝도 없는 의식 _148

15. **수행** : 인식의 고요에 머물기 _176

16. **이론** : 회의론의 세계 _178

17. **수행** : 마음의 공을 명상하기 _201

18. **이론** : 불교의 참여하는 세계 _203

19. **수행** : 물질의 공을 명상하기 _221

20. **이론** : 철학과 과학의 참여하는 세계 _224

21. **수행** : 시작도 끝도 없는 의식에 머물기 _243

22. **이론** : 본래적 자각의 빛나는 공간 _245

23. **수행** : 행동하면서 명상하기 _271

24. **이론** : 전 우주 _273

25. **결론** : 우리는 무엇이 될 것인가? _284

옮긴이의 말 _288

MIND IN THE BALANCE

제1부

명상의 기원과 현재

명상의 기원과 현재

명상은 인간성의 가장 깊이 감추어진 비밀 중 하나이다. 만약 외계인이 지구에 와서 인간의 역사책을 읽고, 영화를 보고, 인터넷을 샅샅이 조사해서 인류를 연구한다면, 그들은 인간을 단지 표면적으로만 이해하게 될 것이다. 그리고 설령 외계인들이 명상에 대해 연구한다고 해도, 많은 사람들이 생각하고 있는 것처럼, 명상은 스트레스를 효과적으로 완화하는 이완요법이고, 병을 치료하는 데 도움을 주는 보조요법 정도로 여길 것이다. 사실 힌두교, 불교를 비롯한 몇몇 종교들에서는 경배의 일부로 명상을 하기도 한다. 그게 전부다!

하지만 명상이 의식과 우주를 탐구하는 정밀한 도구로도 사용될 수 있다는 점은 잘 알려져 있지 않다. 즉, 대상을 과학적으로 탐구하는 방식과 본질적으로 유사한 실증적 방법으로써 명상을 이용할 수 있다. 고대부터 전 세계 여러 전통의 명상가들은 내적 실재와, 그것이 외부 현상과 어떻게 연관되어 있는지에 대해 체계적으로 탐구하고 기록해 왔다. 물론 명상이 차분하고 평온하게 살아가는 데 도움을 주고, 몸과 마음의 건강에 좋다는 사실도 알게 되었다. 하지만 그것은 명상의 부수적 효과일 뿐이다.

설령 일부 명상가들이 그들이 발견한 것을 일부러 비밀에 부쳤다 해도, 오늘날 명상의 진정한 기원이 일반인들에게 알려지지 않은 이유는 주로 우리가 '종교'를 정의하는 조잡한 방식 때문이다. 많은 사람들이 종교란 단순히 종교적 권위를 믿는 것이라고 생각하기 때문에, "예수(혹은 무함마드나 모세)가 그렇게 말했기 때문에 믿는다."고 말하곤 한다. 그리고 경솔하게도, 종교적 권위자들의 계시를 맹목적으로 믿는 사람들과 영적 현상을 확인하고 직접 체험하기 위해서 탐구하는 '종교적인 사람들'이 똑같다고 생각한다. 하지만 이 둘은 정말 다르다. 이 두 성향의 '종교적' 수행자들이 똑같다고 생각하는 것은 해와 달이 모두 하늘에 있기 때문에 똑같다고 말하는 것과 마찬가지이다.

이 책은 명상에 대한 다문화적 관점을 제시한다. 명상은 생활 방식을 개선하는 수단이고, 마음과 의식의 본질에 대한 깊은 통찰을 얻는 길이며, 그 결과로 얻어지는 지극한 평안이고, 진정한 이타주의와 자비심의 기초이기도 하다. 1부는 명상의 역사와 발달을 개괄하고, 명상의 목적과 방법 그리고 순전히 신앙에 기반을 둔 종교와 명상이 어떻게 다른지를 보여 준다. 만약 이런 차이를 이해하고 고려하지 않는다면, 고통스럽고 분열된 세계를 치유할 수 있는 명상의 중요성과 잠재력을 알아보기 어려울 것이다.

1
나는 누구인가?

옛날에 어느 왕이 태어날 때부터 맹인인 사람들을 모아 놓고, 코끼리 한 마리를 조사한 후 그들이 알게 된 것을 말하게 했다. 맹인들 중 한 명은 코끼리의 머리를 만졌고, 다른 사람들은 각각 코끼리의 엄니, 코, 다리, 엉덩이를 만졌다. 맹인들은 자신이 만진 부위에 따라 각각 코끼리가 항아리, 쟁기, 밧줄, 기둥, 벽 같은 것이라고 말했다. 그들은 다른 사람들이 자신과 다르게 설명하는 것을 듣고는, 즉시 누가 옳은지를 놓고 따지며 싸우기 시작했고, 일부는 폭력까지 휘둘렀다.

'나는 누구인가'라는 오래된 물음에 대해 종종 상충되는 여러 대답들을 생각하면 이 이야기가 떠오른다. 신학자, 철학자, 과학자들이 수백 년 동안 그 물음에 답하려고 노력했지만 의견의 일치를 보지 못했다. 왜 그

럴까? 그들은 한쪽으로 치우쳐서 사실을 명료하게 보지 못하는 것일까? 그들의 무의식적 반응이나 선호하는 권위의 근거나 연구 방법이 올바른 이해를 방해한 것일까?

사람들은 자신의 정체성을 생각하는 데 매우 많은 시간을 보낸다. 성경에 따르면 인간은 하느님의 형상에 따라 창조되었다. 그것이 사실이라면 분명히 좋은 일이다. 왜냐하면 성경은 하느님이 선하고 그분이 창조한 것들도 선하다고 주장하기 때문이다. 하지만 많은 유대인과 그리스도인들은 인간의 본성이 악하다는 것과 우리가 원죄로부터 구원받으려면 하느님이나 예수 같은 외부의 존재에 의존해야 한다는 것을 강조한다. 역사와 오늘의 세계를 살펴보면 인간이 본질적으로 악하다는 주장을 뒷받침하는 증거들이 너무나 많다. 하지만 우리는 또한 세상에는 많은 선이 있다는 점도 부인할 수 없다. 그렇다면 인간은 근본적으로 악한가 선한가? 아니면 단지 선과 악이 섞여 있는 존재인가? 신학자들이 수백 년 동안 이 문제를 두고 논쟁했지만 뚜렷한 결론을 얻지 못했다.

생물학자들은 인간이 초기 영장류로부터 자연선택 과정을 통해 점차 진화했다고 주장한다. 지금 살아있는 종들은 세대를 이어 계속 살아남고 번식하기 위해 변화하는 환경에 적응해 왔다. 한 개체가 자손을 낳을 만큼 오래 산다면 진화가 성공한 것이다. 반대로 그리 오래 살지 못한다면, 그 개체는 일생 동안 무엇을 했는지에 관계없이 생물학적으로 실패한 셈이다. 그러므로 생물학자의 관점에서 인간은 생존과 번식이라는 최우선 과제에 따라 유전자, 본능, 감정의 영향을 받으며 살고 있는 동물이다. 생존하고 번식하는 능력에 관련된 경우가 아니라면 '선'이나 '악'이란 말은 과학적으로 아무런 의미도 없다는 것이다.

지그문트 프로이트부터 시작해서 정신과 의사들은 인간의 본성에 대해 말할 때 섹스와 타자에 대한 지배력을 향한 원시적 충동을 강조한다. 그들의 관점은 진화생물학자들과 심리학자들의 관점과 밀접한 연관이 있다. 즉, 인간의 의식적 행위는 매우 문명화된 것으로 보이고 때로는 이타적으로 보일 수도 있지만, 인간의 잠재의식적 충동은 어둡고 이기적이며 잔인하다.

하지만 모든 인지과학자들이 이 점에 대해 동의하는 건 아니다. 지난 십여 년간 새로 등장한 '긍정의 심리학'이라는 분야는 인간의 번성과 덕성에 초점을 맞춘다. 긍정의 심리학은 아직 초창기라서 그것을 뒷받침하는 엄밀한 실증적 증거가 충분하지 못하다. 하지만 긍정의 심리학을 연구하는 학자들은 중요한 물음들을 제기하면서 지평을 넓히고 있다. 그들은 지난 60년간 거의 정신병자, 뇌손상을 입은 사람, 정신적으로 건강한 사람들만을 연구해 왔지만, 최근에는 인간의 마음이 가진 최고의 잠재력을 탐구하기 시작했다.

20세기 전반에 미국의 심리학은 행동주의behaviorism가 지배적이었다. 행동주의 과학자들은 인간의 마음과 개인적 경험을 과학적으로 연구하기는 어렵다고 보았다. 그래서 인간의 본성을 연구하기 위해서는 동물이나 인간의 행동만을 조사해야 하며, 내적 성찰introspection은 피해야 한다고 주장했다. 그 후 1960년대에 행동주의가 쇠퇴하기 시작하면서 등장한 인지심리학은 주관적 경험을 더 진지하게 다루는 것으로 보였다. 하지만 컴퓨터 기술이 발전하게 되자 인지심리학자들은 재빨리 컴퓨터와 비교해서 마음을 연구하기 시작했다.

그 후 20세기 말에는 기술 발달에 따라 뇌과학이 유례없이 발전했고,

그때부터 많은 신경과학자들은 실제로 마음은 뇌 자체이거나 뇌가 하는 일이라는 결론에 이르렀다. 모든 개인적 경험은 뇌 기능으로 이루어지며, 몸의 다른 부분들, DNA, 음식, 행위, 환경에 의해 영향을 받는다는 것이다. 결국 인간은 생물학적으로 프로그램된 로봇인 셈이고, 로봇에게 자유의지가 없듯이 인간에도 자유의지는 없다는 의미이다. 단지 인간을 지배하는 프로그램은 기계의 프로그램보다 더 복잡할 뿐이다.

그런데 모든 신경과학자들이 그 의견에 동의하는 것은 아니다. 일부 신경과학자들은 지금도 생각과 행위가 뇌에 미치는 영향을 탐구하고 있다. 하지만 그들조차 마음은 뇌의 창발적 속성이라고 여기고, 뇌의 어떤 기능이 뇌의 다른 기능에 영향을 준다는 것을 말할 뿐이다. 어쨌든 이제까지 진행된 연구의 의미에 대해 아직은 명확한 합의가 이루어지지 않았다.

그런데 이 접근 방법들에는 정말 중요한 것이 빠져 있다. 즉 인간이란 어떤 존재인가라는 물음에 대한 우리의 직접적 경험이다. 반면 동서양의 명상가들은 마음의 본성, 의식, 인간의 정체성을 탐구했고, 현대 세계에서 탐구되지 않고 있는 실재의 차원을 밝혀 주었다. 오늘날 종교는 너무나 교리에 매달려 있고, 과학은 너무 유물론적이 되어서, 명상에 의한 탐구 방법은 종종 무시된다. 그리고 현대인들은 명상 수행을 하더라도 단지 스트레스를 완화하고 몸과 마음의 다른 문제들을 해결하기 위해 명상을 이용하는 일이 많다. 하지만 우리는 명상을 통해 인간의 본성과 정체성에 대해 가장 깊은 통찰을 얻을 수 있다.

개인적 차원에서 우리가 어떤 존재인지를 생각할 때, 우리는 부모, 배우자, 아이, 학생, 어떤 직업을 가진 사람 등 일상생활에서 하는 역할과 우리 자신을 동일시하는 경우가 많다. 물론 그런 역할은 중요하고, 사회적 상호관계 속에서 우리의 존재를 규정한다. 하지만 만일 우리가 다른 이들과 맺는 관계와 늘 하는 활동을 제외한다면, 우리에겐 무엇이 남는가? 혼자 조용히 앉아 아무것도 하지 않고 가만히 있을 때 우리는 어떤 존재인가?

마음을 연구한 선구자들을 탐험해서 이 물음에 실질적으로 접근해 보자. 내가 '탐험'이라는 말을 특히 좋아하는 이유는 그 어근 때문이다. 탐험expedition은 라틴어 *expeditio*에서 파생된 말인데, 그 함축된 의미는 '나오다' 또는 '자신을 해방하다'인 음절 *ex*와 '발'을 의미하는 음절 *ped*로 이루어져 있다. 따라서 '탐험'은 우리의 발이 묶여 있는 곳으로부터 우리를 해방시킨다는 의미이다. 그러므로 내게 탐험이란, 먼저 우리가 타성에 젖어 아무 데도 이르지 못하고 정체되어 있음을 깨닫고, 이어서 우리 자신을 해방하기 위해 어떤 행동을 하는 것이다.

우리들 대부분은 하다못해 텔레비전이라도 보고 있지 않으면 시간을 낭비하고 있다고 생각하는 이상한 세상에 살고 있다. 우리는 활동, 관계, 생각, 감정에 너무 사로잡혀서 그것들밖에 다른 건 없다고 생각한다. 하지만 잠깐 시간을 내보자. 집에서 10분 동안 편히 앉아 있을 조용한 장소를 찾는다. 일부러 어떤 생각을 하지 말고, 단순히 자신의 몸과 마음을 인식할 수 있는지 지켜보자. 고요히, 반응하지 말고, 몸의 감각과 생각과 감정이 인식에 떠오르게 놓아두자.

똑딱, 똑딱, 똑딱, 똑딱…

우리는 원할 때 정말 마음을 고요히 할 수 있는가? 아니면 우리의 마음은 강박적으로 한 생각에 이어 또 다른 생각을 일으키는가? 어떤 생각이 일어나면 우리는 그저 그것을 관찰할 수 있는가, 아니면 원치 않아도 떠오르는 생각에 휘말리고 마음속 이미지와 욕구에 사로잡히게 되는가? 마음을 정말 우리 마음대로 할 수 있는가, 아니면 반대로 마음이 우리를 좌지우지하고, 몸과 마음과 환경을 직접 경험하는 우리의 관점을 혼란시키는가? 차분하고 명료한 마음은 대단히 유용하게 사용할 수 있다. 반면에 사납게 날뛰고 다스릴 수 없는 마음은 우리 자신과 다른 이들에게 큰 해를 끼칠 수 있다. 그러므로 명상을 하면서 먼저 할 일은 거대한 마음의 능력을 잘 활용해서 유익하게 쓰일 수 있게 하는 것이다.

2
명상의 기원

서양의 관상

이 책에서는 주로 고대 그리스 철학, 그리스도교, 불교에서 발달한 명상의 이론과 수행에 대해 말할 것이다. 그 명상 전통들은 각각 특성이 있지만 동시에 중요한 유사성도 있다. 영어 contemplation은 라틴어 *contemplatio*에서 파생된 말인데, 희랍어로는 *theoria*에 해당한다. 두 용어 모두 실재의 본질을 드러내고 명확히 하는 데 전념하는 것을 말한다. 요즘 'contemplation'은 대개 무엇인가를 생각한다는 의미이지만, contemplation과 theory의 본래 의미는 다섯 가지 감각과 생각을 사용하지 않고, 심적 지각을 통해 실재를 직접 느끼는 것과 관련이 있다.

예를 들어 자신의 생각, 심상心象, 꿈을 직접 지켜볼 때 우리는 심적 지각을 사용하는 것이다. 우리는 명상 수행을 통해서 심적 지각을 예민하게 하고 확장할 수 있다. 그런데 명상meditation은 관상contemplation과 어떤 관련이 있는가? 영어 meditation에 해당하는 산스크리트어 *bhavana*의 문자적 의미는 '기르기'cultivation이다. 그러므로 명상하는 것은 실재에 대한 이해와 행복감과 덕성을 기른다는 의미이다. 따라서 명상은 마음을 훈련하는 점진적 과정이고, 관상이라는 목표로 이어지며, 그 결과 실재의 본질에 대한 통찰을 얻을 수 있다.

그리스 전통에서 명상 수행의 기원은 적어도 피타고라스Pythagoras(기원전 582-507)까지 거슬러 올라간다. 그는 마음에서 불순함을 제거하고 더 깊은 마음의 자원을 드러내는 것을 중시했던 오르페우스 신비종교의 영향을 받았다. 피타고라스는 처음으로 자신을 철학자philosopher라고 부른 사람이었다. 그것은 '지혜를 사랑하는 사람'이라는 의미이며, '지혜로운 사람'sophos이라고 불리기를 겸손하게 거절한 것이었다. 피타고라스는 지중해 지역과 그 너머까지 수많은 곳을 여행하면서 진정한 지혜와 이해를 얻으려고 했다.

피타고라스는 수년 간 여러 곳을 살펴본 후 기원전 525년경 그리스 사모스 섬을 떠나 남부 이탈리아의 도시 크로톤으로 갔다. 그곳에서 그는 자립적 공산주의를 지향하는 종교·철학 공동체를 설립해서 성인 남녀들을 훈련시켜 몸과 영이 조화를 이룬 삶을 살게 했다. 그들은 영혼을 정화하기 위해 높은 도덕적 기준의 규율을 지켜야 했고, 운동을 했고, 독신 생활과 채식을 했고, 오랜 기간의 침묵 수행을 했고, 금욕적 생활을 했다. 그들의 공식 교육은 음악, 수학, 천문학, 명상 훈련으로 이루어져 있었지만, 피타고라스의 책들이 남아 있지 않기 때문에 그와 그를 따르는 이들이 가르치고 수행했던 명상에 대해 구체적으로 알려진 바는 거의 없다.

아마 피타고라스는 직삼각형의 세 변의 상대적 길이에 관한 '피타고라스의 정리'로 가장 잘 알려져 있을 것이다. 그런데 그 공식은 인도에서 이미 기원전 8세기에 정립되어 있었으므로, 피타고라스가 여행 중에 인도에서 얻은 자료들로부터 피타고라스의 정리와 다른 지식들, 특히 명상에 대한 것을 배웠을지도 모른다고 추정할 수 있다.

또 피타고라스가 환생을 믿었다는 것도 잘 알려져 있다. 환생이란 몸이 죽은 후에도 불멸하는 영혼이 인간이나 동물의 몸으로 다시 태어나는 것이다. 피타고라스는 자기 자신과 스무 명쯤 되는 다른 사람들의 전생을 기억할 수 있음을 주장했다고 한다. 하지만 그가 기억한 것이 정확한지 알 수 없고, 정확하다 해도 그가 그 능력을 태어날 때부터 가지고 있었는지 아니면 명상을 통해 얻었는지는 알 수 없다.

피타고라스는 "고요하기를 배우라. … 당신의 차분한 마음이 듣고 받아들이게 하라."고 말했다. 그리고 피타고라스학파의 명상에서는 음악, 수학, 천문학의 주제들을 통합한 "천체의 하모니"를 매우 중요하게 여겼다. 그는 가장 고귀한 삶이란 무엇보다도 열정적, 공감적 관상에 힘쓰는 삶이라고 믿었는데, 그것은 실재의 본질을 직접 통찰함으로써 황홀감을 느끼게 했다.

피타고라스의 정리와 환생에 대한 믿음이 인도에서 유래되었을 가능성을 근거로, 일부 역사가들은 피타고라스가 페르시아와 이집트를 거쳐 전래된 인도사상의 영향을 받았을지도 모른다고 생각했다. 우리가 피타고라스학파에 대해 알고 있는 것은 대부분 아리스토텔레스(기원전 384-322)가 전해 준 것이다. 그에 의하면 피타고라스학파는 처음으로 수학을 학문으로 발전시켰고, 수학적 원리들이 모든 사물들의 원리라고 생각했다. 정말 수들은 자연 전체에서 으뜸가는 것(원리)이고 만물에 깃들어 있었다. 또 그들은 공간에서 점들이 여러 가지로 배열된 것이 수라고 생각했고, 따라서 수들의 요소가 모든 사물들의 요소라고 믿었다. 아리스토텔레스는 말했다. "피타고라스학파도 한 종류의 수, 즉 수학적인 수가 있을 뿐이라고 생각한다. 단, 이들은 그 수가 감각 대상들로부터 따로 떨어져 있지 않고, 감각되는 실체들이 이 수로 이루어져 있다고 말한다. 다시 말해서 이들은 온 우주를 수들로 이루어진 것으로 만들어 내놓는다. 단, 이 수들은 추상적인 단위들로 이루어지지 않았다. 이들은 단위들이 공간적 크기를 가진다고 생각한다."

피타고라스는 유대교를 존중했다고 하는데, 유대교에서 신은 신성한 법칙을 부과한 우주 유일의 최고 통치자이다. 유대 역사학자 플라비우스 요세푸스Flavius Josephus(37-100)에 따르면 에세네파Essenes라는 유대 분파도 피타고라스의 가르침을 존중했고, 피타고라스 공동체의 생활 방식을 따라 살았다. 에세네파는 기원전 2세기 중엽부터 기원후 70년 로마에 의해 파괴될 때까지 유대에서 살았다. 에세네파는 초기 피타고라스학파처럼 주류 사회에서 물러나 매우 검소하게 살았고, 재산을 공유했으며, 신을 경배하는 최선의 길은 동물을 죽이는 희생제사가 아니라 마음을 순수하게 하는 것이라고 믿었다. 독신은 히브리 전통이 아니었지만, 에세네파는 결혼생활이 공동생활에 큰 어려움을 주기 때문에 독신으로 지냈다. 그렇지만 원칙적으로 결혼을 비난하지는 않았다. 그들은 찬물에 몸을 담그는 침례의식을 했고, 손을 통해 권능이 나오는 치유 사역을 믿었다. 당시 유대와 로마 사회의 윤리 규범에 대해 상당히 비판적이던 에세네파는, 먼저

의인들과 죄인들 간에 큰 전쟁이 일어난 후에 하느님나라가 곧 올 것이라고 믿었다.

19세기 이래 학자들은 에세네파가 예수뿐 아니라 세례 요한과 관련이 있을 수 있다고 추측해 왔는데, 이는 피타고라스학파의 수행과 믿음이 초기 그리스도교 전통에 영향을 주었음을 시사한다. 사실 세례 요한과 에세네파는 생활방식과 가르침이 상당히 유사했다. 세례 요한은 독신생활을 했고, 낙타털로 만든 옷을 입고 메뚜기와 야생꿀을 먹고 사는 금욕생활을 했고, 유대 사막에서 "회개하라, 천국이 가까이 왔다."고 설교했다. 그리고 에세네파처럼 불결함과 죄를 정화하는 의식으로 세례를 행했다. 또 세례 요한은 바리새인들과 사두개인들에게 상당히 비판적이어서 그들을 독사의 자식들이라고 불렀다.

요한에게 세례를 받으러 온 유대인들 중 가장 중요한 사람은 나사렛 예수였다. 예수는 세례 요한이 이전의 어떤 예언자들보다 더 위대하다고 말했고, "여자가 낳은 사람 가운데서 세례 요한보다 더 큰 인물은 없었다. 그런데 하늘나라에서는 아무리 작은 이라도 요한보다 더 크다."고 말했다. 예수가 요한에게 세례를 받았기 때문에, 예수가 요한의 가르침을 받아들였다고 짐작할 수도 있다. 예수는 세례를 받고 즉시 광야로 떠나 사십 일 동안 금식하며 기도했고, 그때 악마의 유혹을 물리쳤다. 예수는 홀로 기도했던 사막에서 나와 에세네파나 세례 요한과 같은 메시지를 설교하기 시작했다. "회개하라, 하늘나라가 가까이 왔다."

요세푸스의 주장에 의하면, 에세네파는 피타고라스가 그리스인들에게 가르쳐 준 생활 방식을 따랐는데, 그의 말이 옳다고 해도, 영혼의 불멸을 확신했던 에세네파가 환생에 대한 피타고라스학파의 믿음을 어느 만큼 받아들였는지는 알기 어렵다. 하지만 예수가 세례 요한은 예언자 엘리야라고 말했다는 것은 주목할 만하다. 예수가 그렇게 말했지만 사람들은 그리 놀라지 않았는데, 그 이유는 당시에 많은 유대인들은 예언자들이 환생, 곧 '부활'한다고 믿고 있었기 때문이다. 성경에 따르면 엘리야는 살아 있는 채로 불의 말들이 끄는 불마차를 타고 돌풍 속에서 하늘로 올라갔다. 신약성경은 세례 요한이 엘리야의 '영과 권능'으로 충만했다고 말했고, 이는 그가 엘리야의 환생이라는 것으로 쉽게 해석될 수 있었다. 그러나 신학자들은 이 구절들을 여러 가지 다른 방식으로 해석했다.

피타고라스학파의 가르침은 소크라테스(기원전 470-399)와 플라톤(기원전 427-347)을 거쳐서 플로티누스Plotinus(205-270)의 신플라톤주의 학파로 이어졌다. 이집트에서 태어난 플로티누스는 알렉산드리아에서 9년 동안 그리스사상에 몰두했고, 그 후 페르시아와 인도의 철학 서적을 연구하기 위해 페르시아 원정에 참여했다. 그러나 이 군사적 모험은 실패했고, 그는 목적지에 닿지 못했다. 플로티누스는 관상 수행을 통해 유일자와 황홀한 합일을 이루면 이 세상에서 완전과 행복에 이를 수 있다고 믿었다. 그는 유일자란 궁극적 실재이며 모든 언어와 개념을 초월한다고 가르쳤다. 그의 유명한 저작 『엔네아데스』Enneades는 포르피리우스Porphyry(232-305)가 편찬, 정리, 편집했다. 『피타고라스의 삶』이라는 책으로도 알려져 있는 포르피리우스는 함께 연구한 6년 동안 플로티누스가 관상을 통한 신과의 합일을 네 번 이루었다고 말했다. 관상이란 유일자가 그로부터 생겨난 모든 피조물과 합일을 이루는 한 가닥의 '실'이며, 우리는 관상 수행을 통해 우리 존재의 근원을 알게 된다. 플로티누스는 피타고라스나 소크라테스처럼 개인의 영혼은 환생하며, 생을 거듭하면서 자신의 윤리적 행위와 비윤리적 행위의 결과를 경험하고, 결국 완전히 정화되어서 관상에서 얻을 수 있는 지고의 행복을 발견하게 된다는 것을 믿었다.

플로티누스의 책은 수세기 동안 그리스도인, 유대인, 무슬림, 영지주의 철학자들과 관상가들에게 영감을 주었다. 특히 오리게네스Origen(185-254)는 플로티누스의 영향을 많이 받았다. 알렉산드리아에서 태어난 오리게네스는 가장 위대한 그리스도교 신학자로 널리 인정받았다. 오리게네스도 영혼은 생을 거듭하면서 영적으로 진화하고 마침내 관상theoria을 통해 신에 대한 앎gnosis으로 나아간다는 것을 믿었다.

일부 그리스도교 관상가들은 3세기경부터 이집트의 사하라사막에서 고독하게 묵상하는 삶을 살기 시작했다. 그들은 로마제국의 혼돈과 박해로부터 도망쳐 나와 사막으로 피신했는데, 이 최초의 사막 은둔자들을 '사막의 교부들'이라고 부른다. 사막의 교부들은 로마제국의 감시로부터 안전하게 떨어져 있지만 동시에 언제라도 사람들과 교류할 수 있는 인구 밀집 지역의 변두리에 공동체를 이루어 살았다.

초기 사막의 교부들 대부분은 문맹이었지만, 폰투스의 에바그리우스Evagrius of Pontus(345-399)는 고등교육을 받은 학자였고, 구전되던 가르침을 처음으로 기록하고 체계화한 사막의 교부였다. 오리게네스를 충실히 따랐던 에바그리우스는, 인간의 영혼은 환생하며 신과 합일될 때 최종 완성에 이른다는 그의 관점을 받아들였다. 그의 주요 제자들 가운데 요한 카시아노John Cassian(360-433)는 서양 학생들을 위해 에바그리우스의 저술을 각색했고, 프랑스 남부에 남성과 여성을 위한 두 개의 수도원으로 이루어진 성 빅토르 수도원을 설립했다. 이것은 서양 최초의 수도원들 가운데 하나였고, 그 이후 그리스도교의 수도원 제도가 발달하는 데 모범이 되었다.

동양의 명상

지금의 파키스탄으로부터 인도의 갠지스 계곡까지 펼쳐진 인더스 계곡 문명에서 세계에서 가장 오래된 명상 문화의 유적이 발견되었다. 기원전 3000년에서 2500년 사이가 절정기였던 그 유적에서 작은 진흙판 모양으로 된 수천 개의 새김 도장이 발견되었는데, 그 중 몇 개에는 전통 명상 자세로 앉아 있는 요기들이 묘사되어 있다.

피타고라스와 동시대인이었던 고타마 붓다(기원전 563-483) 시대 이전의 명상에 대한 문헌 자료는 거의 남아있지 않다. 하지만 왕자였던 고타마가 스물아홉 살 때 왕궁을 떠나 명상에 몰두했던 것을 보면, 붓다 당시에는 다양한 명상 전통이 있었을 것이다. 또한 붓다가 삶과 죽음과 환생으로 이어지는 굴레에서 벗어나기 위해 명상을 통해 삶을 탐구하는 데 전념했던 것으로 보아, 그 시대에는 환생에 대한 믿음이 일반적이었던 것 같다.

붓다의 첫 번째 명상 스승인 알라라 깔라마Alara Kalama는 주의가 감각에서 물러나고, 생각이 잠잠해지고, 깊은 평온과 고요를 경험하는 명상 상태인 삼매samadhi에 능숙했다. 그가 가르친 대로 명상하면 과거 생을 직접 확실히 알 수 있었기 때문에, 높은 수준의 명상가들은 환생을 종교적으로 믿어야 하는 것이 아니라 실증적으로 확인할 수 있는 사실로 여겼다고 한다.

초기 불교 기록에 의하면, 고타마는 알라라 깔라마에게 배운 삼매를 금방 성취하여, 그의 마음은 순수 무無의 경험을 제외하고는 아무것도 없는 무색계로 들어갔다. 하지만 그것만으로는 생사의 굴레로부터 자유로워지려는 열망을 이룰 수 없었으므로, 고타마는 훨씬 뛰어난 명상가인 우다가 라마뿟따Uddaka Ramaputta를 찾아가 그의 가르침에 따라 더 깊은 삼매를 성취했다.

하지만 고타마는 깊은 삼매에 들었다가도 명상을 마치고 일상생활로 돌아가면 다시 괴로움과 괴로움의 원인에 의해 영향 받을 수 있음을 알게 되었다. 그의 목표는 실재를 있는 그대로 앎으로써 '최상의 숭고한 평온'에 이르는 것, 최고의 정신력을 길러서 해탈을 얻는 것이었지만, 삼매에 드는 것만으로는 그것을 성취할 수 없었던 것이다.

그래서 고타마는 수년 동안 몸을 혹사할 정도로 금식 등의 금욕적 수행을 했지만, 결과는 몸이 쇠약해지고 마음의 능력마저 손상된 것뿐이었다. 마침내 고타마는 삼매를 성취하는 건 궁극의 목표가 아니라는 것, 하지만 삼매에 의해 안정된 의식 상태를 이루어야 명상을 통해 괴로움과 괴로움의 원인의 본질을 살펴볼 수 있음을 깨닫게 되었다.

붓다는 위대한 종교 스승들 가운데서도 독특하다. 그는 단지 많은 사람들이 진리라고 말하기 때문에, 혹은 오래된 전통이나 경전의 권위나 전해들은 말이나 추측 때문에, 혹은 스승에 대한 존경 때문에 어떤 것을 진리라고 믿으면 안 된다고 말했다. 그보다는 스스로의 체험과 판단을 통해 다른 이들의 주장을 최선을 다해 검토해야만 한다고 가르쳤다. 그리고 붓다는 당시 많은 이들이 믿었던 환생에 대해서 바로 그렇게 했다. 그가 깨달음을 성취한 것을 설명한 경전에서는, 붓다가 어떻게 마음을 집중시키고, 정화하고, 유연하고 평온하게 함으로써 의식의 본질과 괴로움의 근본 원인에 대한 '직접적 앎'을 얻게 되었는지를 보여 준다.

붓다의 첫 번째 직접적 앎은 세상이 수축하고 팽창하는 억겁의 세월 동안 자신의 수없이 많은 전생에 대한 것이었다. 붓다의 두 번째 직접적 앎은 명상을 통해 다른 존재들이 생을 거듭하는 것을 지켜본 것이었고, 그들이 다음 생을 살 때 그들의 행위와 결과의 관계를 확인한 것이었다. 그리고 붓다가 깨달음을 얻은 날 밤에 일어난 세 번째 직접적 앎은 사성제四聖諦를 깨달은 것이었다. "나는 '이것이 괴로움이다'라는 것을 있는 그대로 직접 안다. '이것이 괴로움의 원인이다'라는 것을 있는 그대로 직접 안다. '이것이 괴로움의 소멸이다'라는 것을 있는 그대로 직접 안다. '이것이 괴로움의 소멸로 이끄는 길이다'라는 것을 있는 그대로 직접 안다." 바로 그때 그의 마음이 모든 괴로움과 망상으로부터 완전히 자유로워졌기 때문에 고타마는 붓다, 즉 '깨달은 자'가 되었다.

붓다는 열반을 성취했을 때 최상의 숭고한 평온 상태를 이루었다. 그 후 붓다는 45년 동안 사람들을 괴로움으로부터 벗어나게 해서 해탈로 이끄는 일에 전념했고, 이런 이유로 '위대한 의사'로 알려지게 되었다. 그는 마음에서 괴로움을 정화하고, 덕성을 함양하고, 실재의 본질에 대한 명상적 통찰을 얻음으로써 진정한 행복을 실현하는 길을 보여 준 것이었다.

이렇게 매우 간략하게나마 그리스철학, 그리스도교, 불교에서 명상의 기원에 대해 살펴보니, 여러 가지 공통된 주제와 통찰이 있음을 알 수 있다. 하지만 각 전통마다 명상 체험에 대한 해석이 다른 것처럼 명상 수행의 성향도 각각 다르다. 피타고라스학파는 우주가 질서정연하다고 믿었고, 아마 그리스의 고전적 다신주의를 받아들였지만 다른 신들보다 뛰어난 하나의 신이 있다고 믿었다. 그들에게 명상은 음악, 수학, 천문학과 밀접히 관련된 것이었다. 이와 달리 그리스도인들에게 관상의 목적은 최상의 유일신과 합일되는 것이었다. 반면에 인도인들처럼 여러 신들이 있다고 믿었던 불자들은 명상을 통해 존재의 굴레에서 벗어나 해탈을 얻으려고 했다. 어쨌든 이런 전통들이 기원되고 발달하는 과정에서 명상이 핵심적 역할을 했다는 점은 분명하다.

3
명상의 과학적 객관화

　명상은 서양의 종교, 철학, 과학의 밑바탕이 되었지만, 오늘날 과학의 영역에서 거의 아무런 역할을 하지 못하고 있다. 이는 명상이 그리스도교에서처럼 점차 쇠퇴했기 때문이 아니라, 17세기에 근대 과학이 시작되었을 때까지 거슬러 올라가서 그 원인을 찾을 수 있다. 당시 사람들은 성경의 권위에 따라 하느님과 다른 영적 실체인 악마, 천사, 천국, 지옥으로 이루어진 초자연적 세계가 있다고 믿었다. 그런 실재를 이해하는 일은 신학자들이 담당하고 있었고, 사람들은 그런 관점을 의심 없이 받아들였다.

　인간의 영혼은 하느님으로부터 왔고, 자유 의지를 가졌으며, 몸이나 물리적 환경으로부터 자유로울 수 있기 때문에 영적인 것으로 생각되었다. 하지만 또한 영혼은 몸을 지배하고 감각의 영향을 받는다는 점에서 자연적인 것으로 여겨지기도 했다. 그래서 하느님의 권위에서 비롯된 영혼의 영적인 면은 신앙에 의해 받아들여져야 했고, 영혼의 자연적인 면은 추론 능력을 가진 철학자들에 의해 설명되었다. 이와 달리 과학자들은 관찰과 실험을 통해 실재의 세 번째 영역, 즉 물질과 자연의 힘으로 이루어진 외부 세계를 이해하는 임무를 맡았다.

'명상'meditation은 '고려하다' 또는 '측량하다'를 뜻하는 인도-유럽어의 동사 어근 'med'에서 유래했다. 앞에서 본 것처럼 초기 그리스도교에서 명상은 실재의 본성을 직접 관상적으로 통찰하기 위한 체험 수단이었다. 하지만 중세 스콜라철학과 근대철학에서는 명상의 의미가 합리적이고 내적으로 깊이 생각하는 것으로 축소되었다. 반면에 외부의 물질세계를 이해하려는 목표를 가진 과학에서는 객관적으로 입증할 수 있는 물리 과정을 측정하는 것으로 자신만의 명상을 발달시켰다.

17세기에 위대한 과학의 선구자들은 모두 독실한 그리스도인이었으므로, 그들이 자연 세계를 탐구한 것은 자연에 대한 이해와 신에 대한 이해를 통합하려는 신비주의적인 시도였다고 볼 수 있다. 한편 어거스틴 시대부터 같은 목표를 추구했던 그리스도교 관상가들은, 그것은 이번 생에서는 실현될 수 없고 죽은 뒤 천국에서만 가능하다고 생각했다. 하지만 유럽에서 내면에 대한 관상적 탐구가 쇠퇴함에 따라 과학자들은 외부 세계를 탐구하는 새로운 방법을 발달시켰고, 그 탐구를 통해 이번 생에서도 자연 세계를 신의 관점에서 이해할 수 있게 되기를 기대했다.

이런 혁신가들 중에 갈릴레오 갈릴레이(1564-1642)의 영향력이 가장 컸다. 갈릴레오는 고독한 은둔 생활과 엄격한 수도사 생활을 하는 가말돌리회 수도원의 생활 방식에 매력을 느껴서 그곳에 들어가고 싶었지만, 아버지가 반대했다. 수입도 없는 수도사 생활을 하는 아들을 뒷바라지 할 형편이 아니었기 때문이다. 결국 갈릴레오는 아버지의 뜻에 순종하여 의학 공부를 하려고 피사 대학에 입학했지만, 곧 수학과 과학으로 전공을 바꿨다. 그는 스콜라철학이 혁신적 사고와 독창적 탐구방법을 신뢰하지 않는 견고한 보수주의에 불과하다고 생각하여 경멸했다.

갈릴레오는 물질세계를 연구하는 '과학적 탐구법'의 기초를 놓는 데 크게 공헌했다. 과학적 탐구법이란 물질적 실체를 정교하고 엄격하며 정량적인 방법으로 관찰하고, 거기서 얻은 자료를 수학적으로 분석하는 것이다. 그는 과학적 탐구법을 통해 인간의 감각의 한계와 착각을 초월해서 신의 관점으로 신이 창조한 세계의 본질을 이해하려고 했다. 갈릴레오는 수학이 신의 언어라고 믿었기 때문에 수학적 추론을 이용해서 그것을 할 수 있다고 생각했다. 자연에서 수학이 핵심이라는 이런 유신론적 해석은 이미 수세기 전에 피타고라스학파도 지지했던 것이다.

갈릴레오는 초자연적 문제들은 기꺼이 교회의 손에 맡겨 놓았지만, 자연 세계에 대한 과학적 연구는 성경이나 그리스사상의 권위에 얽매이지 않고 자유롭게 할 수 있어야 한다고 주장했다. 갈릴레오는 이런 혁명적 과정을 통해 중세 스콜라철학의 지식 체계를 전복시켰다. 다시 말해서, 일반적으로 철학자들이 가장 낮은 차원의 지식으로 간주하는 실증적 관찰을 가장 높은 학문적 수준에 올려놓은 것이다. 실증적 관찰로 얻은 자료를 해석하는 데는 이성이 중요했고, 전통의 권위는 엄격한 관찰과 올바른 추론에 위배되지 않는 한에서만 받아들여졌다. 이것은 엄청난 전환이었다.

갈릴레오는 사물들이 왜 지금의 상태로 존재하는가에 대한 이해를 강조하는 아리스토텔레스 철학의 관점을 버리고, 대신에 하늘과 땅의 물체들이 어떻게 움직이는지를 정밀하게 관찰하고 측정하는 데 초점을 두었다. 중세 스콜라철학자들은 천체들이 변하지 않고 지구를 중심으로 완전한 원궤도를 따라 움직이고 있다는 아리스토텔레스의 관점을 무비판적으로 받아들이고 있었다. 1609년 갈릴레오는 20배율의 망원경을 발명했고, 그것으로 목성의 위성 네 개를 발견했다. 그런데 갈릴레오의 관찰 결과, 목성의 위성들은 지구가 아니라 목성의 주위를 공전하고 있었다. 그는 달의 분화구들과 태양의 흑점도 발견했고(이것은 천체들이 불변하는 게 아니라는 사실을 보여 준다), 금성의 모양이 주기적으로 변한다는 것도 알게 되었다(그것은 금성이 지구가 아닌 태양의 주위를 공전한다는 사실을 보여 준다). 하지만 배율이 낮은 망원경을 사용한 다른 천문학자들은 갈릴레오가 관찰한 것을 확인할 수 없다고 항의했고, 일부는 갈릴레오의 망원경 렌즈에 이상이 있어서 착시현상이 일어난 거라고 주장하기도 했다.

중세 천문학자들은 오래전부터 미혹적인 천체의 현상, 그 중에서도 행성의 움직임에 대해서 잘 알고 있었다. 그들은 고대 그리스사상에 따라 달과 태양, 행성과 별들이 모두 지구를 중심으로 완벽한 원궤도를 따라 공전한다고 생각했다. 하룻밤 동안 관찰하면 행성은 동쪽에서 서쪽으로 움직이지만, 어느 날 밤부터 다음날 밤까지 관찰하면 서쪽에서 동쪽으로 이동한다. 그런데 이때 행성은 때때로 방향을 바꾸어서 잠시 동안 동쪽에서 서쪽으로 움직인다. 이렇게 행성의 이동 방향이 바뀌는 것을 '역행'이라고 한다.

초기 천문학자들은 그런 미혹적인 현상을 그리스사상과 일치시키기 위해 복잡하고 추상적인 '주전원epicycle 체계'를 고안했다. 주전원 체계에 의하면 행성은 작은 원궤도를 돌면서, 동시에 지구 중심의 공전 궤도를 따라 움직인다. 초기 천문학자들은 이것이 행성의 객관적인 실제 움직임이라고 믿었고, 주관적인 행성의 움직임인 역행은 사실이 아니라고 생각했다. 하지만 결국 그 이론은 잘못된 전제에 근거하고 있음이 밝혀졌다. 이런 천체의 미혹적 현상에 주목하고 망원경을 사용해서 실증적인 연구를 했기에 천문학이 진보할 수 있었던 것이다.

갈릴레오가 망원경으로 관찰해서 발견한 것을 지구가 태양의 주위를 돈다는 코페르니쿠스의 이론을 지지하는 증거로서 처음으로 제출했을 때, 맨 먼저 그를 공격한 것은 교회가 아니었다. 사실 예수회와 도미니코회의 사제와 주교들은 망원경이 펼쳐 준 새로운 경치를 좋아했고, 그래서 갈릴레오의 새로운 발견을 축하하기 위해 로마에서 성대한 파티까지 열어 주었다. 예수회 천문학계의 권위 있는 지도자였던 클라비우스 신부는 처음에는 갈릴레오의 발견을 쉽사리 받아들이지 못했다. 하지만 그와 동료들이 직접 망원경을 통해 관찰함으로써 갈릴레오의 발견을 모두 확인할 수 있었다.

결국 교회와 갈릴레오가 충돌하게 만든 것은 교회에 학문적 조언을 하는 평신도들이었다. 그들은 갈릴레오가 아리스토텔레스적 믿음을 손상시켜 전 우주 체계를 무너뜨릴 위험이 있기 때문에, 로마 교황청이 갈릴레오를 막아야 할 의무가 있다고 주장했다. 스콜라철학자들은 직접 망원경으로 관찰하는 것마저 거절했는데, 그 이유는 설령 망원경을 통해 보이는 것이 그들의 믿음에 상반된다 하더라도 그것은 분명히 착시일 뿐이라는 것이었다.

갈릴레오는 망원경으로 새로운 사실을 발견함으로써, 이전에 지적 토론에 머물러 있던 태양과 지구의 상대적 움직임에 대한 논쟁을 과학적 증거를 통해 결론내려야 하는 문제로 전환시켰다. 그는 최초로 필요한 배율의 망원경을 만들어서 하늘을 관찰한 것도 자랑스러워했지만, 그보다는 광범위한 물리적 실체를 신중하게 관찰하고, 별들의 움직임을 이해하고, 그것을 수학적 방법을 통해 기술한 것에 더욱 자부심을 느꼈다.

갈릴레오는 과학적 탐구방법을 확립했기 때문에 근대 과학의 아버지로 간주된다. 이에 비해 프랑스의 철학자이며 수학자, 과학자인 르네 데카르트René Descartes(1596-1650)는 과학적 연구의 개념체계를 제시했기 때문에 근대철학의 아버지로 불린다. 데카르트는 아버지의 뜻에 따라 법학 학위를 받았지만, 그 후에는 자기 자신이나 "세계라는 위대한 책"에서 발견할 수 있는 것을 제외하고는 어떤 지식도 추구하지 않기로 결심했다. 그는 20세에 독일을 여행하는 동안 수학을 이용해 물리학 문제들을 해결하는 것을 생각하다가, 꿈속에서 본 환상을 통해 위대한 과학의 기초를 발견했다. 그 경험은 젊은 데카르트에게 인생의 전환점이 되었고, 이후 평생 동안 그는 수학과 자연의 관련성을 연구했다.

데카르트에게 있어서 과학의 기초는, 물체는 두 가지 성질을 가지고 있다는 명제였다. '공간으로 확장된 실체'인 모든 물체는 길이, 높이, 너비, 변화, 위치, 지속 기간, 수를 가지고 있으며, 이런 '일차적 성질'을 통해 수학적으로 이해될 수 있다. 또한 물체에는 색, 소리, 맛, 냄새, 열, 냉기 같은 소위 '이차적 성질'이 있다. 데카르트는 이차적 성질은 물체에 객관적으로 존재하지 않지만, 우리가 주위 세계를 지각하는 성질이라고 믿었다. 그는 우리가 "명확히 지각한다면" 물체의 객관적인 일차적 성질을 확실히 알 수 있다고 말했다.

반면에 이차적 성질에 대해서는 "내가 생각하기에 이차적 성질은 상당히 모호하고 혼란스럽기 때문에, 그것이 참인지 혹은 거짓이지만 뚜렷하기만 한 것인지조차 알 수 없다. 말하자면 이차적 성질에 대한 나의 생각이 정말로 진정한 실체에 대한 생각인지, 아니면 단지 존재할 수 없는 [관념]을 나타내는 것인지를 알 수 없다."고 말했다.

데카르트는 실재의 본질에 대한 그릇된 결론을 내리지 않으려면 물체의 일차적 성질과 이차적 성질을 구분해야 한다고 말했다. 특히 우리가 어릴 때부터 가지고 있는 "순진한 실재론"으로 알려진 전제, 즉 색, 소리, 냄새, 맛, 촉감은 우리의 지각과 상관없이 객관적으로 존재한다는 생각을 반박했다. 그는 "물체에서 무게와 색 그리고 그것에서 지각되는 다른 모든 성질을 제거하더라도 물체 자체는 그대로이다. 따라서 물체의 본질은 그런 성질에 의존하지 않는다."고 말했다. 데카르트의 관점에 의하면 객관적 세계는 실제로 색, 냄새, 맛 등이 없다.

순진한 실재론에 대한 반박은 그 후의 과학적 발견들과 일치하고, 현재까지도 자연을 과학적 관점으로 관찰하는 네 필수적이다. 소립지, 인자, 분자, 전자기장과 파동은 관찰자로부터 따로 떨어져서 존재하는 것으로 보이지만, 우리가 주위 세계를 인식하는 '시각적 이미지'는 우리의 외부에 존재하는 게 아니다. 신경학자 안토니오 다마지오 Antonio Damasio가 말하듯이 "어떤 대상의 이미지가 대상으로부터 망막으로, 또 망막으로부터 뇌로 옮겨지는 것은 아니다." 즉, 대상이 어디에 있든지 그 이미지는 오직 우리 마음속에만 존재한다.

'과학' science이라는 말은 인도-유럽어의 동사 어근 sker에서 유래했고,

그 의미는 '자르다' 또는 '분리하다'이다. 그러므로 데카르트에 의해 근대 과학은 물리적 우주라는 객관적 세계와 개인의 직접 경험이라는 주관적 세계를 명확하게 분리하는 것으로부터 시작되었다. 객관적인 물리적 세계와 주관적인 마음의 세계를 완전히 분리함으로써 데카르트는 사실상 물질세계를 과학자들에게 넘겨 주었고, 주관적 세계를 철학자들과 신학자들에게 남겨 주었다. 갈릴레오와 데카르트의 시대 이래 오랫동안 물리학자들과 생물학자들은 그 구분을 따랐으며, 수량화할 수 있는 객관적·물리적 실재를 측정하고 이해하는 데 상당한 진보를 이루었다. 그래서 19세기 말까지 많은 물리학자들은 자신들이 전반적으로 완벽하게 물질세계를 이해하고 있다고 믿었다.

하지만 이와 같이 과학자들이 객관적인 물리적 대상을 측정하는, 다시 말해 "곰곰이 생각"하는, 효과적 방법을 발견한 것에 비해서, 철학자들은 주관적인 심적 사건mental events을 철저하게 관찰하는 방법을 고안하지 못했다. 그 결과 생각, 심상, 감정, 욕구, 꿈 그리고 의식 자체 등 심적 실재를 이해하기 위한 철학은 과학에 견줄 만한 발전을 이루지 못했다.

미국 심리학의 위대한 선구자 윌리엄 제임스William James(1842-1910)는, 당시 마음에 대한 과학적 이해는 아직도 갈릴레오 이전의 물리학 수준에 정체되어 있는 반면에, 과학자들은 1600년 이래로 외부 세계를 조사하여 수학적으로 분석할 수 있는 방법을 고안했다고 지적했다. 덕분에 철학자들이 오랫동안 논쟁해 왔던 여러 문제들이 마침내 과학의 실증적 방법에 의해 해결되었지만, 과학이 진보할수록 철학자들이 다루어야 하는 문제들은 점점 적어졌다.

윌리엄 제임스의 발자취를 따라가 보면, 오늘날 우리가 알고 있는 것보다 더 완전하고 폭넓게 마음을 이해하도록 서구 심리학을 이끌었을지도 모르는 가능성을 보여 주는 수많은 예를 만날 수 있다. 제임스는 어린 시절 미국과 유럽에서 교육을 받은 후, 1861년에 하버드의 로렌스 과학대학에 입학했고, 3년 후에는 하버드 의과대학에 들어가서 1869년에 졸업했다.

그는 심한 우울증을 여러 번 겪었는데, 그것은 의학 공부를 할 때 배운 생물학적 결정론과 어느 정도 관련이 있었다. 나중에 그는 그때의 상태가 깊은 위기, 즉 존재의 위기, 의미의 위기, 의지의 위기에 떨어졌던 것이었다고 말했다. 그러나 1870년에 그는 자신이 단순히 몸의 생물학적 과정에 의해 지배되는 자동인형이 아니라는 걸 확실히 믿게 되었고, 자신의 의지에 의해 우울증에서 벗어날 수 있음을 깨달았다. 자유 의지를 믿음으로써 처음으로 자유 의지를 실행한 것이다.

제임스는 1873년부터 하버드 대학에서 해부학과 생리학을 가르쳤고, 2년 후에는 심리학을 가르치기 시작했으며, 하버드 대학에 최초로 마음을 과학적으로 탐구하는 연구소를 설립했다. 그는 심리학이란 "감정, 욕구, 인지, 추론, 결심과 같은 마음의 현상과 그 소선의 측면에서 심적 삶을 연구하는 과학"이라고 정의했다. 물리학자들은 관찰자들이 객관적으로 다룰 수 있는 물리적 대상을 연구하는 데 비해, 심리학자들은 사람들이 주관적으로 경험하는 심적 과정과 그것이 경험의 대상, 뇌, 세계와 맺는 관계를 연구한다.

하지만 심적 경험은 개인적인 것이어서 과학의 도구들로 직접 관찰할 수 없다. 그러므로 제임스는 심리학에서 심적 상태와 과정을 연구하기 위해서는 근본적으로 내적 성찰introspection을 사용해서 직접 관찰해야 한다고 말했다. 더불어 동물 행동 연구와 실험을 통한 뇌과학 연구 같은 비교 연구로 그것을 보완해야 한다고 주장했다.

제임스가 '의식'의 심적 경험을 내적 성찰에 의해 관찰하는 것을 강조한 반면에, 오스트리아의 신경학자 지그문트 프로이트Sigmund Freud(1856-1939)는 '무의식적' 마음에 대한 이론을 주장했고, 심리학에서 정신분석학이 탄생하는 데 결정적 역할을 했다. 정신분석학에서 치료자는 환자의 마음속에 있는 무의식적 요인들 사이의 연관성을 찾아내려고 한다. 프로이트는 환자가 깨어 있거나 꿈을 꾸는 동안 주관적으로 경험한 것을 설명할 때, 그것을 바탕으로 숨겨진 마음의 기제를 알아내려고 했다.

20세기 초까지 심리학자들과 정신분석학자들은 심적 과정을 직접 관찰하는 엄밀한 수단을 마련하지 못했다. 그래서 겨우 30년 후에는 마음을 과학적으로 조사하기 위해서 내적 성찰을 이용하는 것을 포기하게 되었다. 그 이유는 두 가지였다. 하나는, 어떤 실험에서 내적 성찰에 의해 자신의 경험을 관찰해야 하는 피험자들은 연구자들이 기대하는 것을 '관찰'하려고 하기 때문에, 다른 연구자들이 발견한 것을 객관적으로 재현하기가 어려웠다.

그런데 우리는 여기서 심리학자들이 자신의 내적 성찰 능력을 별로 향상시키지 못했으며, 그들의 연구에서도 내적 성찰을 그리 많이 활용하지 않았다는 점에 유의해야 한다. 심리학자들은 피험자들이 제대로 내적 성찰을 할 수 있도록 지속적이고 엄격한 훈련을 하지 않은 채 마음을 조사하게 했기 때문에, 피험자들은 정확하고 신뢰할 만한 관찰을 할 수 없었다. 이와 같이 심리학자들이 분명히 내적 성찰을 사용해 연구했더라도 그것을 비전문가의 손에 맡겨 놓은 셈이었기 때문에, 내적 성찰은 결코

'민간 심리학'의 수준을 넘어서지 못했다.

    내적 성찰이 과학계에서 거부당한 둘째 이유는 지난 삼백 년 동안 객관적·물리적이고 수량화된 실재에 지속적으로 초점을 맞춰 온 과학 연구의 성향과 맞지 않았기 때문이다. 20세기 초까지 자연과학은 특히 종교나 철학과 비교했을 때 매우 성공적이라는 것을 증명해 왔기 때문에, 점점 더 많은 사람들이 자연 세계가 바로 물리적 세계와 같다고 생각하게 되었다. 다시 말해 과학적으로 측정할 수 있는 물리적 실체와 물리 과정만이 실재라고 생각했고, 그 밖의 다른 것은 '초자연적'인 것이므로 존재하지 않거나 적어도 과학적 탐구와는 관계없는 것으로 여겼다.

    이렇게 내적 성찰을 과학적으로 사용하는 것이 거부되면서, 영어권에서 심리학은 행동주의behaviorism로 옮겨 갔다. 행동주의는 심리학 연구에서 주관적으로 경험되는 심적 상태와 심적 과정에 대한 언급을 될수록 모두 배제하려고 했다. 미국 행동주의의 선구자인 존 왓슨John B. Watson(1878-1958)은 심리학은 더 이상 윌리엄 제임스가 정의했던 것과 같은 심적 삶을 연구하는 과학이 아니라고 선언했다. 그는 심리학이란 "순전히 객관적인 실험을 바탕으로 하는 자연과학 분야이며, 의식, 심적 상태, 마음, 만족한, 내적 성찰을 통해 증명될 수 있는, 형상화 등의 용어는 결코 사용해서는 안 된다."고 주장했다. 이렇게 주관적 경험을 금기로 여겼던 까닭은 한편으로 마음(또는 영혼)은 늘 종교와 연관되어 있다고 생각했기 때문이고, 다른 한편으로 분명히 심적 과정에는 물리적 성질이 없기 때문이었다. 과학은 경험적 지식을 가장 먼저 고려하기 때문에, 과학자들이 교리에 대한 무조건적인 믿음을 요구하는 종교를 매사에 의심스런 눈초리로 바라보는 것은 십분 이해할 만하다.

바로 여기에 어려움이 있었다. 경험적 증거가 실증적 증거로 간주되기 위해서는 다수의 관찰자들이 그것을 증명할 수 있어야만 한다. 그러나 심적 과정은 오직 내적으로만 관찰할 수 있고, 외부의 관찰자나 물리적 실재를 측정하기 위해 만든 과학의 도구로는 알아낼 수 없다. 그래서 심리학자들은 진퇴양난에 빠졌다. 지난 삼백 년간 과학이 진보할 수 있는 토대가 되었던 '실증주의 정신'을 견지해야만 하는가? 아니면 갈릴레오 시대로부터 과학이 엄청난 진보를 이룩한 실재의 영역인 '외부의 물리적 대상'을 관찰하기를 고수해야만 하는가? 결국 심리학자들은 후자의 더 좁은 영역에 초점을 맞추기로 했다. 그리고 행동주의자들은 물리적 성질이 없는 것으로 보이는 신비한 내적·영적·심적 실체가 아니라 인간의 행동을 연구하기로 했다.

실험 심리학으로 발달한 행동주의는 심적 과정의 본질을 밝혀 내기보다는, 인간의 행동을 연구함으로써 효과적으로 마음을 이해하려고 했다. 하지만 그것은 중세 의학에서 당시 금지되었던 부검을 하지 않고 해부학과 생리학을 이해하려 노력했던 것과 비슷했다. 대다수 행동주의자들은 자신의 심적 상태를 잘 알고 있었지만, 당분간 내적 성찰을 배제하면 심리학이 더 빨리 발전할 것이라고 생각했다. 게다가 왓슨Watson을 비롯한 더 급진적인 행동주의자들은 심적 과정과 의식에는 물리적 속성이 없다는 바로 그 이유 때문에 그것들이 존재하지 않는다고 선언했다. 이는 유물론에 대한 이데올로기적 맹신이 그 신념체계와 일치하지 않는 경험적 증거를 부정해 버리는 태도를 여실히 보여 주는 것이다.

하지만 행동주의자들의 더 큰 오류는 인간의 행동과 심적 과정이 똑같은 것이라고 생각했다는 점이다. 로봇은 어떤 행동을 하더라도 의식이 없으므로 주관적 경험을 하지 못한다. 인간도 행동을 하지만, 그 행동을 세밀하게 조사하는 것만으로는 우리가 경험하는 심적 실재가 있다는 사실을 증명할 수 없다. 따라서 주관적 경험을 알기 위해서는 객관적 행동을 관찰하면 된다고 주장하는 것은 솔직하지 못한 태도이고, 그게 아니라면 심각한 혼동을 하고 있는 것이다.

1960년까지 심리학자들은 심적 과정을 무시하는 연구에는 한계가 있음을 점점 더 명확히 알게 되었다. 그리고 인지심리학이라는 새로운 분야가 주관적 경험을 더 진지하게 다루기 시작했고, 또 20세기 말에 새로 부상한 인지신경과학을 통해 주관적 경험과 관련된 뇌 과정에 대한 관심이 증가했다. 그리하여 시각을 비롯한 감각과 기억, 감정, 상상 등 특정한 심적 과정에 필요한 뇌의 특정 부위와 뇌 기능을 알아내는 데 많은 발전이 이루어졌다. 그것은 지난 사백 년 간 물리적 실재를 탐구한 과학의 힘에 의지하는 것이므로, 간접적으로 심적 경험을 조사하는 매우 적합한 방식이다. 하지만 심적 과정의 실제 본질은 여전히 신비로 남아있다.

심적 과정과 뇌 과정의 관계는 무엇인가? 다시 말해 주관적 경험과 육체의 '하드웨어'의 관계는 무엇인가? 뇌 과정이 주관적 경험을 일으킨다는 점에서 순전히 인과관계인가? 아니면 심적 과정과 신경적 과정은 똑같은 것이며, 단지 내부에서 보는가 아니면 외부에서 보는가의 차이만 있는 것인가? 의식의 신경 상관물에 대한 연구에서 가장 앞서 있는 크리스토프 코흐Christof Koch는 이렇게 말했다.

"뇌 상태와 의식 현상의 특성은 하나가 다른 하나로 완전히 바뀔 수 있기에는 너무 다른 것으로 보인다. 그 관계는 여태까지 생각했던 것보다 더 복잡한 것 같고, 그래서 지금으로서는 이 문제에 대해 개방적 태도를 가지는 것과 뇌에서 의식의 상관물을 알아내는 데 집중하는 것이 최선이다."

코흐는 신경과학자이므로 뇌를 연구하는 데 중점을 두는 건 당연하지만, 그것만으로는 주관적 경험의 본성에 대해 아무것도 알 수 없었다. 뇌를 객관적으로 관찰하는 것으로는 심적 상태에 대해 아무것도 발견할 수 없고, 반면에 심적 상태를 주관적으로 관찰하는 것으로는 뇌 활동의 특성을 알아낼 수 없다.

많은 신경과학자들은 심적 과정이 뇌에서 발생하는 '창발적 속성'이라고 믿는다. 창발적 속성emergent property이란 어떤 요소에 개별적으로는 존재하지 않지만, 그 요소들이 다수로 모이면 생기는 성질이다. 예를 들어 하나의 물 분자는 상온에서 액체가 아니지만, 물 분자들이 모여서 큰 덩어리를 이루면 흐르는 성질(유동성)을 나타낸다. 유동성은 우리가 잘 아는 물리적 성질이며 기술 도구를 사용해서 쉽게 측정할 수 있다. 마찬가지로 혈액의 흐름이나 뇌의 전기적·화학적 변화 같은, 물리적 실체의 여러 가지 창발적 속성은 물리적이며 측정될 수 있다. 이와 달리 심적 과정은 물리적 성질이 없으므로 객관적으로 측정할 수 없다. 심적 과정은 물리적 세계에서 생기는 어떤 창발적 속성과도 근본적으로 다르기 때문에, 심적 과정을 물리적 실체의 창발적 속성으로 간주하는 것은 타당하지 못하다.

하지만 일부 신경과학자들은 이 문제를 얼버무린 채 넘어가거나, 단순히 심적 과정과 그것의 신경적 기반이 같은 것이라고 선언함으로써 부주의하게 논점을 흐린다. 하지만 그것이 아무리 그럴듯하다고 해도 과학적으로 입증되지 못한 가설을 과학적 결론이라고 주장하는 것은 지적으로 정직하지 못한 태도이다. 바로 여기에 진정한 과학이 유사 과학으로 변질될 위험이 있다. 유사 과학의 특징 중 하나는 어떤 가설이 옳은지 그른지를 조사하는 것이 아니라, 그 가설이 옳다는 것을 증명하려 한다는 점이다. 다시 말해 어떤 가설이 옳다는 건 이미 정해진 사실이고, 단지 증명하기만 하면 된다는 전제가 과학적 탐구방법의 특징인 개방적 태도를 몰아내고 그 자리를 차지하는 것이다.

바로 이런 유사 과학적 접근방식을 받아들여서, 많은 신경과학자들은 주관적 경험이 뇌에서 발생하는 물리 과정이라고 완전히 이해할 수 있는지 없는지가 아니라, 이해할 수 있다는 것을 증명하려고 노력했다. 17세기 유럽에서 많은 사람들은 영혼에 초자연적 속성과 자연적 속성이 모두 있다고 믿었다는 사실을 상기해 보자. 반면에 과학자들은 인간의 마음을 순전히 자연적인 실체로서 이해해야 한다고 주장하면서, 마음에는 어떤 물리적 속성도 없고 어떤 물리적 기구로도 마음을 찾아낼 수 없는데도 불구하고, 틀림없이 마음은 물리적인 것이라고 생각해 왔다. 바로 이것이 마음에 대한 과학 연구 전체의 핵심 문제이며, 아직도 해결되지 않은 상태이다.

심리학자들은 여전히 피험자에게 질문하고 그의 행동을 관찰함으로써 간접적으로 마음을 연구한다. 이는 심리학자들이 심적 과정의 물리적 '결과'를 직접 조사하는 것이다. 한편 신경과학자들은 주관적 경험의 신경적 기반을 탐구함으로써 간접적으로 마음을 연구한다. 이것은 신경과학자들이 심적 사건의 물질적 '상관물'을 직접 조사하는 것이다(심적 사건의 물질적 상관물은 심적 사건의 '원인'일 수도 있고 '결과'일 수도 있다).

현대의 인지과학은 심리학과 신경과학이 통합된 학문이다. 만약 인지

과학자들이 행동 연구와 뇌 연구만 한다면 주관적 경험이 존재한다는 것조차 알 수 없을 것이다. 그러므로 심적 상태가 존재한다는 것을 확신할 수 있으려면 연구자들 스스로 심적 상태를 경험해야만 한다. 이는 마음을 과학적으로 연구하려면 내적 성찰을 전면적으로 도입해야 한다는 윌리엄 제임스의 주장이 얼마나 중요한지를 여실히 보여 준다.

인지과학자들은 심적 사건을 조사하는 정교한 수단을 고안하지 못했다. 게다가 심적 과정을 관찰하고 진술하는 전문적 훈련을 받지 않은 피험자들에게 내적 성찰을 맡김으로써, 마음을 직접 관찰하는 것을 확실히 민간 심리학 수준에 머물게 한다. 이 점에 관해서 인지과학과 다른 자연 과학들을 비교해 보자. 실험물리학자들은 물리 과정을 관찰하는 전문 교육을 받고, 생물학자들은 생물학적 과정을 관찰하는 전문 교육을 받는다. **반면에 인지과학자들은 심적 과정을 이해하려고 하면서도 마음을 관찰하는 전문 교육을 받지 않는다.**

그렇다고 인지과학이 마음에 대해 알아낸 것이 별로 없다는 건 아니다. 사실 심리학자들과 신경과학자들은 (내적 성찰로 접근할 수 없는 것을 비롯한) 광범위한 심적 과정 및 그것과 연관된 뇌 상태에 대해서 상당히 많은 것을 알게 되었다. 그리고 정신병을 진단하고 치료하는 데 그 지식을 매우 유용하게 적용해 왔다. 하지만 신경과학자들은 주관적인 심적 과정을 연구할 때 객관적으로 뇌를 측정함으로써 마음의 신경적 기반에 대해 많은 것을 알게 되었지만, 반면에 의식을 비롯한 주관적인 심적 과정의 본성과 근원에 대해서는 거의 이해하지 못했다.

지난 세기 동안 인지과학자들은 심적 실재를 직접 관찰할 수 있는 정밀한 수단을 고안하지 못했기 때문에, 내적 성찰은 과학적 탐구방법으로 적합하지 않다는 유사한 결론에 이르렀다. 그리고 심리학자들과 신경과학자들은 여전히 그 믿음을 유지한 채 행동과 뇌 활동을 관찰함으로써 마음을 탐구하고 있다. 그러나 내적 성찰을 과학적으로 사용할 수 없다는 믿음은 내적 성찰의 가치를 훼손하며, 은연중에 심적 과정이란 단지 뇌 과정을 주관적으로 관찰한 것일 뿐이라는 전제를 뒷받침한다. 즉, 실제로 일어나는 것은 뇌 과정이고, 심적 과정은 환상에 불과하다는 의미이다.

그런데 지금은 전 세계를 편리하게 이어주는 운송 수단과 통신 수단 덕분에 과거 어느 때보다도 다양한 문화에 접근하기가 훨씬 쉬워졌다. 그 결과 서양에서 발달한 관상뿐만 아니라 이전에 서양에는 그리 알려지지 않았던 명상에 대해 큰 관심을 보이는 인지과학자들이 빠른 속도로 늘어나고 있다. 따라서 수세기에 걸쳐 과학이 명상을 거부해 온 일은 곧 과거 지사가 될 수도 있다.

4
명상의 과학적 연구

우리의 심적 상태와 행동은 전적으로 뇌 활동과 유전자 같은 물리적 요인에 의해 결정되는가? 아니면 명상 같은 행위를 함으로써 행복감을 고양시킬 수 있는가? 이것은 명상에 대한 모든 과학적 연구의 근본적 물음이다. 19세기 중엽에 일반적이었던, 인간은 단지 몸의 생화학적 과정에 의해 움직여지는 꼭두각시일 뿐이라는 믿음에 영향을 받아서 자살충동을 느낄 정도로 깊은 우울증에 빠졌던 윌리엄 제임스의 경우를 다시 생각해 보자. 그는 그 환원주의적 가설을 입증하는 과학적 증거가 확실치 않다는 것을 알고 나서, 얽매여 있던 틀에 박힌 관점에서 빠져 나올 수 있었다. 지난 수년 간의 의식에 대한 연구는 인간의 본성을 로봇처럼 여기는 관점을 훨씬 더 의심스럽게 만들었다.

요즘 신경과학 연구에서 가장 매력적인 분야 중 하나는 신경가소성에 대한 것이다. 신경가소성이란 우리의 경험에 의해서 뇌의 뉴런이 변화될 수 있는 능력을 말한다. 즉, 일상생활 속에서 생각, 태도, 행동을 바꿈으로써 실제로 뇌를 변화시킬 수 있다는 의미이다. 연구에 의하면 뇌는 계속 변화하는 기관이며, 외부 환경에 의해서 뿐 아니라 의식의 변화를 포함한 심적 상태의 변화에 의해서도 뇌 구조의 변화가 일어날 수 있다.

하버드 의과대학의 신경과학자들은 한 선구적 실험에서 피험자들 일부는 일주일 동안 매일 피아노 연습을 하게 했고, 다른 피험자들은 마음속으로만 손가락을 움직여 피아노 연습하는 것을 상상하게 했다. 일주일 후, 예상했던 대로 실제로 피아노를 연습한 피험자들의 운동 피질(여기서는 손가락의 움직임을 통제하는 뇌 영역)이 커졌다. 그런데 놀랍게도 마음속으로만 피아노를 연습한 피험자들의 뇌에서도 마찬가지로 운동 피질이 증가했다. 단지 피아노를 연주한다고 상상하는 것만으로도 뇌에서 실질적인 변화가 일어난 것이다. 그렇다면 "단지 마음속에서 일어나는 일일 뿐, 사실이 아니다"라는 말은 더 이상 할 수 없다.

캘리포니아 라쫄라에 있는 실크 생물학연구소의 연구자들은 성인의 뇌도 구조와 뉴런의 연결 상태 그리고 그에 따른 기능이 변할 수 있음을 보여 주었다. 이것은 뇌의 변화 능력은 대개 어린이 때가 지나면 상실된다고 과학자들이 오랫동안 믿었던 것에 대한 반증이다. 다시 말해서 환경과 생활 방식 그리고 어떤 심적 활동을 할지를 선택함으로써 우리는 일생 동안 마음과 뇌를 자발적으로 변화시킬 수 있다.

신경가소성이 일어나는 한 가지 방식은 신경발생neurogenesis에 의한 것이다. 즉, 뇌에서 새로운 신경세포가 생기고, 더 중요하게는 시냅스들 사이에 새로운 연결이 생기는 것이다. 건강한 인간의 뇌에는 뉴런이라는 천억 개의 신경세포가 있다. 각 뉴런은 축색돌기axon와 수상돌기dendrite라는 섬유 모양의 돌기로 이루어져 있으며 전기 펄스로 정보를 전달한다. 수상돌기는 뉴런 내부에서 신경 신호를 전달하고, 축색돌기는 신경 신호를 다른 신경세포로 보낸다. 이때 축색돌기와 다음 신경세포의 수상돌기 사이의 연결 공간을 시냅스라고 하며, 신경 정보는 '신경전달물질'이라는 화학적 전달물질에 의해 시냅스를 건너서 전달된다. 신경발생은 시냅스에서의 연결을 증가시키고, 마음이 작동하는 방식에 대해 뇌세포가 새로 발생하는 것보다 더 실제적인 영향을 준다.

우리는 신경발생을 통해 새로운 것을 인식하기 위한 새로운 '연결'을 만들 수 있다. 그렇지 않다면 이전의 고착된 연결 때문에 새로운 것들조차 낡고 진부한 방식으로 볼 수도 있다. 신경세포들 간의 새로운 연결을 만드는 능력은 대개 나이가 들면서 쇠퇴한다. 하지만 흥미롭고 새롭고 도전적인 일과 경험을 만나게 되는 "풍요로운 환경"에서 산다면 신경발생 능력이 향상될 수 있다. 상상의 세계와 마음으로 하는 활동들도 풍요로운 환경이 될 수 있다. 그러므로 명상은 뇌와 마음이 활기를 되찾게 하는 가장 효과적인 방식일 수 있다.

최근 몬트리올 맥길 대학의 과학자들은 인간이 유전자, 신경전달물질, 뇌신경 조직의 노예라는 관점에 도전하고 있다. 그들이 탐구하는 후생유전학epigenetics이란 유전자 DNA 서열의 변화 없이 생기는 게놈에서의 기능 변화를 연구하는 새로운 분야이다. 유전자는 매우 활동적이거나, 다소 활동적이거나, 활동이 중지되어 있을 수 있는데, 이런 유전자의 활동성은 화학적 환경에 의해 결정된다. 그리고 화학적 환경은 무엇보다도 부모의 보살핌에 의해 영향 받는다. 환경 요인에 의해 전사인자transcription factors라는 단백질이 생성될 수 있고, 전사인자는 유전자가 인간 유기체의 다른 부분들에 어떤 영향을 줄 것인지를 결정한다.

유전자는 두 개의 분절로 이루어져 있다. 하나는 단백질을 생산하는 역할을 하고, 다른 하나는 유전자를 켜고 끄는 조절 역할을 한다. 전사인자는 그 중에서 조절 역할을 하는 분절과 상호작용한다. 그런데 동물 실험과 인체 실험에 의하면, 건강하고 균형 잡힌 감정에 필요한 뇌 화학물질을 적절한 양만큼 생산하는 데는 보살핌을 잘 받는 것과 스트레스 수준을 낮게 하는 것이 중요하다. 그러므로 조상으로부터 물려받고 수백만 년 동안 자연선택에 의해 영향을 받은 유전자가 전적으로 우리의 개성, 능력, 기질을 결정하는 것은 아니다. 우리의 육체적, 정신적 행동이 유전자가 매우 활동적일지, 다소 활동적일지, 활동하지 않을지에 영향을 줄 수도 있다. 예를 들어 어떤 어린이가 주의력 결핍 및 과잉행동 장애ADHD의 유전적 소인을 가지고 있더라도 집중력 훈련을 통해 해당 유전자의 활동성을 감소시키거나 중지시킬 수 있다.

스트레스는 신경발생에 손상을 준다. 반대로 나은 심적 활동은 신경발생을 촉진할 수 있으며, 바로 여기가 명상이 핵심적 역할을 할 수 있는 곳이다. 최근까지 명상에 대한 과학적 연구들 대부분은 '주변부 과학'으로 여겨졌다. 하지만 1960년대 후반 하버드 의과대학과 어바인 캘리포니아 대학의 의사들이 연구한 결과, 초월명상(TM)을 하는 사람들은 스트레스와 불안이 줄고 산소 소비가 감소하고 호흡 속도가 느려졌음이 밝혀졌을 때, 이 분야가 대중의 관심을 끌기 시작했다.

초월명상이란 일상적인 의식 상태를 초월하기 위해서 마음속으로 암송하는 만트라에 20분 이상 집중하는 것이다. 연구자들은 어떤 말이나 기도를 반복해서 암송하는 것과 두서없이 떠오르는 생각들을 그냥 흘려 보내기라는 두 활동이 '이완 반응'을 일으킨다는 것을 이론화했다. 수십 년간 유사한 연구들이 이루어진 결과, 현재 초월명상은 고혈압, 심부정맥, 만성 통증, 불면증, 악성 종양, 에이즈 치료의 부작용을 치료하는 데 추천 되고 있다.

명상은 암, 고혈압, 건선을 포함한 광범위한 만성 질환에 대한 보조요 법으로 인기를 얻고 있다. 최근 예일 의과대학 연구자들은 명상이 에이즈 로 죽어가고 있는 환자들의 삶의 질을 개선하는 데 효과가 있는지를 연구 하고 있다. 그들은 사람들이 죽음을 맞을 때 평화로움을 유지하는 게 중 요한 것처럼, 말기 질병을 앓고 있는 사람들의 삶의 질도 중요하다는 것 을 인식하게 되었다. 샌프란시스코의 캘리포니아 퍼시픽 의학센터에서는 '선禪 호스피스 프로젝트'(ZHP)를 시행했는데, 그 목적은 말기 호스피스 환자와 함께 있는 것이 호스피스 자원봉사자의 행복에 어떤 영향을 주는 지를 연구하고, 영적 수행이 어떻게 죽음에 대한 두려움을 완화하는 역할 을 할 수 있는지 알아보려는 것이었다. 그 연구에서는 초보 호스피스 자 원봉사자들에게 자비, 평정, 마음챙김, 환자 보살피기를 중점적으로 교육 하는 40시간의 훈련 프로그램을 실시했다. 그 훈련의 효과로 자원봉사자 들은 자비심이 고양되고 죽음에 대한 두려움이 감소했음이 밝혀졌다.

이와 관련된 연구에서는 정기적으로 마음챙김 명상을 하는 것이 선 호스피스의 간병인들에게 유익한 효과가 있음이 입증되었다. 여기서 마 음챙김이란 간병인들이 어떤 상황에 대한 생각이나 감정에 사로잡히지 않고, 현재 순간의 실재를 민감하게 인식하고 집중하며, 그것을 받아들이고 인정하는 상태를 말한다. 마음챙김 명상을 훈련할 때 호스피스 간병인들은 호흡을 자각하면서 생각, 감정, 감각이 생기고 사라지는 것에 주의를 기울였다. 그리고 생각, 감정, 내면의 소음에 빠져 있음을 알아채면 다시 부드럽게 호흡으로 주의를 돌려서 인식을 안정시켰다.

그 연구에 참여한 사람들은 마음챙김 명상을 할수록 더 쉽게 주의를 현재 순간으로 되돌릴 수 있음을 알게 되었다. 그들은 일상생활에서 명상 수행을 함으로써 자신이 하루 종일 무엇을 하는지, 왜 하는지에 주의를 기울였다. 이때 그들이 경험한 마음챙김은 과거나 미래에 집착하지 않고 "현재에 머물기", 지금 일어나고 있는 모든 일에 대한 직접적 체험을 편안히 받아들이는 것이었다.

그들이 마음을 훈련하는 방법은 마음챙김 상태에서 환자들에게 요리해 주기, 씻어 주기, 먹여 주기, 함께 앉아 있기, 이야기 들어 주기 등 통상적인 호스피스 활동을 하는 것이었다. 간병인들이 이런 마음챙김 수행으로 얻게 된 긍정적 효과들은 자신과 환자가 분리되어 있지 않은 느낌, 바쁜 와중에도 느낄 수 있는 고요, 현재와 다른 모습이기를 바라는 마음이나 막연한 두려움을 놓아버리기, 여러 감성이 일어나고 있을 때도 명료한 마음챙김 상태를 유지하기 등이었다.

매사추세츠 대학 의료센터 스트레스 완화 치료소의 연구자 존 카밧-진Jon Kabat-Zinn은 1970년대 말부터 '마음챙김에 기반한 스트레스 치유' (MBSR) 프로그램을 개발했다. 현재 이 프로그램은 전 세계 250개가 넘는 의료기관에서 교육하고 있다. 1990년에 마음챙김, 감정, 건강에 대해 달라이 라마와 모임을 가졌을 때 카밧-진이 지적했듯이, 스트레스는 감기에서 암에 이르기까지 모든 질병의 증상을 악화시킨다. 따라서 명상으로 스트레스를 완화하는 것은 몸과 마음의 평안에 큰 영향을 미칠 수 있을 것이다. 예를 들어 토론토 대학의 연구자들은 재발성 기분장애 병력이 있는 환자들이 명상을 통해 우울증의 재발을 예방할 수 있음을 보여 주었다. 다른 연구들도 그것을 뒷받침한다. 세계 주요 대학에서 명상 연구가 급속히 증가하고 있는 사실은 점점 더 다양한 몸과 마음의 문제들에 명상이 효과가 있음을 보여 준다. 명상 연구자들은 하루 중 잠깐 동안만 명상을 해도 낮잠을 자는 것보다 몸과 마음이 더 편안하고 건강해진다는 것을 알게 되었다.

카밧-진은 메디슨에 있는 위스콘신 대학의 〈기능적 뇌영상화 W. M. 켁Keck 연구소〉 소장인 리차드 데이비슨Richard Davidson과 함께 연구했다. 데이비슨은 1970년대에 처음으로 감정과 뇌와 명상의 관계를 연구하기 시작했다. 카밧-진과 데이비슨은 최근 위스콘신의 한 생명공학 회사에서 매우 심한 스트레스를 받는 노동자들에게 8주 동안 기초적인 마음챙김 명상을 지도하고 그 효과를 연구했다. 예비조사 결과에 의하면 마음챙김 명상 교육을 받은 사람들은 쉴 때나 감정적인 어려움을 겪을 때 뇌의 좌측 전전두엽의 활성이 증가되었다. 뇌의 좌측 전전두엽은 긍정적 감정과 스트레스의 감소, 면역 체계의 개선을 일으키는 곳이다.

그 이후로 데이비슨과 연구진은 6만 시간 동안 명상 훈련을 한 매우 높은 경지의 티베트불교 명상가들을 연구해 왔다. 연구자들이 그 스님들의 뇌전도EEG를 측정했을 때, 뇌 전체에서 상당히 높은 감마파가 생성되고 있었고, 행복감과 연관된 뇌 영역인 좌측 전전두엽 피질의 신경이 활성화되어 있음을 알게 되었다. 인간적 경험의 면에서 그 자료들을 어떻게 해석할 수 있을지 완전히 명확하지 않지만, 연구자들은 명상 같은 마음 수련이 뇌에서 통합적 기제를 작동시켜서 단기적·장기적인 뇌신경의 변화를 유발한다고 생각하고 있다.

하버드 대학의 연구자들이 매사추세츠 종합병원에서 진행한 또 다른 연구는 장기간의 명상은 뇌의 바깥층인 대뇌 피질의 두께를 증가시킬 수도 있음을 시사한다. 연구자들은 MRI 측정을 통해, 명상가의 심적 상태와 심적 과정에 대한 초점 주의focused attention 명상이 주의력, 내적 성찰, 감각 처리와 연관된 뇌 영역을 두껍게 한다는 것을 발견했다. 매일 40분씩만 명상을 해도 주의력과 감각 처리에 연관된 대뇌 피질 영역이 두꺼워지는 것으로 보인다. 나이 많은 피험자들에서 전전두엽 피질의 두께 차이가 가장 두드러졌는데, 이는 나이가 들수록 주위 환경에 대한 주의력과 마음챙김이 쇠퇴하는 경향을 명상이 상쇄할 수도 있음을 의미한다.

오리건 대학의 심리학자들은 어린이들을 훈련시켜 '실행 주의'executive attention(특히 갈등 상황에서 심리 반응과 행동 반응을 조절하는 능력)를 향상시킬 수 있는지에 대해 조사하고 있다. 실행 주의는 강한 감정이 일어났을 때 우리로 하여금 습관적인 생각이나 기억에 사로잡히지 않고 더 중요한 일에 집중할 수 있게 해 준다. 실행 주의가 특히 빠르게 발달하는 시기는 두 살에서 일곱 살 사이이고, 성년기 초까지 계속 발달하는 것으로 생각된다.

최근 한 연구에서는 그런 훈련의 효과를 연구하기에 가장 좋은 4~6세의 어린이들에게 실행 주의를 향상시키도록 고안된 훈련을 시켰다. 그 연구는 어린이들이 실행 주의력을 훈련할 수 있다는 것과, 실행 주의를 통해 주의력 장애나 다른 행동 장애가 있는 어린이들을 위한 더 좋은 치료법을 개발할 가능성을 처음으로 보여 주었다. 연구자들은 또한 지능지 수IQ 같은 일반적인 마음의 능력을 향상시키는 데도 주의력 훈련이 효과가 있을 것이라고 믿는다.

펜실베이니아 대학 신경과학자 아미시 자Amishi Jha와 동료들의 최근 연구는 주의력을 향상시키는 명상 효과에 대한 가장 중요한 연구들 중 하나이다. 그들은 두 그룹의 명상가들에게 두 가지 마음챙김 수련을 하게 한 후, 그 효과를 비교했다.

첫째 그룹의 명상초보자들은 8주 동안 '마음챙김에 기반한 스트레스 치유'(MBSR) 프로그램에 참여했다. 그 프로그램은 단지 매일 30분 동안 호흡에 집중하고, 주의가 흐트러질 때마다 부드럽게 호흡으로 되돌리는 것이었다. 둘째 그룹의 명상 경험이 있는 사람들은 한 달 간의 집중적인 마음챙김 수행에 참가해서 하루 10~12시간씩 수행했다. 셋째 그룹의 전혀 명상을 해 보지 않은 사람들은 연구 기간 동안 명상을 비롯한 어떤 훈련도 하지 않았다.

각 그룹의 훈련 과정이 끝난 후에 결과를 검토했더니, 첫째 그룹이 다른 두 그룹보다 명상 대상에 주의 집중하기를 더 잘 했고, 둘째 그룹은 다른 그룹보다 더 능숙하게 주위 환경을 마음챙김으로 인식할 수 있었다.

긍정적인 심리적 변화를 일으키는 데 주의력 훈련이 핵심적 역할을 하는 것은 사실이지만, 우리는 욕망, 태도, 감정 등 마음의 다른 면도 고려해야 한다. 2000년 가을 〈마음과 생명〉 모임에서 달라이 라마는 인지심리학자들과 함께 파괴적 감정이라는 주제에 대해 과학적 관점과 불교적 관점에서 탐구했다. 나는 이 모임에서 공동 통역을 했다. 며칠 간 여러 학문 분야와 문화를 넘나드는 대단히 흥미로운 대화를 나눈 후, 달라이 라마는 그런 토론이 유용하기는 해도 우리가 함께 나눈 지식과 경험을 세상에 실질적 이익이 되도록 적용하는 것이 가장 중요하다고 말했다.

참가자들 중 하나인 샌프란시스코 캘리포니아 대학 심리학과 명예교수 폴 에크만Paul EKman은 달라이 라마의 뜻에 동조하여 '감정적 균형 계발'(CEB) 프로그램을 개발하기 시작했다. 그와 달라이 라마는 그 연구 계획이 시작할 때부터 내게 함께 참여할 것을 요청했다. 폴과 나는 심리학적 중재요법과 불교 전통의 명상을 포함한 8주간의 훈련 프로그램을 구성했다. 그 통합 훈련에는 실행 주의와 마음챙김을 향상시키는 수행과 공감, 자애심, 자비심의 계발이 포함되었다.

우리는 2003년에 예비 조사를 했고, 그 후부터 UCSF의 심리학자 마가렛 케머니Margaret Kemeny가 몇 그룹의 교사들을 훈련하는 두 가지 임상 실험을 실시했다. 우리는 모든 참가자들이 최소한 하루 25분 동안 명상할 것을 권했다. 또 참가자들은 마음챙김으로 '일상에 양념을 치는' 방식을 교육 받았다. 이를테면 신호등에 걸려 멈추어 있을 때나 줄을 서서 기다릴 때 또는 이메일 메시지를 읽는 사이 등 일상생활을 하면서 잠깐씩 짬을 내어 하루 종일 명상을 하는 것이었다.

그 결과 우리는 '감정석 균형 세발' 훈련에 참여하는 것이 우울, 만성 불안, 부정적 감정들(짜증, 좌절, 적대감 등)과 강박적 생각을 감소시키는 효과가 크다는 것을 알게 되었다. 그 훈련의 참가자들은 인내, 공감, 애정, 자비 같은 긍정적 감정과 마음챙김, 다른 사람들에 대한 배려가 상당히 늘어났고, 깊고 편안한 잠을 잘 수 있게 되었다. 훈련의 마지막 시기에 관찰된 그런 긍정적인 심리학적 효과들은 5개월 후에도 지속되었다.

'감정적 균형 계발' 훈련이 참가자들의 신경계에 미친 영향을 보면, 참가자들은 괴로운 감정이 일어났을 때 감정의 '마모'를 경험하는 일이

줄었고, 괴로운 상황이 지나간 후에는 더 빨리 평정을 되찾았다. 호르몬 반응도 개선되었다. 일차적 '스트레스 호르몬'으로 불리는 코르티솔cortisol 은 우리가 스트레스를 받을 때 부신에서 나오는 스테로이드 호르몬이다. 스트레스를 받을 때는 정상적인 생리학적 과정을 유지하는 것이 중요한데, 혈중 코르티솔의 양이 너무 높으면 인지 수행이 손상되고 갑상선 기능 저하, 과혈당증 같은 혈당 불균형, 골밀도와 근조직의 감소, 고혈압을 일으킬 수 있다. 최근 연구에 따르면 혈중 코르티솔이 너무 적은 상태도 우울함과 극도의 피로, 염증성 질환에 걸릴 위험이 있다.

'감정적 균형 계발' 훈련에 참가한 사람들은 코르티솔 활성으로부터 빠르게 회복되었다. 이는 그들의 코르티솔계가 혼란스러운 감정을 일으키는 상황에 적절하게 반응하도록 적응되었을 수도 있음을 보여 준다. 요컨대 '감정적 균형 계발' 훈련을 받은 교사들은 심리적인 면과 자율신경계 및 호르몬의 측면에서 정서적 혼란으로부터 회복하는 능력이 향상되었다. 이 마음 훈련이 스트레스가 심한 직업인 교사들에게 도움을 줄 수 있음을 볼 때, 복잡한 현대 생활에서 어려움을 겪고 있는 거의 모든 사람들에게도 도움이 될 수 있을 것으로 보인다.

인간 심리의 가장 흥미로운 점들 중 하나는 에크만이 불응기refractory period라고 부르는 것이다. 일반적으로 불응기는 감정적으로 심한 충격을 받은 경험 바로 직후에 온다. 그리고 불응기 동안 우리의 사고는 "그때 우리가 느끼고 있는 감정에 어울리지 않는 정보와 그 감정을 유지하거나 옹호하지 않는 정보를 통합할 수 없다."고 한다.

예를 들어 우리가 직장 동료에게 몹시 화가 나서 불응기에 있다면, 그 동안 우리는 그 사람의 성격과 행동 중에서 오직 지금 우리가 느끼고 있는 적대감을 지지해 주는 면들에만 주의를 기울이게 된다. 설령 우리가 그 사람의 좋지도 나쁘지도 않은 행동이나 심지어 긍정적인 행동을 생각한다 해도, 불응기 동안에는 그것을 부정적 시각으로 바라보게 되며, 당분간 그의 선한 면을 전혀 보지 못할 수 있다.

명상은 우리가 불응기 상태일 때 '감정의 계기판' 같은 역할을 하여, 우리가 그 눈금을 보면서 감정의 과열 상태를 객관적으로 판단할 수 있게 해 준다. 따라서 우리는 마음이 끓어 넘치기 시작해도 놀라지 않을 수 있다. 뇌신경계에서 그런 감정적 반응의 기반인 변연계는 전전두엽 피질과 연결되어 있다. 그러므로 명상은 우리가 두려움이나 분노로 속상할 때 전전두엽 피질에 작용하여 감정적 균형을 회복하는 것을 도울 수 있다. 감정을 일으키는 사건이 일어난 후 두려움에 관련된 신경중추인 편도체가 반응하는 데는 보통 1/4초밖에 걸리지 않는다. 감정은 정말 순식간에 우리의 판단을 휩쓸어 버리는 것이다. 명상은 우리로 하여금 그런 반응에 더 민감해져서 "불길이 치솟기 전의 번쩍임"을 인식할 수 있게 해 주고, 그 결과 감정의 연쇄 반응을 끊을 수 있는 기회를 준다. 이런 방식으로 우리는 어떤 감정에 따라 행동할지, 아니면 감정을 표현하지 않고 놓아둘지 선택할 수 있게 된다.

또한 명상 수련은 단순한 선량함을 비롯한 다양한 인간적 덕성을 기르는 데 도움이 될 수 있다. 폴 에크만은 2000년 〈마음과 생명〉 모임에서 달라이 라마와 몇 분간 개인적인 대화를 나누었다. 그는 당시를 돌아보며 "달라이 라마는 대화하는 동안 내 손을 잡고 있었다. 그때 나는 말로 표현할 수 없는 선한 느낌을 받았고, 온몸이 특별한 감각으로 충만하게 되었다."고 말했다. 에크만은 삶의 대부분 동안 습관적인 분노로 인해 괴로움을 겪었는데, 지금은 거의 매일 활기차고 긍정적인 느낌으로 살고 있다고 말한다.

최근 72세가 된 에크만은 "내가 서른 살만 젊었다면 달라이 라마와 만난 날 내게 무슨 일이 일어났는지를 과학적으로 밝히는 연구를 하고 싶다."고 말했다. 그는 수년 동안 정신분석 치료를 받아야만 했던 자신의 격정적인 성격을 달라이 라마가 그야말로 하룻밤 사이에 어떻게 고쳐 주었는지를 정말 알고 싶었다. 얼마 전 그는 그 목표를 염두에 두고, 달라이 라마를 만난 후 유사한 변화를 경험한 여덟 사람을 인터뷰했다.

나는 인도의 다람살라에 살고 있던 1971년 가을, 처음으로 달라이 라마를 개인적으로 만났을 때 큰 영향을 받았다. 그리고 그로부터 8년 후 달라이 라마가 처음으로 미국을 방문하기 전 유럽 강연 여행을 했을 때, 그의 통역으로 일하면서 더 큰 영향을 받았다. 매일 그와 함께 있는 것은 친절함이 충만한 곳에 살고 있는 느낌이었고, 전에는 경험하지 못한 고요와 평안을 주었다.

우리는 그런 비범한 인물을 만나면 의문을 가지게 된다. 그들은 원래 그렇게 태어났는가, 아니면 훈련을 통해 그런 흔치 않은 지혜와 자비를 기를 수 있었는가? 달라이 라마는 자신의 인생을 되돌아보았을 때, 오십 년 동안 매일 명상을 비롯한 다양한 영적 수행을 한 것이 자신의 마음을 여러 면에서 유익한 방향으로 변화시켰음이 분명하다고 말했다. 달라이 라마는 매년 전 세계를 여행하면서 자신의 개인적 경험뿐 아니라 불교 전통에서 비롯된 2500년의 경험에 근거한 명상 수행을 가르치고 있다.

인지과학자, 특히 이 분야의 전문적 연구를 시작한 사람 중에 심리학과 신경과학의 과학적 탐구법과 불교를 비롯한 여러 전통의 명상적 접근법을 결합하는 데 흥미를 가지는 사람들이 빠르게 늘고 있다. 그들은 다양한 관점에서 마음을 탐구하려 한다. 1987년부터 달라이 라마와 함께하는 불교와 과학 모임을 후원하고 있는 〈마음과 생명 연구소〉는 2003년부터 일주일 동안 하계 연구소를 개최하고 있다. 거기에는 마음의 과학과 인문학을 공부하는 대학생들과 대학원생들이 참여한다. 이 집중적 세미나 기간 동안 기성 과학자들은 명상에 대한 최신 연구 결과를 나누고, 불교학자들과 명상가들은 불교 이론과 명상을 가르쳐 준다. 이와 유사하게 2007년 겨울 〈산타바바라 의식연구소〉에서는 특별히 심리학과 신경과학 분야의 연구자들을 대상으로 명상수련 과정을 시작했다.

이런 식으로 새로운 세대의 '명상 과학자들'이 출현하고 있다. 그들은 인지과학과 명상의 이론과 수행을 모두 전문적으로 훈련하는 사람들이다. 지난 세기 동안 마음의 과학은 종교나 철학과 관련된 모든 것과 거리를 두었다. 하지만 오늘날 마음을 연구하는 과학자들은 전례 없는 개방성과 호기심으로 명상의 생리학적·심리학적 효과에 대해 배우고, 내면으로부터 마음의 본성을 살펴볼 수 있는 명상의 가치를 탐구하고 있다.

이는 과학의 역사에서 주요한 전환점이라고 볼 수 있다. 즉, 과학은 이제까지 400년 동안 오직 객관적인 물리적 세계에만 관심을 기울였지만, 미래에는 외부를 향한 객관적 과학적 탐구와 내면을 향한 명상적 탐구를 통합한 새로운 관점이 의식의 본질과 잠재성을 이해하는 데 유례없는 깊이를 가져다 줄 것이다.

MIND IN THE BALANCE

제2부

명상의 이론과 수행

명상의 이론과 수행

1부 머리글에서 명상은 긴장 완화 요법이나 스트레스 치료법 이상이며, 명상을 통해 자아와 자아가 우주와 맺는 관계의 가장 깊은 비밀을 풀 수도 있다는 다소 대담한 주장을 했다. 이제 2부에서는 여러 명상 이론과 명상 수행법에 대해 말하겠다. 서양에서 과학의 역사가 겨우 4세기인데 비해 명상의 역사는 적어도 사천 년은 되었으므로, 인간을 탐구하는 많은 분야에서 명상이 매우 세밀하게 적용되어 왔다는 건 그리 놀라운 일이 아니다. 명상은 인쇄술이 없었던 고대 문명에서 기원했지만, 백 세대가 넘는 동안 구전되어 온 명상 전통을 뒷받침하는 문헌이 매우 많다.

많은 사람들에게 명상 이론과 수행은 새로운 분야이므로, 간단한 것부터 말하겠다. 그렇다고 단순히 여러 가지 명상법을 설명하는 데 그치려는 건 아니다. 독자들이 여기서 각 명상 이론에 대한 내용에 앞서 소개되는 수행을 실제로 해 본다면, 명상을 훨씬 더 깊이 이해할 수 있을 것이고, 아마도 명상과 삶의 연관성을 발견할 수 있을 것이다. 물론 우리가 명상법에 익숙해지고 어떤 성과를 얻으려면 다른 기술들과 마찬가지로 반드시 노력을 해야 한다. 하지만 간단하게라도 명상 수행을 하면 그 깊이와 잠재력을 느낄 수 있을 것이다.

5

―― 수행 ――

삶의 호흡에 집중하기

　　방해 받지 않고 25분 동안 편안히 앉아 있을 수 있는 조용한 자리를 마련합니다. 조명은 너무 밝지 않게 합니다. 의자도 좋고 방석 위에 결가부좌를 하고 앉아도 좋습니다. 침대에 눕는 것도 괜찮습니다. 베개를 베고 다리를 곧게 펴고 손바닥을 위로 향하고 두 팔은 옆에 내려놓고, 눈은 감거나 살짝 뜨고 있으면 됩니다. 어떤 자세든 긴장을 풀고 등을 곧게 폅니다.

　　이제 주의를 몸에 집중하고 발바닥부터 머리끝까지, 몸속과 피부의 감각을 느껴 봅니다. 몸의 어느 부분이 딱딱하게 느껴지면 그곳으로 숨을 들이쉬고, 숨을 내쉬면서 그곳의 긴장을 밖으로 내보냅니다. 턱, 입, 이마 등 얼굴 근육의 감각을 알아차리고, 깊이 잠든 아기처럼 얼굴 근육을 이

완합니다. 이렇게 몸 전체를 편안하게 합니다.

특히 눈 주위의 근육을 알아차립니다. 시인들은 눈이 영혼의 창이라고 합니다. 우리가 속상할 때는 눈이 불거지듯이 단단해지고 찌르는 듯한 아픔을 느끼기도 합니다. 마음의 상태가 눈에 영향을 주기도 하지만, 눈을 부드럽게 해서 마음에 영향을 줄 수도 있습니다. 눈을 부드럽게 이완해서 눈썹이나 이마 사이가 수축되지 않게 합니다.

25분간 이렇게 하면서, 숨 쉬는 자연스러운 움직임 외에는 될수록 몸을 움직이지 않습니다. 그러면 마음을 안정시키는 데 도움이 되고, 더 지속적으로 주의를 집중할 수 있습니다. 의자에 앉거나 가부좌로 앉아 있다면, 흉골이 약간 올라오게 하고 배 근육을 이완하여 부드럽게 유지합니다. 그러면 숨을 들이쉴 때 호흡의 감각이 곧바로 배로 내려가는 것을 느끼게 됩니다. 숨을 얕게 쉬면 배가 팽창하는 것만 느낄 것입니다. 하지만 숨을 깊게 들이쉬면 처음에는 배가, 이어서 횡격막이 팽창합니다. 그리고 더 깊이 숨을 쉬면 처음에는 배, 다음에 횡격막, 마지막으로 가슴이 팽창합니다. 이렇게 깊은 호흡을 천천히 세 번 합니다. 온몸으로 호흡의 감각을 느끼면서 할 수 있는 한 깊이 숨을 들이쉬고, 이어서 힘을 빼고 숨을 내쉽니다.

다음에는 힘을 뺀 평소의 호흡으로 돌아가고, 호흡의 감각이 몸의 어느 부분에서 느껴지든 마음챙김으로 그 감각에 주의를 기울입니다. 깊이 잠든 것처럼 가능한 한 힘을 빼고 숨을 쉽니다. 그리고 마음속에서 제멋대로 일어나는 생각에 매달리지 않도록 합니다. 조수처럼 들숨이 저절로 흘러들어 올 때까지 숨을 내쉬는 동안 계속 이완합니다.

호흡의 부드러운 리듬에 주목하고 있을 때 개 짖는 소리, 자동차 소리,

다른 사람의 목소리가 들릴지도 모릅니다. 그러면 다섯 가지 감각에 일어나는 모든 것을 순간순간 알아차리고 놓아둡니다. 주변 환경의 자극에 반응해서 생기는 생각이나 감정 등 마음속에 일어나는 모든 것들을 알아차립니다. 감각적 자극이나 생각이나 기억에 주의가 끌릴 때마다 숨을 내쉬고, 그런 집착으로부터 마음을 풀어 놓고, 부드럽게 호흡으로 돌아갑니다. 계속해서 몸의 감각에 주의를 기울입니다. 세상과 우리 마음의 움직임을 있는 그대로 놓아두어서 방해받지 않은 채 자연스럽게 흐르게 합니다.

6

― 이론 ―

감각에 이르기

모든 망상 중 가장 끈질긴 것은 우리를 불행하게 하는 원인이 외부에 있다는 확신이다. 우리 자신이 어떤 사람이든 상관없이, 우리는 우리와 다르게 말하거나 행동하는 사람들 때문에 세상이 이토록 비참한 상태라고 생각한다. 정치에서 자유주의자들은 보수주의자들 때문에 여러 문제들이 생긴다고 확신하지만, 보수주의자들은 자신들만이 문제를 해결할 수 있다고 믿는다. 또 사회운동가들은 정치적으로 무관심한 시민들이 정부 정책에 대해 책임을 지지 않으려 한다고 비난하는 데 비해, 대중들은 여러 불행한 일들이 정부 탓이라고 비난하고, 나라를 통치하는 데 자신들이 재정적으로 기여한 것을 '조세 부담'으로 여긴다. 종교 신자들은 다른 종교를 믿는 사람들이나 무신론자들은 물론이고 같은 종교의 다른 분파에 속한 사람들까지도 비난한다. 그리고 무신론자들은 유물론적 신념에 완강히 집착해서 세계의 악의 원인을 종교 신자들에게 돌린다. 우리 모두는 신 혹은 적어도 진리와 정의가 우리 편이라고 확신하는 것이다.

이런 망상은 작은 지역에서뿐 아니라 세계적인 범위에서도 흔하다. 우리는 가까운 곳이든 먼 곳이든 문제가 생기면 우리가 아니라 남들에게 잘못이 있다고 생각한다. 미국에서는 결혼한 부부의 절반가량이 이혼하는데, 대부분 배우자에게 파경의 책임이 있다고 말한다. 설령 우리의 행동이 전적으로 옳지는 않았다고 인정하더라도, 남들이 우리로 하여금 그렇게 행동할 수밖에 없도록 만들었다고 믿는다. 만약 처음부터 남들이 더 나은 방향으로 행동했다면 우리는 잘못될 길로 가지 않았을 것이다. 부모와 자녀들 간의 불화도 마찬가지다. 문제의 원인은 항상 내가 아닌 남들에게 있다.

이런 문제들에 대한 해결책이 하나 있는데, 효과가 있는지 한번 시도해 보자. 눈을 감고, 모든 불행에 책임이 있는 사람들을 순식간에 달로 보내 버린다고 상상해 보자. 실제로 고대 인도에서 어떤 사람들은 환생의 굴레에서 벗어나지 못한 이들의 영혼은 달로 이동하게 되고, 조상들이 그들을 맞아준다고 생각했다. 그러므로 지금 우리가 하는 상상은 오래된 선례가 있는 것이다. 이렇게 고향 별 지구에서 악한 일을 한 모든 이들을 깨끗이 청소해 버리는 상상을 할 때, 잘못이 있는 사람은 한 사람도 남지 않게 하라. 그 상상을 다 했으면, 이제 눈을 뜨고 주변을 돌아보라.

정신병원에 온 것을 환영합니다! 당신은 나쁜 짓을 한 사람들을 달에 보냈는데, 눈을 떠보니 다른 이들도 당신과 똑같이 했다는 걸 확실히 알 수 있을 것이다. 우리는 지구에 있던 65억 명의 사람들을 모두 달에 보내

버린 것이다. 그리고 망원경으로 지구를 돌아보면, 인간을 제외한 모든 생물들이 "마침내 고향 별 지구에서 인류라는 악한 존재들이 모두 사라져서 정말 다행이다!" 이렇게 외치면서 파티를 열고 있을 것이다. 사실 인간들의 간섭이 없다면 지구 생태계는 빠르게 회복되기 시작해서 점점 에덴동산처럼 바뀔 것이다. 반면에 달은 인구가 과도하게 밀집되어서 황폐하고 암울한 유배지처럼 보일 것이다. 철학자 장 폴 사르트르가 했던 유명한 말처럼 "타인은 지옥"이기 때문이다.

우리 모두는 문제를 일으키는 건 다른 사람이고, 문제를 해결할 수 있는 건 우리라고 생각하는 경향이 있다. 남들이 세계의 비참함과 고통을 초래한다는 사실은 이론의 여지가 없고, 만약 그들이 자신의 잘못된 행동을 안다면 대단한 일이라는 것이다. 하지만 그것은 전혀 말이 되지 않는다.

남들이 제대로 행동하기를 기다리며 숨죽이고 있지는 말자. 우리는 적어도 주변의 일에 대해서는 우리의 행위에 대해 책임감 있는 태도를 가질 수 있다. 우리 자신과 사랑하는 이들을 위해 더 나은 미래를 창조하기 위해서 말이다.

우리는 먼저 몸과 마음의 균형을 회복하는 것부터 시작할 수 있다. 그리고 마음챙김 호흡을 수행하는 것이 그 방향으로 가는 첫 번째 큰 발걸음이 될 수 있다. 탐욕과 망상에 사로잡힌 인류가 생태계의 균형을 깨뜨리는 일을 중단한다면 자연은 스스로 치유될 것이다. 땅은 비옥함을 되찾고, 물은 정화되며, 지구온난화 문제가 해결되고, 대기 오염물질이 없어지고, 오존층도 회복될 것이다.

한편 개인적 차원에서는 불안감, 두려움, 갈망, 적대감, 어리석음으로 인한 감정적 혼란에 빠질 때마다 몸과 마음의 균형을 잃게 된다. 그런 감정의 소용돌이는 뇌, 면역계, 호르몬과 신경계에 부정적 영향을 준다. 이때 마음챙김으로 호흡의 리듬에 주의를 기울이고 살펴보면, 불안한 생각과 감정이 호흡을 방해하고 위축시키며 이어서 몸 전체의 균형을 깨뜨린다. 우리 개인의 생태계가 망가지는 것이다.

그 결과 우리는 육체적, 감정적으로 스트레스를 받게 되어 과잉 활동과 탈진 사이를 반복해서 오간다. 그 증상은 괴로움을 겪고 있는 몸이 보내는 메시지이다. 하지만 그때 우리는 괴로움에 대한 반응으로 약물, 술, 일, 오락, 음식, 잠과 고통을 마비시키는 여러 수단에 의존하는 일이 많다. 몸이 보내는 괴롭다는 메시지를 좋아하지 않기 때문에, 그것을 막아버리는 것이다.

물론 마음챙김 호흡이 만병통치약은 아니지만, 우리가 호흡이라는 가까운 실재와 접할 수 있게 해 준다. 계속되는 밀물과 썰물처럼 우리 몸이 자연환경과 주고받는 호흡은 늘 우리를 지탱하는 근원이므로, 호흡의 리듬이 깨지면 우리는 몸과 마음의 균형을 유지하기 어렵다. 하지만 마음챙김에 의해 자연스러운 호흡에 주의를 기울이면 매순간 몸에 필요한 호흡의 속도와 양을 점차 회복할 수 있고, 그러면 생명력을 회복하게 될 것이다.

잠을 푹 자면 불안한 생각과 감정에 의해 방해 받지 않고 호흡하기 때문에 자연스럽게 그렇게 된다. 반대로 기분 나쁜 꿈을 꾸면서 불편한 잠을 자면 호흡이 몸과 마음의 균형을 회복할 수 없었기 때문에 아침부터 녹초가 된다. 우리는 깨어 있을 때 '호흡을 자연스러운 리듬에 머물게 하기'를 배울 수 있고, 그러면 몸과 마음의 마모를 훨씬 덜 겪을 수 있다.

명상에 관한 가장 오래된 인도 문헌을 보면, 가장 초기의 명상 수행법은 호흡과 함께 신성한 음절 "옴"Om에 주의를 집중하는 것이었다. 마음챙김 호흡은 붓다의 시대에 이미 잘 알려져 있었고, 붓다는 자신의 깨달음도 그 수행을 하는 동안 일어났다고 말했다. 붓다의 마음챙김 호흡은 간단했다. 인위적으로 호흡을 조절하지 말고, 단지 들숨과 날숨의 길이에 주목하는 것으로 시작하라. 마음이 고요해지기 시작하면 호흡의 양이 점차 줄어들고, 들숨과 날숨이 상대적으로 짧아지며, 점점 더 지속적으로 들숨과 날숨에 주의를 기울이게 된다. 그리고 마침내 몸 전체가 진정되는 것처럼 호흡의 리듬이 점점 더 고요해진다.

붓다의 가르침이 전해진 후 이천여 년 동안 동양에서 불교 명상가들은 마음챙김 호흡 수행을 통해 내면의 고요와 평정 및 지복을 얻을 수 있음을 경험해 왔다. 마음챙김 호흡 수행에 정진하면 부정적 감정이 훨씬 덜 생기고, 설령 부정적 감정이 생겨도 예전처럼 마음이 휘둘리지 않고 이내 진정할 수 있게 된다.

즉, 우리 마음은 여건이 주어지면 스스로 치유할 수 있는 특별한 능력이 있다. 상처는 깨끗이 유지하면 스스로 치유되고, 부러진 뼈도 잘 고정하면 저절로 접합되는 것처럼, 주의를 지속적으로 호흡에 머물게 하고 갈망이나 적대감 속에서 헤매지 않으면 마음의 상처도 스스로 치유될 수 있다.

많은 불교 명상가들은 주의를 호흡에 안정적으로 머물게 하고 떠도는 생각을 줄이기 위해 마음속으로 호흡을 세기도 한다. 혹은 들숨과 날숨마다 두 음절 "붓도"buddho('붓다'의 변형된 단어)를 암송하는 사람들도 있다. 그리고 티베트불교 전통에서는 대개 세 음절 "옴 아 훔"Om Ah Hum을 암송하는 수행을 한다. 들숨 때, 들숨의 끝에 잠깐 멈추었을 때, 날숨 때 각각 한 음절씩 암송한다. 옴Om, 아Ah, 훔Hum은 각각 몸과 말과 마음을 상징한다. 티베트 불자들은 호흡하는 동안 이 음절들을 마음속으로 암송하면 몸과 말과 마음을 정화할 수 있다고 믿는다. 이 수행법들은 마음챙김 호흡으로 몸과 마음을 진정시키고 균형을 유지하는 붓다의 본래 가르침을 적용한 것이다.

창세기에서 하느님이 흙으로 인간을 만들고 콧구멍으로 생명의 숨을 불어넣었다고 말하는 것부터 시작해서, 숨은 유대교와 그리스도교 사상에서도 핵심적 위치를 차지하고 있다. 신약성경에서 예수의 숨에는 하느님의 특성이 있었다고 전해지는데, 예수는 사도들에게 숨을 불면서 "성령을 받아라"라고 말한다. 그리스의 수도승이자 신학자인 고백자 막시무스Maximus the Confessor(580-662)는 "하느님은 숨이시다."라고 말했다.

그리스도인들은 이미 4세기부터 호흡 명상을 중요하게 여겼다. 폰투스의 에바그리우스Evagrius of Pontus가 유명한 수도승이며 은수자인 대 마카리오Macarius the Elder(300-391)에게 가서, 의지하고 살 수 있는 말씀을 가르쳐 달라고 요청했다. 마카리오는 예수 그리스도의 바위에 마음의 닻줄을 굳게 붙잡아 매고 숨쉴 때마다 "주 예수 그리스도, 제게 자비를 베푸소서."라고 '예수의 기도'를 반복해야 한다고 알려주었다. 아마도 이것이 마음챙김 호흡과 함께 예수의 기도를 암송한 것에 대한 최초의 기록이다.

호흡 명상 수행은 중세 그리스 정교의 명상 전통에서 더 발달했다. 예를 들면 '새로운 신학자' 성 시메온St. Symeon(949-1022)은 호흡이 점차 느려지도록 부드럽게 조절하는 마음챙김 호흡을 가르쳤는데, 그것은 마음을 안정시키는 것을 돕는다. 고대 그리스의 명상가 성 그레고리 팔라마스St. Gregory Palamas(1296-1359)도 초보 명상가들이 호흡의 도움을 받아 인식을 내면에 집중하도록 격려했다.

> 영적인 길에 들어선 지 얼마 안 된 사람들은 지성이 집중되자마자 다시 흐트러지기를 반복하기 때문에, 계속해서 지성을 상기해야 한다. 그들은 경험이 부족해서 지성이 가장 관찰하기 어렵고 가장 유동적이라는 것을 모르기 때문이다. 그래서 어떤 스승들은 날숨과 들숨에 주의를 기울여서 호흡을 조금 조절하기를 권했다. 호흡을 지켜보면 지성도 지켜볼 수 있기 때문이다.

성 그레고리는 특히 몸과 마음이 고요한 상태에서 마음챙김 호흡을 하면 자연히 호흡이 느려진다고 했고, 그 정점을 '통합된 집중'이라고 불렀다. 그 수행에 능숙한 사람은 "모든 일시적, 순간적, 복합적 지식으로부터, 모든 감각적 지각으로부터, 우리가 마음대로 할 수 있는 육체 활동은 물론 우리가 의도적으로 하지 않는 호흡 같은 것들로부터, 영혼의 힘을 자유롭게 한다." 다시 말해서 마음챙김 호흡 수행을 통해 마음을 깊이 집중함으로써 인식을 내면으로 향하게 하여, 온갖 육체 활동이나 주변에 대한 감각적 경험이나 생각에조차 얽매이지 않게 할 수 있다. 바로 그 순간 우리는 단지 바쁘기 위해 분주하게 움직이면서 피상적인 데 머물기를 그만두고, 우리의 존재를 깊이 응시하게 된다.

스페인의 관상가 십자가의 성 요한은 마음챙김 호흡 수행의 깊은 영적 의미에 대해 이렇게 썼다. "하느님 안에서 하느님과 합일되고 변화된 영혼은 하느님 안에서 하느님을 숨 쉰다. 그 숨은 하느님이 영혼 안에 계시면서 하느님 자신 안에서 영혼을 숨 쉬는 것과 같은 신적 호흡이다." 이 말은 호흡을 통해 모든 사람의 내면에 하느님이 친밀하게 임재함을 보여 준다. 그것은 그리스도교 신학의 매우 초기에 나타나는 주제이며, 그리스도교에서 마음챙김 호흡을 수행하는 근본 목적은 바로 우리 내면에 있는 하느님의 역동적 임재를 깨닫게 하는 것이다.

명상 수행을 시작하는 것은 마치 작은 묘목을 심는 것과 같다. 묘목이 깊이 뿌리를 내리고 오랫동안 건강하게 자랄 수 있으려면 좋은 흙에 심어지고 양분을 충분히 얻을 수 있어야 한다. 우리가 실재를 보는 방식, 가치관과 중요시하는 것, 그리고 살아가는 방식은 우리의 명상이라는 묘목이 심어진 흙과 같다. 그것이 도움이 되고 힘을 주면 명상은 오랫동안 깊어지면서 우리 삶을 대단히 풍부하게 해 줄 것이다. 반면에 그것이 도움이 되지 않는다면 우리가 시작한 명상은 일시적이고 피상적인 모험에 그치고 말 것이다.

인간이 하느님의 형상대로 창조되었다는 성경 말씀은 초기 그리스도교의 명상을 확실히 뒷받침한다. 그래서 그리스도교 관상가들은 하느님과 닮은 모습으로 살려고, 다시 말해 하느님의 완벽함을 모방하기 위해 오랫동안 수행에 매진했다. 무엇이 가장 큰 계명인지 질문 받았을 때, 예수는 그리스도교에서 가장 고귀한 가치관을 이렇게 말했다. "'네 마음을 다하고, 네 목숨을 다하고, 네 뜻을 다하여, 주 너의 하느님을 사랑하여라' 하였으니, 이것이 가장 중요하고 으뜸가는 계명이다. 둘째 계명도 이것과 같은데, '네 이웃을 네 몸과 같이 사랑하여라' 한 것이다. 이 두 계명에 온 율법과 예언서의 본뜻이 달려 있다."

초기 그리스도교에서 하느님을 '사랑한다'는 것은 "변함없는 빛"인 하느님에 대해 '알기'를 열망하는 것을 의미했다. 그리고 사람들은 그런 궁극적 실재에 대한 경험적 통찰을 통해서만 진정한 행복을 찾을 수 있다고 생각했다. 다시 말해서 초기 그리스도인들은 하느님에 대한 앎을 통해 "진리가 주는 기쁨"을 얻을 수 있고, 그 결과 "완전한 삶"을 누릴 수 있다고 믿었다. 그러므로 가장 깊은 수준에서 우리가 정말로 알아야 하는 단 하나는 '우리를 행복하게 해 주는 진리를 어떻게 찾을 수 있는가?'이다.

가장 초기 불교의 이상은 환생의 굴레에서 벗어나는 것이었지만, 서양에서 그리스도교 시대가 시작될 즈음 인도에서는 대승불교라는 새로운 불교 운동이 일어났다. 대승불자들은 개인의 해탈은 너무 협소한 목표라는 것을 알게 되었다. 그래서 대승불자들은 모든 존재들을 괴로움에서 해방하고 영원한 기쁨의 상태로 이끌 수 있는 존재가 되기 위해서 최고의 영적 깨달음을 얻으려고 노력하는 "보살의 이상"을 고취했다. 깨달음을 얻어서 붓다가 된 고타마 싯다르타는 깨달음을 얻기 전의 수많은 전생에서 보살의 삶을 살았고, 그래서 그를 따르는 모든 사람들에게 모범이 되었다. 보살행의 근본 전제는 모든 존재들은 완전한 깨달음을 얻을 수 있는 잠재력을 가지고 있다는 것이다. 따라서 우리는 일상생활에서 그 잠재력을 실현해야 한다. 진정한 행복, 진리, 덕성의 이상을 철저하게 통합할 때에만 우리는 온전한 삶의 의미를 찾을 수 있다.

7

― 수행 ―

고요와 움직임의 통합

　의자에 앉거나 가부좌를 하거나 바닥에 누워 편안한 자세를 취합니다. '몸을 자연스러운 상태에 머물게 하기'로 시작해서 몸에 세 가지 특성이 가득하게 합니다. 첫째, 몸을 이완하고 편안하게 합니다. 명상하는 25분 동안 그렇게 편안함을 유지해야 합니다. 명상 수행은 꽤 힘든 일이므로 명상하는 동안 몸이 불편하면 안 되겠지요. 둘째, 될수록 가만히 있고 꼼지락거리거나 긁거나 불필요하게 움직이지 않도록 합니다. 다리나 등이 아플 때만 몸을 조금 풀어줍니다. 셋째, 곧바른 자세를 취합니다. 앉아 있다면 등을 곧게 펴고 흉골을 조금 들어서 배로 쉽게 호흡할 수 있게 합니다. 누워 있을 때는 몸을 곧게 펴고 팔은 몸에서 30도쯤 벌립니다. 눈은 조금 뜬 채 앞의 빈 공간에 시선을 둡니다.

이제 편안한 침묵으로 '말을 자연스러운 상태에 머물게' 합니다. 동시에 처음처럼 호흡을 자연스러운 리듬에 머물게 합니다. 숨을 내쉬는 동안 몸에 남아 있는 긴장을 풀고, 계속해서 이완하고 모든 것을 놓아 버립니다. 들숨이 자연스럽게 흘러들어 올 때까지 그렇게 합니다. 마치 깊이 잠든 것처럼 편안하게 호흡하고, 호흡하는 내내 몸 구석구석까지 호흡의 감각을 분명히 알아차립니다. 처음 몇 분 동안 들숨이 끝날 때마다 호흡 횟수를 세면서 마음을 가라앉힐 수도 있습니다. 다른 방법으로는, 호흡할 때마다 "예수"라고 간단한 '예수의 기도'를 하든지 세 음절의 "옴 아 훔" Om Ah Hum을 암송하기도 합니다.

숨을 들이쉬는 동안 몸에 느껴지는 호흡의 감각에 깊은 주의를 기울입니다. 그리고 숨을 내쉬는 동안 저절로 떠오르는 생각을 날숨의 미풍에 날려가는 낙엽처럼 모두 놓아 버립니다. 마찬가지로 주변 형상이나 소리 때문에 주의가 흐트러지면, 그것을 억누르지 말고 놓아 버리고, 다시 몸에서 호흡이 느껴지는 곳으로 주의를 돌립니다. 마음을 안정시키기 위해 호흡을 스물한 번 세기도 합니다. 여기까지는 주변으로부터 주의를 물러나게 하고 몸 안에서 마음챙김 호흡을 수행하는 예비 단계입니다.

이제 이번 주제인 '마음을 자연스러운 상태에 머물게 하기' 수행을 할 차례입니다. 이 수행에서는 예비 단계에서 몸에 기울였던 주의를 마음으로 향합니다. 마음은 우리가 심상, 생각, 감정, 욕망, 기억, 환상을 경험하는 곳입니다. 우리는 여전히 형상, 소리, 촉감을 경험하고 있지만, 지금부터는 관심과 주의를 오직 마음 자체에 집중합니다.

이 경험이 일어나는 곳을 찾기 위해 일부러 심상을 떠올리기도 합니다. 이때의 심상은 사과나 오렌지 같은 평범한 것도 좋고 예수나 붓다 같이 신성한 존재도 좋습니다. 그 형상에 주의를 집중하면 차차 그것이 사라집니다. 그러면 이제 주의를 마음으로 향한 것입니다. 마음에 주의를 기울인 채 다음 심상이 저절로 생기는 것을 기다리고, 그것이 나타나면 집착하거나 밀쳐 내지 말고 그저 자각하기만 합니다.

'마음을 자연스러운 상태에 머물게 하기' 수행을 하는 것은 마음의 극장에 앉아 있는 것과 비슷합니다. 우리는 무대에 누가 나오고 무엇을 하는지 지시하는 감독이 아니고, 무대에 등장하는 배우도 아닙니다. 우리는 예민하게 관찰하기는 하지만, 사물, 사람, 무대 위에서 벌어지는 일과 상호작용을 하지 않고, 그저 있는 그대로 지켜보기만 합니다. 그리고 다음에 무슨 일이 일어날지 전혀 알지 못합니다.

처음 이 수행을 할 때는 마음이 갑자기 공허해질지도 모릅니다. 그래도 인내심을 가지고 지켜보기를 계속하세요. 잠시 후면 마음속에 다시 형상이 생겨나기 마련입니다. 그러면 형상에 사로잡히거나 동일시하지 말고, 그저 그것을 지켜봅니다. 그 형상이 생기고, 시간에 따라 움직이고 변하다가, 결국 사라지는 것을 그냥 지켜보면서, 그 형상과 함께 현존합니다.

또 여러 가지 생각이 생기는 것을 자각합니다. 의도적으로 "이것은 마음이다."와 같은 생각을 하거나 '예수의 기도' 같은 기도나 만트라를 마음속으로 암송하는 것으로 시작할 수도 있습니다. 그런 생각이 일어나면 주의를 기울여 그것을 지켜보고, 그것이 갑자기 또는 차차 희미해지면서 사라지는 것을 주시합니다. 생각이 사라지자마자 그것이 있던 바로 그 곳에 계속 주의를 집중합니다. 왜냐하면 그때 우리는 마음의 공간을 지켜보고 있는 것이고, 다음 심적 과정이 바로 거기서 일어날 것이기 때문입니다.

처음에는 의도적으로 심상이나 생각을 생기게 하고, 다음에는 그것들이 저절로 생기게 놓아둡니다. 그렇게 심상이나 생각을 지켜보기에 익숙해진 후에도, 마음의 공간과 거기서 일어나는 모든 것을 계속 지켜봅니다. 마음의 공간은 어떤 장소가 아니고, 중심이나 가장자리도 없고, 크기나 경계선도 없습니다. 생각이나 형상을 지켜볼 때, 그것은 우리가 알아차리자마자 사라질지도 모릅니다.

인내심을 가지고 더 깊이 이완합니다. 그러면 마음의 움직임 안에서 고요가 있는 곳을 발견하게 될 것입니다. 처음 이 수행을 할 때, 안정되지 못한 일상적 마음은 방금 흔들어 놓은 스노우 글로브처럼 흩날리는 기억과 환상이 소용돌이치면서 금세 나타났다가 사라집니다. '마음을 자연스러운 상태에 머물게 하기' 수행은 이런 마음의 움직임을 억제하거나 인위적으로 바꾸지 않고 그대로 놓아두는 것입니다.

일상생활을 하는 동안 많은 생각, 감정, 욕망이 일어납니다. 그런데 우리가 외부 세계에만 주의를 기울이면, 햇빛이 별빛을 가리듯이, 감각적 경험이 그런 마음의 활동을 가려 버립니다. 하지만 심적 활동은 우리가 주의를 기울이지 않아도 무의식적으로 계속되고 있고, 우리 삶에 큰 영향을 줍니다.

'마음을 자연스러운 상태에 머물게 하기' 수행은 마음이라는 판도라의 상자를 열어 마음의 공간에서 생겨나는 것에 주의를 집중하게 합니다. 종종 우리는 생각이 일어나자마자 생각에 휩쓸리고, 우리의 주의는 그 생각이 가리키는 외부의 대상에 쏠리게 됩니다. 예를 들어 오늘 아침 누군가를 만난 생각이 나면, 우리는 그 사람과 상황에 주의를 기울이게 됩니다. 그것을 백일몽이라고 합니다. 반면에 이 수행에서는 지나간 일에 주의를 기울이지 않고, 그 생각과 형상을 지금 여기 마음의 공간에서 일어나는 것으로서 지켜봅니다. 마찬가지로 환상, 걱정, 미래에 대한 기대감이 생겨나면, 그저 지금 그것을 알아차리면 됩니다.

마음은 끊임없이 움직이고 있습니다. 하지만 생각과 심상의 움직임 가운데에는 마음속에 있는 것들에 의해 시간과 공간을 통해 혼란을 겪는 걸 벗어나 지금 이 순간에 머물 수 있는 고요한 자각의 공간이 있습니다. 이것이 '고요와 움직임의 통합'입니다.

마음에 생기는 것이 기쁘든 슬프든, 부드럽든 거칠든, 좋든 나쁘든, 길든 짧든, 그대로 놓아두세요. 들뜨거나 집착하지 말고, 거부하거나 동일시하지 말고, 지속되거나 사라지기를 바라지 말고, 그냥 지켜봅니다. 그래서 알아차림이 마치 공간처럼 초연하고 잘 닦인 거울처럼 깨끗하게 합니다. 우리는 티, 흉터, 점이 있는 마음의 얼굴을 지켜보는 것이며, 이것이 직접 우리 자신을 아는 길입니다.

이따금 멍하거나 초점을 잃은 것처럼 느낄 수 있습니다. 그러면 다시 수행에 집중해서 알아차림을 명료하게 하고, 마음의 공간과 마음이 지어 낸 것에 뚜렷이 주의를 기울이도록 연습합니다. 피상적으로만 호흡을 인식하고 있었다면, 들숨 때 마음에 더 주의를 기울이도록 합니다.

또는 수행 중에 마음이 지어낸 것에 의해 들뜨거나 흐트러질 수도 있습니다. 그건 마치 인식의 공간이 생각과 기억의 크기로 쪼그라든 상태와 비슷합니다. 수행하다가 주의가 들뜨게 되면, 곧 몸과 마음의 긴장을 풀고, 주의를 사로잡고 있는 생각에 대한 집착을 놓아 버려야 합니다. 그렇다고 생각을 몰아내라는 의미가 아니라, 오히려 생각이 지속되는 한 자연히 계속되게 놓아둡니다. 하지만 그 생각과 우리 자신을 동일시하려는 습성을 놓아 버려야 합니다. 자연스럽게 이완하게 되는 날숨 동안 이런 집착과 습성을 놓아 버리는 것이 좋습니다.

이때 알아차림은 식별력이 있고 지적이지만, 판단하지 않습니다. 한 생각이 다른 생각보다 더 좋거나 나쁘다고 평가하지 않는 것입니다. 하지만 이따금 우리는 일어나는 일을 통제하려는 관리자나 배우들의 연기를 평가하는 비평가처럼, 내면을 해설하는 데 매달립니다. 이제는 내면의 해설을 중단하고 마음의 무대에서 일어나는 일을 그저 지켜봅니다. 만약 그래도 내면을 해설하려는 마음이 생기면, 그것도 그저 지켜봅니다. 그것도 마음이 지어낸 것이고, 따라서 이 수행에 유용하게 쓰일 수 있습니다.

'마음을 자연스러운 상태에 머물게 하기' 수행을 계속하면, 점차 생각과 심상이 덜 생깁니다. 때로는 마음이 아무것도 지어내지 않습니다. 그러면 생각과 심상이 나타났던 마음의 빈 공간을 주의 깊게 지켜봅니다. 그것이 순전한 무無인지 아니면 고유한 특성이 있는지 주시합니다. 수행을 통해 매우 생생하고 예리하게 주의를 기울이게 되면, 전에는 너무 미세해서 일상 의식으로 감지하지 못했던 심적 사건이나 잠재의식에 갇혀 있던 심적 과정을 알아차릴 수 있습니다. 어떤 심적 과정은 몇 초밖에 지속되지 않거나 번개처럼 순식간에 마음의 공간을 스쳐 지나가고 무척 미세해서, 우리가 거의 의식하지 못하기도 합니다. 하지만 마음챙김이 점점 더 지속될수록 아주 미세한 심적 사건까지도 명료하게 알 수 있게 됩니다.

우리는 지금 마음의 숨겨진 영역을 탐구하는 탐험을 시작한 것입니다. 오랫동안 잊혔던 기억이 갑자기 떠오르거나 낯선 환상이 계속 나타날지도 모릅니다. 또는 기이한 생각과 욕망이 요동쳐서 당황스러울지도 모릅니다.

하지만 어떤 생각이나 심상이 생겨도 그것은 단지 마음의 현상일 뿐임을 알고, 그저 그것을 알아차리면 됩니다. 생각이나 심상에 말려들지 말고 그냥 지켜보세요. 가만히, 하지만 경계를 늦추지 않고, 마음의 공간에서 생각이나 형상이 생기게 놓아두고, 다시 마음의 공간으로 사라지게 놓아둡니다. 생각과 심상은 거울에 비친 영상과 같아서 해를 끼치거나 도움을 줄 힘이 없습니다. 신기루나 무지개처럼 실체가 없지만, 그것이 원인이 되어 상호작용하고, 또 우리 몸과 상호작용하므로, 생각과 심상은 실제로 존재하는 것입니다. 마음의 움직임이 생기는 고요하고 빛나는 자각의 공간을 발견하게 되면, 설사 그 내면의 영역에서 감정과 욕망의 폭풍이 몰아친다 해도, 우리는 내면의 자유와 안식처를 찾을 수 있을 것입니다.

8

― 이론 ―

마음 알기와 치유하기

악과 괴로움의 근원

성경에 의하면 아담과 이브의 원죄로 인해 인간의 고통이 시작되었고, 그 후 모든 사람들은 영적 유전자에 결함이 있는 것처럼 흠이 있는 존재가 되었다. 따라서 세상의 악은 하느님에게서 비롯된 것이 아니다. 왜냐하면 하느님이 우리에게 자유 의지를 주어 악이 생길 가능성을 열어 놓기는 했지만, 악을 선택한 것은 우리 자신이기 때문이다.

성경은 하느님이 이스라엘 백성들을 특별히 선택하셨지만, 기근이나 가뭄 혹은 역병 같은 자연재해를 통해 그들도 고통을 받게 하셨다고 말한다. 수천 년 동안 신학자들은 그 이유를 알려고 애써 왔다. 일부 신학자들은, 죄를 짓고도 복종하지 않는 백성들에게 화가 난 하느님이 그들로 하여금 자만하지 못하게 하고 믿음을 시험한 후에 구원해 주려고 고통을 겪게 했다고 생각했다. 다른 신학자들은 하느님의 뜻이 너무 신비롭기 때문에 피조물들로서는 이해하기 어렵다고 말했다. 하지만 그것은 하느님이 마음대로 우리에게 고통을 주고 우리를 죽일 수도 있지만, 그 이유를 설명할 필요는 없다는 의미인 셈이다.

그리스도교 전통에서는 성 바오로가 주장했듯이, 하느님은 사람들이 타락하게 내버려 두었고, 사람들은 자유 의지에 의해 "온갖 불의와 악행과 탐욕과 악의로 가득 차게 되기"를 선택했다. 그래서 바오로는 타고난 본성이 의로운 사람은 아무도 없지만, 예수 그리스도를 믿음으로써 하느님의 선하심이 우리 안으로, 우리를 통해 흘러들 수 있다고 주장했다. 그때 하느님은 우리가 유대인이든 이방인이든 가리지 않고 각 사람이 한 일에 따라 상을 주거나 벌을 준다. 선을 위해 헌신한 사람에게는 영생을 주지만, 이기심에 사로잡혀 진리를 거스르고 불의를 따르는 사람에게는 진노와 재앙을 내릴 것이다.

그리스 철학자 에피쿠로스Epicurus(기원전 341-270)는 영혼의 불멸과 사후에 주어지는 신의 보상과 처벌을 믿지 않았던 서양의 초기 사상가들 중 하나다. 그는 악과 고통의 근원에 대한 유신론적 주장을 이렇게 반박했다. 신이 악을 막고자 했지만, 그럴 수 없는가? 그렇다면 신은 무력하다. 아니면 신이 악을 막을 능력은 있으나, 그러려고 하지 않는가? 그렇다면 신은 악의적이다. 신이 악을 막을 능력도 있고 실제로 막으려고 하는가? 그렇다면 악의 근원은 어디에 있는가? 에피쿠로스가 보기에 세상에서 일어나는 모든 사건은 궁극적으로 빈 공간에서 움직이는 원자들의 움직임과 상호작용에 근거하고 있었다.

이보다 4세기 전에 인도의 철학자 차르바까Charvaka도 에피쿠로스와 매우 유사하게, 만물이 자연의 물리적 요소로 이루어져 있다고 믿었다. 따라서 인간은 몸을 가진 유기체일 뿐이며, 마음은 특정하게 모여 있는 요소들의 창발적 속성이고, 몸이 죽으면 마음도 사라진다. 차르바까는 이상적 삶의 목적은 쾌락이고, 부의 축적과 감각적 · 지적 즐거움을 추구함으로써 쾌락을 얻을 수 있다고 가르쳤다. 객관적으로 옳거나 그른 것은 없으므로 도덕은 단지 주관적으로 결심하는 것일 뿐이다.

그 후 많은 무신론자들이 그 생각을 받아들였다. 예를 들어 프로이트는 고통의 세 가지 원인이 "자연의 우월한 힘, 우리 몸의 연약함, 그리고 가족과 국가와 사회에서 인간관계를 조절하는 부당한 규범"이라고 말했다. 그는 자연 재해와 병으로 인한 고통에 맞서 싸우기 위해서는 과학에 의존해야 하고, "자연을 정복하여 인간의 의지에 복종시켜"야만 한다고 주장했다. 하지만 우리 "자신의 정신적 체질" 때문에 덕성과 행복을 누릴 능력이 매우 제한되어 있으므로, 우리는 단지 적당한 행복과 안정된 마음에 만족해야만 한다고 말했다.

성경에 나오는 악과 고통의 근원에 대한 이야기의 핵심은 하느님이 인간에게 준 자유의지이다. 자유의지가 없다면, 하느님은 인간의 비참함에 대해 어떤 책임도 없이 단지 고통 받으라고 인류를 창조한 악한 존재인 것으로 보이기 때문이다.

하지만 오늘날 많은 생물학자들은 하느님이 존재하지 않을 뿐 아니라, 자유의지는 망상이라고 주장한다. 왜냐하면 인간의 모든 행위는 오직 물리학 법칙과 화학 법칙에 따라 작용하는 신경생물학적 사건에 의해 이루어지기 때문이다. 그것은 에피쿠로스의 원자주의의 현대판이다. 그러나 신경과학자들이 뇌와 의지를 연구했지만 자유의지의 존재를 증명하거나 반박할 증거를 충분히 얻을 수 없었기 때문에, 그 점에 대해서는 아직 결론이 나지 않았다.

신경과학자들은 감정과 가장 밀접한 상관관계가 있는 뇌 영역을 명확히 알게 되었다. 뇌의 가운데 있는 변연계의 일부인 편도체는 두려움, 분노, 슬픔, 혐오감과 깊은 연관이 있다. 한편 죄의식과 곤혹스러움 같은 감정은 다른 뇌 영역의 신경 활동과 연관되어 있다. 그리고 추론 능력과 밀접한 관련이 있는 전두엽 피질도 감정과 밀접히 관련되어 있다. 따라서 전두엽 피질이 손상되면 감정을 느끼는 능력이 심각하게 손상될 수 있다.

그런 신경과학적 이해를 기반으로, 제약 산업은 몸과 마음의 고통을 조절하는 신경생물학적 과정을 차단할 수 있는 수많은 약물을 개발하는 데 큰 발전을 이루었다. 하지만 대다수 약물은 고통의 근본 원인을 제거하지 못하기 때문에 의존성을 초래하는 경우가 많다. 그래서 그런 약물은 득이 될 수 있지만 해가 될 수도 있고, 심하면 저주가 될 수도 있다. 게다가 약물에 대한 의존성은 고통의 근본 원인을 찾아내고 다루기보다는 우리의 관심을 딴 데로 돌릴 수 있다.

오늘날 가장 널리 퍼져 있는 정신적 고통 중 하나는 우울증이다. 우울증의 증상을 치료하는 약이 많지만, 대략 사백만 명의 미국인들은 우울증 치료제에 대한 내성이 있는 우울증을 앓고 있다. 심지어 항우울제가 효과적인 경우에도, 사실 그 효능의 50~75퍼센트는 약의 효과에 대한 단순한 믿음(위약 효과) 때문이라는 것이 밝혀졌다. 그런 믿음은 뇌에서 항우울제의 효과에 의한 변화와는 다른 변화를 일으키지만, 약물처럼 우울증의 고통을 덜어준다. 또 신앙의 힘도 우울증에 연관된 뇌 영역에서 기질적 변화를 일으켜 고통을 완화한다는 것이 입증되었다.

신앙의 힘과 같은 위약 효과는 정신 건강에 도움을 줄 수 있지만, 반면에 "노시보 효과"nocebo effect는 반대 결과를 일으킬 수 있다. 노시보 효과란 우리가 고통과 괴로움을 겪게 될 것이라고 기대하면 실제로 고통이 생기는 것이다. 이 경우에도 생각, 감정, 믿음은 뇌의 기질적 변화를 일으킨다. 하지만 이런 마음과 몸의 인과적 상호작용이 어떻게 일어나는지는 아직 과학적으로 명확히 밝혀지지 않았다.

인간의 마음이 악과 고통의 주요 원인이라는 것은 분명하다. 성 어거스틴은 고통의 근본 원인이 "헛되고 해로운 것에 대한 사랑"과 "극심한 무지"라고 주장했다. 불교에서도 갈망과 무지가 악과 괴로움의 근본 원인이라고 말한다. 그리고 그리스도교 명상가들과 불교 명상가들은 근본적으로 악과 고통이 왜 발생하는지에 대해서는 분명히 관점이 다르지만, 마음의 작용에 의해 고통이 일어난다는 점에 대해서는 대체로 의견이 같다.

붓다는 선과 악, 기쁨과 슬픔의 원인에 대해 "마음이 모든 것보다 먼저 있고, 모든 것은 마음에서 생기며, 모든 것은 마음으로 이루어져 있다."고 말했다. 따라서 진정한 행복과 의미를 주구하는 데 있어 마음의 역할이 매우 중요하므로, 마음을 주의 깊게 지켜보는 것은 가치 있는 일이다. 그리고 지속적인 명상 수행을 통해 마음을 지켜볼 수 있다.

마음 지켜보기

성경에서 고요히 마음을 지켜보는 수행을 찾아보자면 "안식일을 기억하고 거룩하게 지켜라."하는 세 번째 계명과 관련하여 이해할 수 있다.

어거스틴은 이 계명이 마음의 고요와 정신의 평온을 기르도록 권하는 것이라고 말했다. 그는 "여기 하느님의 영이 있으므로 이것이 신성함이다. 고요와 휴식, 이것이 안식일의 진정한 의미이다. … 우리 마음속에 일종의 안식Sabbath이 주어진다."고 말했다. 이어서 그것은 마치 하느님이 "'그렇게 불안해하지 말고 네 마음속의 소란을 가라앉혀라. 네 머릿속에서 날아다니는 쓸데없는 환상을 놓아 버려라.' 하느님이 말씀하신다. '너희는 잠깐 손을 멈추고, 내가 하느님인 줄 알아라.'(시편 46)"라고 말하는 것 같다고 했다.

폰투스의 에바그리우스는 고요히 마음을 지켜보는 명상 수행을 명확히 가르쳤고, 관상가가 되려는 사람들을 이렇게 지도하라고 권했다. "그가 생각을 주의 깊게 관찰하게 하라. 그로 하여금 생각이 강렬한지 느슨한지, 언제 생겼다가 사라지는지 지켜보게 하라. 그래서 그가 생각의 복잡함, 생각이 일어나고 사라지는 성질, 생각을 일으키는 악령, 생각들이 어떻게 이어지고 서로 어떤 연관이 있는지 주시하게 하라." 에바그리우스는 제자들에게 차분하게 생각과 감정을 인식하기 위해 생각과 감정에 깊이 빠지지 말고 고요히 그것을 지켜보라고 가르쳤다.

그리스 정교의 관상가들은 마음을 지켜봄으로써 자신을 자각하는 수행 전통을 이어갔다. 그 수행에서는 깨어 있음nepsis과 식별diakrisis의 능력을 길러서, 선한 생각과 악한 생각을 식별할 수 있게 한다. 그리스도교 관상가들이 지금도 계속 하고 있는 그런 수행에 대해서 현대 신학자 마틴 레어드Martin Laird는 이렇게 말한다.

"토마스 키팅Thomas Keating이 '무의식적인 것을 내려놓기'라고 말한 것은 억압된 것을 인식하는 것처럼 고통스러울 수 있다. 하지만 그것은 해방적 통합의 핵심이며, 과거에는 인식하지 못했던 것을 인식하게 되는 것이다. 우리는 그것을 알기 전에는 우리 안에 이미 매우 광대하고 신성한 것이 있고, 강박적인 마음보다 더 깊은 곳에 고요한 대지가 존재한다는 것을 알 수 없을 것이다."

불교에도 매우 오래전부터 발달한 마음을 지켜보는 수행 전통이 있다. 마음이 흐트러지는 것을 막기 위해 붓다가 가르친 방법은 먼저 고귀한 대상에 주의를 집중한 후, 그 대상을 놓아 버리고, 단순히 내면을 마음챙김 하며 편히 있는 것이다. 붓다에 의하면 숙련된 수행자는 마음의 특성을 명확히 이해하므로 마음을 집중하고 정화할 수 있지만, 마음을 식별하는 인식이 없는 사람은 그렇게 하지 못한다.

'마음을 자연스런 상태에 머물게 하기' 수행은 특히 대승불교에서 강조했고, 점차 인도에서 네팔로, 이어서 티베트로 전해졌다. 11세기 네팔의 불교 명상가 마이트리빠Maitripa는 마음속에 바른 생각이 생기든 바르지 못한 생각이 생기든, 갈망하거나 혐오하지 않고 그저 꾸준히 지켜보는 수행을 가르쳤다. 그는 이 수행을 통해 생각은 저절로 사라지고, 아무 대상도 없는 명료하고 공한 자각만이 생생하게 생긴다고 말했다. 또 티베트 5대 달라이 라마의 교사였던 빤첸 로상 최끼 걀첸Panchen Lozang Chökyi Gyaltsen(1570-1662)은 이 수행을 이렇게 설명했다.

> 어떤 생각이 일어나든 억누르지 말고, 그 생각이 어디서 생기고 어디로 사라지는지를 알아차려라. 그리고 생각의 본성을 지켜보는 동안 집중을 유지하라. 그럼으로써 마침내 생각의 움직임이 멈추고 고요가 남는다. … 어떤 생각이 일어나든 그 본성을 지켜보면, 생각은 저절로

사라지고 공허가 나타난다. 마찬가지로 마음이 움직이지 않을 때 살펴보면, 생각이 움직일 때와 움직이지 않을 때에 어떤 차이도 없이, 뚜렷하고 명료하고 생생한 공허를 볼 것이다. 명상가들이 익히 알고 있는 그 공허를 '고요와 움직임의 통합'이라고 부른다.

티베트불교의 '대원만'(족첸)Dzogchen 전통이 오래전부터 받아들인 이 수행은 인식의 본성을 헤아리는 데 중점을 둔다. 그 전통에 속한 19세기의 위대한 명상가 뒤좀 링빠Düdjom Lingpa(1835-1904)는 특히 스트레스를 많이 받고 마음이 거칠고 불안정한 사람들에게 '마음을 자연스러운 상태에 머물게 하기' 명상이 도움이 된다고 말했다. 사실 그것은 모든 현대인들의 특징인 것 같다. 그는 "그런 사람들은 긴장을 풀고 생각을 있는 그대로 놓아두어야만 한다. 그리고 확고한 마음챙김과 주의 깊은 내적 성찰에 의해 지속적으로 생각을 지켜봐야 한다."고 했다. 그렇게 수행한다고 생각의 움직임이 멈추는 건 아니지만, 여느 때처럼 생각 속에서 헤매지 않고 마음챙김에 의해 생각을 자각할 수 있게 된다.

이어서 뒤좀 링빠는 "명상할 때나 명상하지 않을 때나 항상 지속적으로 이 수행을 우리 자신에 적용하면, 결국 마음의 본성의 빈 창공에 있는 모든 거친 생각과 미세한 생각이 안정될 것이다. 그러면 우리는 동요하지 않고 고요해지며, 불처럼 따뜻한 기쁨, 새벽 같은 명료함, 파도에 흔들리지 않는 바다 같은 비관념성을 체험하게 된다."고 말했다. 그는 이 수행에 대해 다음과 같이 매우 명료하게 말했다.

현상과 인식은 동시에 일어나므로, 사건은 목격되자마자 풀려나는 것으로 보인다. 번개가 하늘에서 번쩍이고 다시 하늘로 사라지듯이, 사물은 자신의 공간에서 생겨나는 즉시 다시 자신의 공간으로 풀려난다. 이와 같이 생겨남과 풀려남은 동시에 일어난다. 그것은 내면을 지켜볼 때 나타나므로, 광활함 안의 해방이라고 한다. 사실 이 모든 것은 마음챙김과 현상의 통합이고 강한 집중이다. 즐겁거나 불쾌한 느낌이라는 환상이 절대 공간으로 사라진 후, 의식은 흠 없고 빛나는 명료함에 머문다. 어떤 생각이나 기억이 생겨도 그 경험에 집착하지 말고, 그 경험을 변화시키거나 판단하지도 말고, 그것이 생기고 이리저리 떠돌게 두어라. 그럼으로써, 철저한 마음챙김에 의해 깨달은 생각이 저절로 사라지는 것처럼, 생생하고 꾸준히 이해하는 노력은 저절로 사라진다. 사실 그런 노력은 만족하지 못한 마음이 습관적으로 마음의 대상을 찾으려고 애쓰게 하고, 때때로 뭔가 부족한 듯 느끼기 때문에 강한 집중 등이 필요한 많은 심적 활동에 빠져들 수도 있다. 이 단계에서 의식은 본래 상태에 머물게 되고, 마음챙김이 생기고, 경험에 덜 집착하기 때문에 의식은 본래 자연스러운 상태에 머물게 된다. 이런 식으로 우리는 자연스럽게 머무는 마음챙김 상태에 이르게 된다. 그 경험은 위안이 되고 온화하며, 생각에 의해 이익도 해침도 받지 않는 명료하고 맑은 의식이다. 여기서 우리는 아무것도 바꾸거나 거부하거나 포용할 필요 없는 깊은 고요를 느낀다.

이 명상 수행에 대한 그리스도교와 불교의 관점은 많은 공통점이 있지만, 근본 전제와 유익함에 대한 해석은 상당히 다르다. 많은 그리스도인들의 생각처럼 어거스틴은, 인간의 영혼은 오직 변함없는 하느님에게만 있는 완전을 찾아서 "외부"를 바라봐야만 하기 때문에, 영혼 스스로의 선함만으로는 행복할 수 없다고 주장했다. 그 후 로마가톨릭과 그리스 정교의 관상가들 또한 명상의 유익함은 명상가 자신의 노력이 아니라 은총에 의해서만 얻을 수 있음을 강조했다. 우리의 자아는 본성이 사악하고 비열한 죄인이기 때문에, 구원 받기 위해서는 외부에서 하느님이 개입해야 한다는 것이다.

이와 달리 불교 전통에서는 마음은 본래 더럽고 괴로운 것이 아니므로 우리 자신의 노력을 통해 해방을 얻을 수 있다고 말해 왔다. 붓다는 열반에 들기 직전에도 제자들에게 분명히 말했다. "다른 누구도 피난처로 삼지 말고 너 자신이 피난처가 되어 섬처럼 홀로 살아라." 마음은 번뇌와 감정에 물들어 버리는 습성이 있지만, 마음의 본성은 순수하고 빛나는 것이므로, 외부에서 신 같은 존재가 개입하지 않아도 스스로 치유될 수 있다는 것이다.

겉보기에는 이것이 그리스도교와 불교의 근본적 차이로 보인다. 하지만 더 깊이 탐구해 보면, 우리가 행복과 자유를 외부에서 찾아야만 하는지를 물을 때는 자아의 경계선이 어디인지를 아는 게 중요하다. 피부에 의해 외부와 구분된 몸이 곧 나라고 생각할 수도 있다. 또는 생각, 심상, 감정, 의지, 욕구, 기억, 환상, 꿈 등 마음의 활동이 곧 나라고 생각할 수도 있다.

'마음을 자연스러운 상태에 머물게 하기' 수행의 이로움은 결코 "내가" 마음에 어떤 일을 하기 때문이 아니라, 마음속에서 사건들이 생기고 사라지는 것을 단순히 지켜보며 아무것도 바꾸려 하지 않기 때문에 생기는 것이다. 다시 말해서 마음이 점차 마음 자체의 고요하고 빛나는 근거 상태에 머물게 됨에 따라 저절로 생기는 것이다.

그러므로 내면의 순수한 공간이 나의 외부 즉 하느님에게 속한다고 간주한다면, 이 수행의 유익함은 외부에서 은총에 의해 주어진다고 말할 수 있다. 반대로 내면의 공간이 내 존재의 더 깊은 차원이라고 생각한다면, 나는 해방되기 위해 외부에 의지할 필요가 없다.

그렇다면 자아의 내부와 외부의 경계를 결정하는 것은 무엇인가? 바로 우리 자신이 자아의 경계를 결정한다. 이는 우리가 어떤 말을 정의함으로써 그 말이 지시하는 대상의 경계를 표시하는 것과 같다. 데카르트는 "나는 생각한다. 그러므로 나는 존재한다."고 말했는데, 그것은 생각을 비롯한 마음의 활동에서 '자기중심적인' 관점을 가진다는 의미이다. 하지만 '마음을 자연스러운 상태에 머물게 하기' 수행에서는 마음에 생기는 모든 생각, 형상, 욕구, 감정을 발생시키는 주체가 우리 자신이라는 전제에 도전한다.

마음 지켜보기 수행을 하는 사람은, 자신이 주체가 아니라 단순히 관찰자로서 수동적으로 목격할 뿐인데도, 마음의 공간에서 생각을 비롯한 심적 사건이 저절로 생기고 사라지는 것을 알게 된다. 그런 심적 사건은 이전의 몸과 마음의 원인에 의존해서 순간마다 나타나는 자연 현상인 것으로 보인다. 나아가 이런 방식으로 마음을 주의 깊게 지켜보면, 생각과 심상이 우리의 관점이나 경험의 영향을 받지 않고 대상을 있는 그대로 정확히 반영한다고 착각하는 습성에서 빠져 나올 수 있다. 이것이 진정 우리를 자유롭게 한다.

자연과학과 생명과학의 위대한 혁명들은 과학자들이 조사하는 현상을 직접 세밀하게 관찰한 것을 바탕으로 일어났다. 한편 '마음을 자연스러운 상태에 머물게 하기' 수행은 주관적으로 경험한 심적 상태와 심적 사건을 비롯한 모든 마음 현상을 차분히 '객관적'으로 관찰하게 한다. 이 관찰이 과학적으로 엄밀한 탐구 방법이 되기 위해서는 개인적인 추측, 감정, 욕구, 두려움과 관련된 주관적 편견을 반드시 배제해야만 한다. 더불어 그런 노력을 통해 자아가 대부분 제거될 수 있으므로 이 수행은 객관적인 것이다.

'마음을 자연스러운 상태에 머물게 하기' 수행은 마음을 아는 효과적인 방법일 뿐 아니라 마음을 치유하는 큰 잠재력이 있다. 우리는 몸에 상당한 치유력이 있다는 걸 알고 있다. 우리 몸은 찰과상, 뼈 골절, 세균이나 바이러스 감염으로 손상을 받았을 때 상처를 아물게 하거나 몸속에 침투한 해로운 세균과 바이러스를 제거하는 놀라운 능력을 갖고 있다. 그런데 몸이 이렇게 치유되려면 상처를 소독한 후 밴드를 붙이고, 부러진 뼈를 제자리에 맞추고, 감염된 조직을 제거해 주어야 한다.

몸과 매우 밀접히 연관되어 있으므로 마음도 스스로 치유하는 능력이 있지만, 문제는 여러 원인에 의해 마음이 손상되었을 때 우리는 종종 마음의 상처를 곪을 때까지 내버려 둔다는 것이다. 우리는 강박적으로 과거의 기억이나 미래에 대한 추측 사이를 분주히 오가고, 병적으로 그것을 거듭 생각하고 집착함으로써 더 큰 고통을 초래한다. 심리학자들이 '되새김'rumination이라 부르는 그런 경향은 마음의 상처를 감염시키고 자연적 치유력을 떨어뜨린다.

마음의 치유력을 회복하기 위해서 '마음을 자연스러운 상태에 머물게 하기' 수행은 다음과 같은 마음의 습성을 제거한다. 1) 내가 경험하는 생각과 형상이 마음의 외부에 존재한다고 생각하기 2) 그런 심적 사건이 본래 유쾌하거나 불쾌하다고 여겨 갈망이나 혐오감을 느끼며 강박적으로 반응하기 3) 단지 나 혼자 경험한다는 이유로 그것이 본질적으로 "나의 것"이라고 여기거나, 마치 내가 독립적으로 그것을 만든 것처럼 심적 사건과 나를 동일시하기.

과학자들은 많은 관찰자들이 반복적으로 조사할 수 있는 자연 현상을 이해하는 데 뛰어나다. 하지만 어떤 현상이 (반복될 수 없는) 특정한 시간과 ('내 생각'같이) 특정한 개인에게만 경험된다고 해서 덜 실제적인 것은 아니다. 더구나 단지 뭔가를 나 혼자 관찰한다고 해서 반드시 그것이 나만의 것이 되는 건 아니다. 예를 들어 나 혼자 아름다운 일몰을 즐긴다고 해도 일몰이 내 소유라고 주장할 수는 없다. 나는 단지 일몰을 목격하기에 적당한 시간과 장소에 있었던 것뿐이다. 모든 주관적 경험도 마찬가지다. 나의 주관적 경험은 나 아닌 다른 누구에 의해서도 직접 관찰될 수 없지만, 그렇다고 남들이 객관적으로 볼 수 있는 사건보다 덜 실제적인 것은 아니다. 또한 내가 마음의 공간을 관찰할 때 목격하는 모든 것이 나 때문에 생기는 것도 아니다.

마음의 현상에 대한 자기중심적 관점으로부터 자연수의적 관점으로의 이런 전환은 놀랄 만큼 우리를 자유롭게 해 줄 수 있다. 들뜸이나 집착 없이 심적 사건을 주의 깊게 지켜보면, 마음이 어떻게 스스로 치유하는지를 알 수 있다. 즉, 마음의 상처는 깨끗하게 해 주기만 하면 스스로 치유되기 시작한다.

그렇다고 마음 지켜보기 수행이 만병통치약이라거나 전문적인 심리 치료를 대신할 수 있다고 말하는 건 아니다. 적절한 의학적 치료는 필요하다. 하지만 마음 지켜보기 수행은 심리적 문제가 있는 사람들이 정신

건강을 회복하고 증진하기 위해 치료자와 더 온전한 동반자 관계를 이루게 할 수 있으므로, 기존의 치료법에 상당한 도움을 줄 수 있는 잠재력이 있다. 그런 '다문화적' 치료는 빠르게 성장하고 있는 새로운 임상 연구 분야이며 미래에 큰 희망을 준다.

마음챙김과 내적 성찰

'마음을 자연스러운 상태에 머물게 하기' 수행을 하는 이유는 몸과 마음의 편안함, 고요, 깨어 있음에 대한 깊은 인식을 기르려는 것이다. 그러기 위해서는 마음챙김과 내적 성찰이라는 두 가지 마음의 능력을 수련하고 이용해야 한다. 심리학자들은 최근 마음챙김의 효과를 연구하고 있다.

마음챙김이란 "주의력의 장場에 생기는 모든 생각, 느낌, 감각을 있는 그대로 인정하고 받아들이며, 인위적으로 애쓰지 않고 판단하지 않는 현재중심적 인식"이라고 정의된다. 이것은 불교에서 말하는 마음챙김의 의미와 똑같지는 않지만, '마음을 자연스러운 상태에 머물게 하기' 수행에서 하는 인식을 잘 설명하고 있다. '마음챙김'이라는 말은 붓다의 가르침이 처음으로 기록된 팔리어로는 사띠sati이다. 붓다는 사띠를 "오래전에 말하고 행한 것을 잊지 않고 기억하는" 능력이라고 정의했다. 불교에서 마음챙김의 일차적 의미는 잊어버리는 것의 반대인, 기억하기인 것이다. 그러므로 마음 지켜보기 수행에서 마음챙김을 한다는 것은 지속적으로 생겼다 사라지는 심적 사건의 흐름을 지켜보면서 순간순간 주의를 집중하여 잊지 않는 것이다.

아마도 불교 문헌에서 가장 초기에 사띠의 의미를 온전히 설명하는 장면은 인도 북서부의 인도-그리스의 왕 메난드로스 1세(기원전 2세기)와 불교 현자 나가세나Nagasena의 대화에서 볼 수 있을 것이다. 나가세나는 그리스의 불교 승려 담마라키타Dhammarakkhita의 제자이다. 메난드로스 왕이 마음챙김의 본성에 대해 묻자 나가세나는 마음챙김의 특성은 '상기시키기'과 '유지하기'라고 대답하고 상세히 설명했다.

"마음챙김이 일어나면 유익함과 유익하지 못함, 바름과 바르지 못함, 비천함과 고귀함, 어둠과 밝음 등 대조적인 성질을 열거하여 상기시킵니다. … 마음챙김이 일어나면 이것은 유익하고 저것은 유익하지 못하다, 이것은 도움이 되지만 저것은 도움이 안 된다고 가려냅니다. 그리하여 유익한 일은 해 나가고 유익하지 못한 일은 하지 않습니다."

오늘날 주로 동남아시아에 전해진 상좌부 불교의 가장 권위 있는 주석가였던 5세기 인도의 불교학자 붓다고사Buddhaghosa도 마음챙김에 대해 말했다. 그의 책『청정도론』에서 붓다고사는, 우리가 과거의 사물이나 사건을 기억할 수 있는 건 마음챙김에 의한 것이라는 설명을 시작한다.

마음챙김 상태에서는 마음이 주의를 기울이는 대상과 밀접히 관련되어 있으므로, 마음챙김은 "부유하지 않는" 특성이 있다. 또 마음챙김은 "잃지 않는" 특성이 있어서, 우리가 잊지 않고 주의를 유지할 수 있게 해 준다. 그것은 "마음챙김의 밧줄"이 주의를 대상에 굳게 잡아맨다는 의미에서 "보호하기"나 "대상을 직면하기"로 나타난다. 마음챙김의 기초는 "확고히 주시하기"이며, 이것은 마음챙김의 식별하는 특성을 보여 준다.

간단히 말해서 붓다고사는 마음챙김에 대해서, 마음이 대상에 고정되어 있는 상태이므로 기둥 같아야 하며, 지각의 문을 보호하므로 문지기 같아야 한다고 말한다.

'마음을 자연스러운 상태에 머물게 하기' 수행을 할 때, 우리는 마음에 있는 것을 바꾸려 하지 않고 확고한 마음챙김에 의해 그저 지켜보기만 한다. 한편 마음챙김은 일상생활에서 유익한 마음을 기르고 유익하지 못한 마음을 줄이도록 도와주는 더 적극적인 역할을 할 수 있다. 이때 마음챙김은, 마치 문지기가 지키고 서서 자격이 없는 사람이 들어오지 못하게 막는 것처럼, 우리가 감각에 연관되거나 반응해서 괴로움을 겪게 되는 걸 막아준다. 많은 불교 논서들도 마음챙김이 마음을 보호하는 요인 혹은 생각과 의도를 다스리는 힘이 있는 마음의 기능이라고 말한다. 그러므로 마음챙김이 항상 수동적인 것은 아니다.

불교 명상에서 마음챙김은 '보다' 혹은 '면밀히 지켜보다'라는 뜻의 응시contemplation라는 함축된 의미를 가지고 있다. 그것은 마찬가지로 '응시하다'와 '지켜보다'를 의미하는 라틴어 *contemplatio*와 그리스어 *theoria*에 매우 잘 들어맞는다. 피타고라스학파나 그리스도교 관상 전통과 마찬가지로 붓다는 모든 명상에서 마음챙김의 중요성을 강조했다. 마음챙김은 '응시'와 '앎'을 위해서 반드시 필요하기 때문이다.

'마음을 자연스러운 상태에 머물게 하기' 수행에서 마음챙김의 대상은 마음의 공간과 마음의 활동이다. 그런데 이 수행을 효과적으로 하려면 다른 마음의 기능인 내적 성찰을 사용하고 정교하게 해야 한다. 불교에서 내적 성찰이란 몸과 마음의 상태를 반복적으로 검사하는 것이고, 대상을 식별하는 지성이다. 그러므로 불교에서 마음챙김과 내적 성찰을 이해하는 것은 그리스도교에서 깨어 있음과 식별을 이해하는 것과 매우 유사하다.

명상 수행을 할 때 주의가 균형을 잃고 흐트러지면 방심이나 들뜸이 나타난다. 방심이 일어나면 마음은 명료함을 잃고 멍해지거나 잠든 것처럼 주의가 무뎌진다. 한편 들뜸이 일어나면 마음이 동요해서 명상의 대상에 집중하던 주의가 외부로 흐트러진다. 방심이나 들뜸이 일어나서 마음챙김을 잃어버리게 될 때, 내적 성찰에 의해 주의의 상태를 점검하면 주의의 불균형이 일어난 것을 빨리 알 수 있다.

붓다고사는 마음챙김과 내적 성찰의 관계를 명확히 설명했다. "마음챙김은 기억하는 특징을 가진다. 잊지 않는 역할을 한다. 보호함으로 나타난다. 내적 성찰은 혼동하지 않는 특징을 가진다. 살펴보는 역할을 한다. 탐구함으로 나타난다."

다시 말해서 수행할 때는 마음챙김에 의해 잊지 않고 지속적으로 마음에 주의를 집중하고, 아울러 내적 성찰에 의해 주의가 방심이나 들뜸에 빠지지 않는지 면밀히 살펴본다. 따라서 내적 성찰은 "마음챙김의 어깨 너머로 살펴보는 것이다."

하지만 주의가 무뎌지거나 흐트러진 것을 아는 것만으로는 충분하지 못하고, 즉시 방심과 들뜸을 극복하기 위해 노력해야 한다. 이는 의지를 발휘해야 하는 행위이다. 먼저, 방심이 일어났을 때의 직접적 치료는 마음챙김의 대상에 새로운 관심을 일으키는 것이며, 구체적으로는 대상에 주의를 더 집중하기 위해 노력하는 것이다. 다음으로, 들뜸이 일어나서 마음이 흐트러지고 다른 생각에 사로잡혀 있을 때의 직접적 치료는 몸과 마음의 긴장을 푸는 것이다. 마음에 무엇이 나타나든지 확고한 마음챙김에 의해 주의를 기울이기만 하면 된다.

이 수행을 돕기 위해서, 명상하지 않을 때도 마음챙김과 내적 성찰에 의해 유익한 심적 상태를 기르고, 자신과 남들에게 해로운 생각이나 충동이 일어나지 않게 함으로써 더 적극적으로 마음을 변화시키는 것이 좋다.

나가세나가 "마음챙김이 일어나면 유익함과 유익하지 못함을 가려내어 유익하지 못한 일은 하지 않고 유익한 일은 해 나간다."고 말했을 때 의미한 것이 바로 이것이다. 또 붓다고사가 "마음챙김은 지각의 문을 보호하는 문지기와 같다."고 말했을 때 의미한 것이기도 하다. 마음은 세상에서 가장 파괴적인 힘을 발휘할 수 있으므로, 마음이 제멋대로 날뛰면 당연히 마음챙김에 의해 가라앉혀야 한다.

불교에서는 명상 수행에 도움이 되는 생활방식으로 계율, 감각의 절제, 마음챙김과 내적 성찰, 만족을 권한다. 또 명상 수행을 하기 위해서는 적절한 식사와 의복과 약이 필수품이다.

계율은 우리와 남들에게 해가 되는 행동을 최선을 다해 피하는 것이다. 또 우리의 감각이 갈망이나 적대감을 불러일으켜 마음의 평정을 깨뜨리는 대상 주위를 떠돌 때, 감각을 절제하고 직접 마음의 움직임에 주의를 기울여야 한다. 그것은 갈망과 적대감을 극복하지는 못하지만, 적어도 그런 습성에 더 깊이 빠지지 않게 도와줄 수 있다. 마음챙김과 내적 성찰은 단지 명상할 때만이 아니라 언제나 마음이 환상에 사로잡히거나 무뎌지지 않고 실재와 연관되어 있게 해 준다. 마지막으로 꼭 필요한 것만으로 만족하며 생활해야 진정한 행복을 얻을 수 있다. 진정한 행복은 외부의 기분 좋은 자극이 아니라 우리의 내면에서 비롯되는 것이기 때문이다.

이런 기본 요소를 지키면, 명상 수행과 일상생활이 점차 통합되어 구분이 사라지게 된다. 그러면 활동적으로 생활하는 가운데에서도 내면의 고요를 발견할 수 있으며, '고요와 움직임의 통합'을 깊이 인식하게 된다.

마음의 반영

'마음을 자연스러운 상태에 머물게 하기' 수행을 할 때 이런 의문이 생길 수 있다. 마음의 공간에 생겨난 현상의 본질은 무엇인가? 그것은 마음의 본성에 대해 무엇을 알려주는가? 천문학자들은 주의 깊은 관찰을 통해 별과 행성들에 대해 배웠고, 생물학자들 역시 주의 깊게 관찰해서 식물과 동물들에 대해 배웠던 것처럼, 마음에 생겨난 현상을 통찰하는 가장 좋은 방법은 그것을 주의 깊게 지켜보는 것이다.

생각, 심상, 욕망, 감정은 마음 깊은 곳에서 생기며, 몸의 생리적 과정 및 이번 생과 어쩌면 과거 생의 경험에서 영향을 받는다. 우리가 그것들과 동일시하게 되면, 그것들은 우리의 몸과 마음과 행동에 큰 영향을 주게 된다. 하지만 마지막 수행에서 배운 대로 마음에 생긴 것들을 그저 지켜보면, 우리는 그것들에게 지배 받지 않고 오히려 그것들로부터 배울 수 있다. 마음에 생겨난 현상은 우리의 무의식적 희망과 두려움에 대해 알려줄 수 있고, 그것이 생겨나는 '빛나는 마음의 공간'의 창조적 잠재력을 밝혀 준다.

많은 사람들이 주관적 경험은 곧 뇌 활동과 같은 것이라고 믿고 있지만, 그 믿음은 과학적으로 입증되지 않았고 의심할 만한 근거도 적지 않다. 예를 들어 당신이 매우 화난 사람에게 분별 있는 태도로 부드럽고 친절하게 말해서 그를 진정시켰다고 상상해 보자. 나중에 당신은 그를 도울 수 있었다는 점을 기쁘게 생각할 것이다. 그 기쁨의 경험이 생길 때, 분명히 어떤 특정한 신경 활동이 당신의 뇌 속에서 일어나고 있다.

반면에 만약 유사한 뇌 활동이 약물에 의해 인공적으로 유발되었다면, 그것은 앞서 말한 심적 상태와 꼭 같지는 않을 것이다. 왜냐하면 누군가를 도운 후에 당신이 느꼈던 감정은 화학적 자극에 의해 발생한 유사한 감정보다 더 의미 있는 것이기 때문이다. 따라서 뇌 활동은 우리가 순간마다 접하는 주관적 경험을 단지 부분적으로 설명할 수 있을 뿐이다. 그리고 심적 과정을 단순히 뇌 활동으로 환원하려는 시도는 항상 중대한 뭔가를 빠뜨리게 된다. 바로 심적 과정 자체 말이다.

데카르트는 물리적 실체의 일차적 성질은 공간을 차지하고 있다는 것, 즉 명확한 위치와 공간적 차원을 가지고 있는 것이라고 말했다. 많은 사람들은 생각의 신경 상관물이 머릿속에 있기 때문에 생각이 실제로 머릿속에 있다고 여긴다. 그러나 때로 물리적 효과는 원인과 멀리 떨어진 곳에서 일어나므로, 물리적 인과 관계가 성립하기 위해서 항상 눈앞에서 두 물체가 근접해 있어야 하는 건 아니다. 기계론적 우주관을 가진 데카르트는(마음이 몸과 상호작용할 때는 제외하고) 그렇게 원인과 결과가 가까이 있어야 한다고 믿었지만, 현대 물리학은 그 전제를 폐기했다. 예를 들어 공간에서 두 개의 전자기장이 간섭할 때, 그 충돌은 기계적 관점으로는 이해할 수 없다. 그리고 양자 역학에서는 입자들이 충돌하지 않고 멀리 떨어진 채 많은 물리적 상호작용을 일으킨다.

현대 물리학에 익숙하지 않은 많은 사람들은 아직도 단지 신경 상관물이 뇌에 있기 때문에 심적 사건이 실제로 뇌에서 발생한다고 믿고 있으며, 반드시 물리적인 것만이 물리 과정에 의해 영향을 받고 또 다른 물리적 실체에 영향을 줄 수 있다고 생각한다. 하지만 시대에 뒤떨어진 데카르트의 실재관을 넘어서고 현대 물리학을 아는 사람이라면 반드시 그렇지는 않다는 걸 안다. 그리고 현대 과학자들은 더 이상 그것이 자연을 지배하는 고정불변의 법칙이라고 생각하지 않는다.

만약 심적 과정이 물리적인 것이라면 위치, 공간적 차원, 질량과 같은 물리적 성질을 가지고 있어야만 하고, 모든 물리적 실체를 측정하도록 고안된 기술 도구를 사용해서 찾아낼 수 있어야만 한다. 하지만 과학자들이 아무리 자세히 뇌를 조사해도 화학물질과 전류의 상호작용을 제외하고는 어떤 심적 사건도 볼 수 없다. 반면에 명상가들은 아무리 자세히 마음을 관찰하더라도 자신이 경험하는 심적 과정을 일으키는 뇌의 작용기전을 전혀 찾아내지 못한다. 사실 뇌와 심적 과정을 더 면밀하게 조사할수록 그들이 상호 연관되어 있다는 것을 제외하고는 공통점이라곤 거의 없음이 더 명백해진다. 아마도 이것이 크리스토프 코흐가 심적 과정은 단지 뇌 활동일 뿐이라고 이해할 수 있다는 주장에 대해 회의적 태도를 보인 이유일 것이다.

하지만 여전히 의문이 남는다. 생각을 비롯한 심적 과정의 현상을 살펴보면 정말 마음의 본성을 알 수 있을까? 사실 많은 감각적 현상은 우리의 착각이다. 예를 들어 지구는 편평하고 태양은 지구 주위를 도는 것처럼 보인다. 자연에는 이런 시각적 착각이 많다. 이렇게 마음이 근본적으로 착각할 수 있다면, 그런 마음을 직접 경험한 것을 신뢰할 수 있는가? 모든 직접적 경험에 대해 같은 의문을 제기할 수 있다.

데카르트가 올바르게 지적했듯이 색, 소리, 냄새, 맛, 촉감은 우리가 그것을 경험하든 경험하지 않든 객관적으로 존재하는 것처럼 보이지만, 그 현상들은 허상이다. 우리가 색을 경험할 수 있는 객관적 토대인 광자와 전자기장에는 고유의 색이 없다. 색은 오직 광자와 전자기장을 지각하는 의식이 있는 주체가 있어야만 생겨난다. 마찬가지로 소리는 공기나 물 같은 매체의 파동에 객관적으로 존재하는 것이 아니다. 또 냄새와 맛은 그것을 경험하는 사람과 상관없이 공기나 음식에 본래 있는 게 아니다.

하지만 과학자들이 색, 소리, 냄새, 맛 등의 현상을 단지 허상이라는 이유로 연구하지 않는다면 세계에 대해 아무것도 배우지 못할 것이다. 갈릴레오가 태양, 달, 행성, 별에 대해 많은 것을 발견할 수 있었던 기반인 시각 현상을 신뢰하지 않았다면, 그리고 다윈이 생물학적인 관찰을 통해 진화론의 기초를 마련했던 많은 자료들을 진지하게 받아들이지 않았다면 현재의 과학이 어떻게 되었을까?

과학의 역사는 우리가 어떤 현상을 자세히 관찰하고, 그 관찰사항을 추론함으로써 세계에 대해 배울 수 있음을 보여 준다. 과학자들은 감각을 통해 주의 깊게 관찰함으로써 외부 세계를 탐구해 왔다. 그러므로 '마음을 자연스러운 상태에 머물게 하기' 수행을 하면서 마음 현상에 주의를 기울일 때, 우리는 과학자들이 오랜 세월 동안 남긴 발자취를 따르고 있는 것이다.

하지만 여기에는 큰 차이가 있다. 갈릴레오는 망원경으로 시각을 확장할 수 있었고, 그 후의 과학자와 기술자들도 외부 세계를 세밀하게 탐구하기 위해 감각을 확장하는 기술적 수단을 많이 개발했다. 그러나 그 기구들 중 어느 것으로도 심적 과정을 찾을 수 없다.

마음의 활동을 찾아낼 수 있는 유일한 방법은 자각에 의해 마음을 관찰하는 것이다. 그러면 심적 상태와 심적 과정에는 데카르트가 물리적 실체에만 있는 것으로 여겼던 성질이 없음을 확실히 알 수 있다. 그러므로 심적 사건이 물리적이지 않다고 추정할 만한 두 가지 이유가 있다. 첫째, 물리적 실체를 측정하기 위해 만들어진 어떤 기술 도구를 사용해도 심적 사건을 찾아낼 수 없다. 둘째, 마음의 현상에는 어떤 물리적 특성도 없는 것으로 보인다.

'마음을 자연스러운 상태에 머물게 하기' 수행이 깊어짐에 따라 마음은 하나의 통일된 것이 아니라는 사실이 점점 더 분명해진다. 처음 수행을 할 때, 생각은 관찰하자마자 사라질 수도 있고, 우리는 생각에 휩쓸리고 난 후에야 그런 생각이 있었음을 알게 될 수도 있다. 하지만 그 수행이 더 깊어지면, 우리는 생각이나 심상 같은 일부 심적 사건에 일종의 객관적 성질이 있음을 주목하기 시작한다. 우리는 마음의 공간에서 "저편에" 있는 생각을 관찰하고 있음을 인식한다. 꿈에서 지각하는 대상도 마찬가지다. 내가 사람들이 가득 찬 방에 있는 꿈을 꾼다면, 방과 사람들은 나의 인식의 대상으로서 나타난다. 이는 명상할 때 생기는 잡다한 생각과 심상이 내 인식의 대상으로서 나타나는 것과 마찬가지다.

또 우리는 수행을 통해 더 주관적인 감정과 욕망을 찾아낼 수도 있다. 그것은 심적 인식의 대상이라기보다 심적 인식의 성질인 것으로 보인다. 감정과 욕망에 완전히 빠지지 않고 그것을 고요히 인식함으로써 감정과 욕망이 생겨나는 더 큰 맥락을 알 수 있다. 다시 말해 우리는 개개의 나무들만이 아니라 숲 전제를 보듯이 인식을 지켜볼 수 있다. 하지만 우리의 정체성이 감정이나 욕망 같은 제한된 심적 충동과 결합되면 우리는 "좁은 마음" 상태가 될 수 있고, 많은 해로운 행동을 할 수 있다.

우리는 심상의 경우엔 그것이 마음속에 생기는 동시에 지켜볼 수 있지만, 감정이나 욕망을 경험할 때는 사실 그것이 지나가 버린 후에야 기억하곤 한다. 예를 들어 누군가의 무례한 행동 때문에 화가 날 때, 대개 우리는 그 사람의 행동에 주의를 기울이고 있다. 하지만 그 사람의 행위가 아니라 우리의 분한 감정에 주의를 돌리면, 그 감정은 못된 사람을 생각함으로써 먹이를 얻지 못하기 때문에 즉시 사라질 수 있다.

우리의 마음은 대개 감정이나 욕망이 생기면 감정과 욕망 자체가 아니라 그 대상에 초점을 맞춘다. 아마도 이것이 윌리엄 제임스가 이렇게 말했을 때 의미한 것이다. "어떤 주관적 상태도 존재하는 동안 그 자신의 대상이 아니다. 그 대상은 항상 자신이 아닌 다른 것이다. … 그런데 주관적 상태를 확인하는 행위가 일시적으로 그 힘을 감소시켰다."

이는 마음 지켜보기가 줄 수 있는 영향에 대해 매우 흥미로운 물음을 제기한다. 예를 들어 우울할 때 그 상태를 지켜보는 행위가 우울함을 완화할 수 있을까? 그것은 우리 스스로 알아내야 하는 것이다. 때로는, 특히 최근 있었던 일에 대한 일시적인 우울함은 우리가 깊이 주의를 기울이면 즉시 사라질 수도 있다. 그러나 특별한 대상이나 원인이 없이 오래 지속된 우울한 상태라면, 그것은 주의를 기울여도 사라지지 않을 수 있다. 그럼에도 불구하고 우울함을 객관적으로 인식하고 그것이 본래 우리의 특성이 아니라 단지 일시적인 심적 상태임을 안다면, 우리는 그다지 우울함에 사로잡힌다고 느끼지 않을 것이다.

마찬가지로 우리가 마음속에 생기는 욕구를 지켜보면, 그 욕구는 즉시 힘을 잃는가? 만약 습관적이고 강한 욕구라면 우리가 주의를 집중해도 없어지지 않을 수 있다. 반면에 특정한 생각이나 감각 경험에 의해 생겨난 일시적 욕구는 우리가 주의를 기울이면 사라질 것이다. 생각, 감정, 욕구에 대한 자각의 효과는 충분히 조사할 만한 가치가 있다. '마음을 자연스러운 상태에 머물게 하기' 수행을 하여 우리가 생각, 감정, 욕구 같은 마음 활동과 동일한 존재가 아님을 점점 더 명확히 알수록 우리는 정말 자유로워질 수 있다.

데카르트는 자신의 마음에 생긴 현상을 관찰할 때 너무 미혹되고 혼란스럽게 느껴져서 그것이 사실인지조차 알 수 없다고 말했다. 확실히 그것은 많은 사람들이 처음으로 '마음을 자연스러운 상태에 머물게 하기' 수행을 할 때 경험하는 것과 같다. 하지만 자각의 뚜렷한 특성은 수련을 통해 개발될 수 있다는 것이다. 이 수행 초기에는 가장 표면적이고 거친 심적 사건만을 지각할 수 있을 것이다. 하지만 수행이 점점 깊어질수록, 특히 하루에 여러 시간씩 며칠이나 몇 주 동안 계속해서 수행하면, 순식간에 일어나는 미세한 심적 사건일지라도 점점 명확히 지각할 수 있게 된다.

이렇게 자각을 수련하는 동안 잠재의식에 숨겨져 있던 오래된 기억, 감정, 욕구 등에 의식의 빛을 비추게 된다. 마음의 숨겨진 곳에 대한 탐구가 시작된 것이다.

9

― 수행 ―

의식의 빛을 보라

의자에 앉거나 가부좌를 하거나 눕거나, 편한 자세를 하세요. 움직이지 말고 주의 깊게 온몸으로 호흡의 감각을 느끼면서 깊은 호흡을 천천히 세 번 합니다. 이어서 호흡이 깊든 얕든, 느리든 빠르든, 규칙적이든 불규칙적이든, 자연스러운 리듬에 머물게 합니다. 이제 마음을 개방적이고 분별하지 않는 자각에 머물게 하고, 여섯 가지 지각 (다섯 가지 감각 지각과 마음)에 가볍게 주의를 기울입니다.

소리가 주의를 끌어도 집착하거나 물러나지 말고 그저 소리를 알아차립니다. 형상이나 촉감을 자각하면, 그것에 사로잡히거나 동일시하지 말고 단순히 그것과 함께 현존하세요. 마찬가지로 생각이나 기억 혹은 다른 심적 사건을 자각하면, 그것에 집착하지 말고 나비가 꽃에 내려앉듯이 가롭게 주의를 기울이세요. 마음을 통제하려는 생각을 모두 내려놓은 광대한 자각 안에 몇 분 동안 머무세요.

이제부터는 주의를 몸의 공간으로 물러나게 하세요. 발가락 끝에서 정수리까지 몸에서 일어나는 모든 감각을 지켜봅니다. 야생마 같은 마음이 여섯 가지 지각 영역(마음의 영역까지 포함해서)을 멋대로 돌아다니게 내버려 두지 말고 몸 안에 머물게 하세요. 그리고 몸 안에서 주의를 끄는 감각이 생길 때 그 감각에 사로잡히거나 그것을 억제하지 말고 단순히 그 감각과 함께 현존하세요.

몇 분 후 주의를 더 깊은 마음의 공간으로 물러나게 하세요(7장의 마지막 수행에서처럼). 그리고 마음의 공간에서 생기고 사라지는 심적 사건을 지켜보세요. 순간마다 객관적으로 자각에 생겨나는 생각이나 심상 같은 마음의 내용을 지켜보세요. 또 주관적으로 경험하는 감정이나 욕구 같은 충동이 생길 때, 그것에 반응하거나 수정하거나 동일시하지 말고, 단지 그것을 알아차리며 자각의 개방된 공간에 계속 머무세요.

지금까지 마음의 객관적 내용과 주관적 충동에 주목함으로써 마음의 '전면'에 초점을 맞추었다면, 이제는 그런 심적 사건이 생기고, 약해지고, 사라지는 마음의 '배경'에 주의를 돌리세요. 배경의 마음 공간을 주의 깊게 지켜보고, 그것이 고유한 특성을 가지고 있는지 아니면 단순히 무無인지를 주시하세요.

이제 이번 명상의 마지막 단계입니다. 이전 수행에서는 다섯 감각 영역과 마음에 있는 대상에 주의를 집중했고, 주의는 경험이라는 스크린을 향해 비추는 레이저 포인터 같았습니다. 하지만 이제부터는 주의라는 레이저 포인터가 주의 자체를 향하게 합니다. 마음의 공간이나 마음의 내용을 비롯한 어떤 것에도 흥미를 가지지 말고, 주의가 자신의 본성으로 물러가게 합니다.

인식이 자신의 공간에 머물게 하고, 그저 인식을 자각하세요. 의식에 어떤 대상이 나타나도 막지 말고 흥미도 가지지 말고 그냥 두세요. 그것이 주의를 외부로 끌어당기면 즉시 놓아 주고, 인식이 자신의 본성에 머물게 하세요. 또 생각이 일어나면 언제나 즉시 놓아 주고, 마음이 비관념적이고 고요하고 정적인 자각에 머물게 하세요.

이 수행은 단순해 보이지만 처음에는 다소 어려울 수 있습니다. 한편 이 수행을 호흡과 결합시키기도 합니다. 들숨 때마다 인식을 자각하고 그저 의식의 현재 순간을 경험하세요. 날숨 때마다 주의를 끌었던 생각이나 집중을 방해하는 것을 즉시 놓아 주고, 계속해서 인식하고 있음의 경험을 자각하세요. 그리고 숨을 들이쉴 때는 주의를 환기시켜 방심과 둔함을 극복하고, 숨을 내쉴 때는 주의를 이완하여 들뜸과 동요를 극복하세요.

인식하고 있음을 자각하는 것이 가장 확실한 지식일 수 있습니다. 그것은 앎에 대한 앎이고, 인식이 바로 지금 여기서 일어나고 있음을 자각하는 것입니다. 주의 깊고 방심하지 않는 인식에 대한 자각을 유지하면서, 인식의 성질을 식별할 수 있는지 보세요. 인식은 정지해 있습니까, 흐르고 있습니까? 큰가요, 작은가요? 형태나 중심 혹은 경계를 가지고 있습니까? 인식에 크기나 모양이 있다면 그것은 변하나요, 그대로 있나요? 마지막으로, 의식의 고유한 특성을 알아볼 수 있습니까?

이 수행에서는 인식에 대한 마음챙김을 지속시켜야 하는데, 또한 주의가 무뎌지거나 흐트러지지 않는지 감시하는 내적 성찰의 기능을 발휘하는 것도 중요합니다. 내적 성찰을 통해 마음을 주시하고 있으면, 방심이 일어날 때 바로 대응할 수 있습니다. 인식을 다시 새롭게 대함으로써 주의를 불러일으키는 것입니다. 내적 성찰을 통해 마음이 다른 생각이나 자극에 사로잡혀 있음을 알게 되면, 즉시 긴장을 풀고 마음의 대상을 놓아버립니다. 산만하게 하는 것을 계속 붙잡고 있는 건 힘든 일입니다. 그러므로 산만하게 하는 대상뿐 아니라 그것에 집착하는 노력도 놓아 주고, 자각을 회복하세요. 그것은 꿈 없는 깊은 잠을 자는 것과 비슷하지만, 대개 잠이 들 때 인식의 명료함을 점차 잃어버리는 것과 달리, 이 수행에서는 빈틈없이 깊은 주의를 유지합니다. 이 수행에 점점 더 익숙해지면 인식에 내재된 고요와 빛남을 점차 드러낼 수 있습니다. 그러면 더 이상 의식의 본질을 가리는 심적 상태에 사로잡히지 않기 때문에, 수행할 때 동요나 둔함을 바로잡을 필요가 없게 됩니다.

이렇게 25분 동안 계속하고 명상을 마칩니다. 이 수행에 더 익숙해지면 명상 시간을 늘릴 수도 있습니다. 하지만 명상이 느슨해질 정도로 오래 하지는 마세요. 마치는 시간을 알려주는 타이머가 있으면 시계를 보려고 잠깐씩 중단할 필요가 없으므로 명상에 집중하는 데 도움이 됩니다. 명상하는 동안에는 최선을 다해 명료하고 확고한 마음챙김을 유지하세요.

10

―― 이론 ――

의식의 본질을 탐구하기

그리스도교에서의 의식 탐구

인식을 내면으로 향해서 인식 자체를 밝히는 수행은 오래전부터 동양과 서양의 여러 명상 전통들에 있었다. 그리스도교에서 그 수행은 초기에 이집트에서 명상했던 '사막의 교부들'까지 거슬러 올라갈 수 있다. 예를 들어 7세기에 시나이산의 수도원에 살았던 사제이며 수도자인 사제 헤시키오스Hesychios the Priest는 그의 논문 「깨어 있음과 신성함에 대하여」에서 그 명상에 대해 말했다. 그는 그 명상 교본의 중심 주제인 주의를 기울임에 대해서 "어떤 생각에 의해서도 방해 받지 않는 마음의 고요"라고 정의했다. 그리고 "마음이 고요해지면 지식의 높이와 깊이를 지각할 것이다. 그리고 고요한 지성의 귀는 하느님으로부터 오는 놀라운 일을 듣게 된다."고 썼다. 그 명상은 특별한 영적 평안을 주었다.

인식을 자각하는 명상 수행은 10세기에서 14세기까지 그리스 정교의 은둔자들에 의해 유지되었다. 예를 들어 성 시메온 St. Symeon(949-1022) 수사는 관상가가 되려는 사람들에게 무엇보다도 먼저 세 가지를 추구하라고 조언했다. 실제나 상상하는 것에 대한 모든 걱정을 버려라, 자책감에 연연하지 말고 순수한 양심을 얻기 위해 노력하라, 자신의 몸을 비롯한 어떤 세속적인 것에도 생각이 끌리지 않도록 완전히 초연하라. 이렇게 모든 세속적인 것들에 대한 관심을 버린 후 주의를 마음에 집중하고 다음과 같이 수행을 계속한다.

> 그 수행을 시작하면 어둠과 알 수 없는 치밀함을 발견할 것이다. 그 후 밤낮으로 계속해서 수행하면 마치 기적 같이 끝없는 기쁨을 발견할 것이다. 지성이 마음에 자리잡으면 이전에 전혀 몰랐던 것을 보게 된다. 지성은 마음속의 열린 공간을 보고, 지성 자신이 완전히 빛나고 식별로 충만한 것을 본다. 그때부터 계속, 산만하게 하는 생각이 어디서든 나타나서 그 꼴을 다 갖추기 전에 지성은 즉시 그것을 몰아내고 예수 그리스도의 기도로 그것을 부순다. … 하느님의 도움으로, 지성을 계속 보호함으로써, 그리고 마음속에 예수를 간직함으로써, 나머지는 스스로 배울 수 있다. 옛말에 이르기를 "골방에 앉아 있으라. 그러면 모든 것을 배우리라."

13세기 후반 수도자 니키포로스 Nikiphoros the Monk는 '신성한 아토스산'에서 고요하게 살았다. 그는 논문 「깨어 있음과 마음을 보호함에 대하여」

에서 내면의 왕국에 숨겨진 보물을 발견하려면 내면으로 향하는 것, 인식을 마음속 깊이 내려가게 하는 것이 필요하다고 강조했다. '신성한 아토스산'에서 20년 동안 은거한 수도자인 성 그레고리 팔라마스 St. Gregory Palamas(1296-1359) 역시 "지성을 몸 안으로, 특히 몸에서 가장 깊은 몸속의 마음으로 돌리고 그 곳에 머물게 하기 위해 자신에게 주의를 기울이는 고요의 삶"을 추구하는 사람들을 격려했다. 그런데 그는 인식이 마음속으로 내려가는 것을 문자적으로 이해하면 안 된다고 분명히 말했다. 우리의 마음은 "그릇에 담겨진 것처럼" 몸의 가슴 안에 있는 것이 아니기 때문이다.

근대가 도래하면서 인식의 본성에 대한 그리스도교 관상가들의 탐구는 계속 쇠퇴했지만, 완전히 사라지지는 않았다. 19세기에 러시아 정교의 수도자였던 은둔자 성 테오판 St. Theophan the Recluse(1815-1894)은 그 수행에 대해 이렇게 썼다. "아무리 신성한 형상이라 해도 주의를 외부에 머물게 한다. 반면에 기도할 때 주의는 내부, 곧 마음속에 있어야만 하기 때문에, 기도는 주의를 마음속에 집중하기로부터 시작된다." 그리고 현대 미국의 관상가이며 학자인 마틴 레어드는 그 수행에 대해 이렇게 분명히 말한다.

> 산만함으로부터 인식 자체, 인식함으로 의식을 돌려라. 그러면 오직 이와 같이 빛나는 광대함과 끝없는 깊이가 있을 뿐이다. 빛나는 광대함을 응시하는 것은 빛나는 광대함 자체이다. 두려워하거나 화내거나 질투하는 분리된 자아는 없다. 분명히 두려움, 분노, 질투가 있을 테지만, 우리는 두려워하고 분노하고 질투하는 주체를 발견하지 못할

것이고, 단지 빛나고 끝없는 깊은 곳을 응시하는 빛나고 끝없는 깊이를 발견할 뿐이다.

그리스도교 관상가들은 여러 세대 동안 그런 수행을 통해 마음이 정화되고 마음의 가장 내밀한 깊은 곳에 머물 때 생기는, 내적인 앎과 진정한 평안의 상태에 이를 수 있다고 말했다. 그것은 "진리가 주는 기쁨"이었다.

의식에 대한 21세기의 통찰

17세기 초부터 과학자들은 외부 세계만을 연구했고, 인간의 영혼과 의식의 내면세계는 신학자와 철학자들에게 남겨졌다. 신학자와 철학자들은 많은 기발한 이론을 내놓았지만 영혼과 의식의 가장 기본적인 문제에 대해서조차 일치된 견해를 얻지 못했다. 그 후 19세기 후반부터 과학자들은 자연 세계의 탐구되지 않은 영역인 의식을 연구하기 시작했다. 윌리엄 제임스는 의식을 과학적, 철학적, 영적 관점에서 바라볼 수 있었기 때문에 그 주제에 매혹되었다. 그는 모든 물리 현상과 마음 현상이 '물질'이라는 근본 재료로부터 생긴다는 생각을 거부했다. 그는 순수 경험이 우주의 근본 실체라고 생각했고, 그 특성은 주체와 대상이 분화되기 전의 "있는 그대로의 완전무결한 실재 혹은 존재, 단순한 그것"이라고 말했다.

윌리엄 제임스는 당시의 심리학이 갈릴레오 이전의 물리학보다도 발전하지 못했다고 말했지만, 그 후 의식에 대한 과학적 연구는 20세기에 인지과학이 상당히 발전했음에도 불구하고 아직도 거의 발전하지 못한 것이 사실이다. 또 그는 과학적 수단을 통해 이해할 수 있을 때까지 의식은 철학적 문제로 남을 수밖에 없다고 말했다. 하지만 오늘날 여전히 철학자들이 의식을 설명한다고 주장하는 책을 쓰고 있는 현실을 보면, 아직도 서양에서 의식에 대한 진정한 과학은 이루어지지 못했다.

과학자들과 철학자들은 내적 성찰에 의해 마음의 현상을 탐구하지 않고, 어떤 유력한 경험적 증거도 없이 순전히 논리적 수단에 의해 마음의 진정한 본질을 추측하고 있다. 하지만 아인슈타인은 이렇게 말했다. "순전히 논리적 수단에 의해 도달하는 명제는 실재에 대해 완전히 공허하다. 갈릴레오는 이것을 알았고, 특히 과학에 철저히 도입했다. 그러므로 그는 근대 물리학의 아버지이며, 사실상 전체 근대 과학의 아버지이다."

'지혜에 대한 사랑'을 뜻하는 철학은 방법론적으로 주관적 편견을 극복하고 지혜의 핵심 요소인 이론적 지식에 도달하는 것을 목표로 한다. 철학은 역사적으로 그것을 추구해 왔다. 하지만 근대철학자들은 사실상 어떤 점에서도 일치된 의견에 이르지 못했으므로 일관된 지식 체계를 이루지 못했다. 이는 철학자들의 관점이 주관적 편견에 의해 많은 영향을 받고 있음을 의미한다. 이렇게 철학이 지혜를 기르는 데서 벗어난 이유는 철학자들이 지나치게 전문화되었고, 실질적인 철학에서 벗어났기 때문이다. 철학자들의 여러 추측이 기발한 것일지는 몰라도 대개 과학이나 일상생활에서 쓸모가 없다.

20세기의 대다수 행동주의자, 분석철학자, 신경과학자들은 마음을 연구하는 면에서 공통점이 있다. 즉, 의식이 몸의 물리적 기능이라고 생각했고, 의식을 관찰하는 엄격한 수단을 개발하지 못했다. 이 점에서 그들은 갈릴레오 시대의 스콜라철학자들과 유사한데, 당시 스콜라철학자들은 아리스토텔레스 형이상학의 전제에 의문을 제기하지 않았고, 별과 행성을 관찰하는 엄밀한 수단을 개발하지 못했다. 철학자 대니얼 데닛Daniel Dennett이 지적하듯이, 마음의 특징인 내적 성찰과 의식은 과학의 기계론적 관점으로 통합하기 매우 어렵다. 그는 매우 솔직하게 "의식에 대해서 우리는 여전히 매우 혼란을 겪고 있다. 오늘날 의식은 가장 지적인 사상가들조차 종종 말문이 막히고 혼란을 겪게 하는 단연 최고의 화제다."라고 말한다.

일부 철학자들은, 신경과학자와 심리학의 행동주의자들이 마음과 연관된 뇌기능과 행동을 직접 관찰함으로써 심적 사건을 간접적으로 관찰한다고 주장한다. 그것이 사실이라면 주관적 경험에 대한 1인칭 진술이 없어도 물리적 관찰에 근거해서 그들이 간접적으로 관찰하는 심적 사건이 무엇인지를 말할 수 있어야만 한다. 그러나 그들은 결코 그렇게 할 수 없다. 왜냐하면 마음을 직접 경험한 것에 근거한 1인칭 진술이 없다면, 심적 사건이 무엇이며 무엇을 나타내는지는 고사하고 그것이 일어나는 지조차 알 수 없기 때문이다.

많은 사람들은 보다 기초적인 물리 과정으로부터 여러 물리적 속성들이 생기듯이, 심적 사건은 뉴런(신경세포)의 구성에 의해 발생하는 창발적 속성이라는 생각을 근거 없이 받아들이고 있지만, 1인칭 진술 없이는 심적 사건에 대해 전혀 알 수 없다는 사실에 비추어 보면 그런 생각은 상당히 의심스럽다.

미국의 저명한 철학자 프랭클린 머렐-울프Franklin Merrell-Wolff(1887-1985)는 20세기에 과학자들과 철학자들이 마음을 연구하면서 의식에 대해 혼란스러워할 것을 예견했는지도 모른다. 그는 수학을 전공하고 철학과 심리학을 부전공으로 스탠퍼드 대학을 졸업한 후 하버드 대학에서 심리학을 공부했다. 그 후 스탠퍼드 대학에서 수학을 강의하다가, 혼자 힘으로 의식의 본질을 알아내기 위해서 학계를 떠났다.

머렐-울프는 49세이던 1936년에 일련의 뛰어난 관상적 발견을 했고, 그 효과는 1985년 그가 숨질 때까지 어느 정도 계속되었다. 그의 관상적 탐구에 영감을 준 것은 서양의 철학 전통, 특히 임마누엘 칸트와 힌두 철학의 아드바이타 베단타Advaita Vedanta 철학의 관점을 처음으로 통합한 인도의 명상가 샹카라Shankara(8세기 중엽)였다.

샹카라를 따르는 이들의 주장에 의하면, 우리가 대상을 경험하는 인지에는 항상 인식 자체에 대한 자기인식이 즉시 함께 일어난다. 예를 들어 주전자 같은 대상을 볼 때, 그 시지각에 대한 자각인 '목격자 의식'이 동시에 발생한다. 그것은 모든 현상을 비추고, 오류가 없고, 초연하고, 영원하며, 외부의 모든 것으로부터 독립된 것이다.

머렐-울프는 그런 자각을 통해 의식의 본질을 탐구하다가 어떤 통찰을 얻었다. 나중에 그가 깨달음을 얻는 데 핵심 역할을 했다고 믿었던 그 통찰에 의하면, 무게가 있는 대상은 일종의 '부분적 진공'인데 비해 빈 공간은 사실 가득 차고 실재하는 것이었다. 그래서 그는 빈 공간을 실재하는 전경으로서 경험하기 시작했고, 반면에 물체들은 무관련성으로 사라졌다. 그 결과 물체들을 '의존적 실재 혹은 파생된 실재'의 일부로서 지각하게 되었다.

그 통찰을 얻은 지 며칠 후 머렐-울프는 첫 번째 영적 각성을 통해 외부로 향하는 의식의 흐름을 되돌려, 아무리 미세한 대상도 마음에 투사하지 않고 근원으로 돌아가게 했다. 그는 그런 의식의 되돌림은 평범한 이원적 의식으로부터 초월적 상태로 전환하는 순간에 일어나며, 그때 "한 의식이 사라지고 즉시 다른 의식이 이어진다."고 말했다.

존재의 근거로 경험된 초월적 상태에서는 주체-객체의 이원성이 사라지므로 경험하는 모든 것과의 합일이 느껴지고, 개인적 정체성은 주체-객체의 구별 없이 공간감으로 사라진다. 그는 초월적 상태에서 생긴 생각 속에서 깊이, 추상적 개념, 거대한 보편성을 느꼈다. 그리고 초월적 상태 너머에는 "빛의 정수"인 "칠흑 같은 어둠"이 있었다. 그 후에도 지속된 깨달음에 의해 역경 속에서도 만족, 기쁨, 박애, 평온을 깊이 느낄 수 있었다.

머렐-울프가 초월적 의식을 직접 체험한 것은 지난 천 년간 그리스도교와 힌두교의 위대한 명상가들이 말한 것들과 상당히 유사하다. 그들은 자신들의 세계관에 따라 그 경험을 다르게 표현하지만, 이제까지 주류 과학과 철학이 탐구하지 못했던 의식의 미세한 근저 상태에 다가간 것으로 보인다.

불교에서 말하는 의식의 반전

의식을 되돌리는 명상 수행, 즉 인식을 인식 자체로 돌리는 수행은 아마도 2500년 전 붓다의 시대보다 훨씬 더 오래전에 인도에서 처음 발달했고, 붓다도 그 수행을 받아들였다. 그는 그가 가르친 삼매, 즉 고도로 집중된 주의를 얻기 위한 여러 수행법들 중에서 의식 자체를 향한 주의를 개발하는 것이 가장 심오하다고 말했다. 그 수행에서 인식은 머릿속이나 몸에 한정되지 않음을 아는 것이 중요하다. 그래서 붓다는 인식을 제한없이 위, 아래, 모든 방향으로 향하게 함으로써 의식에 주의를 기울여야 한다고 가르쳤다.

또 인도와 중앙아시아 전역에서 번성한 후기 대승불교에서도 명상을 통한 의식의 되돌림을 받아들였다. 8세기 인도 명상가 빠드마삼바바 Padmasambhava는 의식의 되돌림에 대해 실용적 가르침을 주었다. "인식이 인식 자체를 꾸준히 관찰하도록 하라. 가끔 마음을 가슴속에 머물게 하고 차분하게 놓아두어라. 때로는 마음이 차분하게 드넓은 창공을 향하게 하고 거기 놓아두어라. 그렇게 다양하게 번갈아 주의를 전환함으로써 마음은 자연스러운 상태에 머물게 된다."

그러면 감각이 심적 인식으로 물러나고, 우리는 물리적 환경과 몸조차 인식하지 못하게 되며, 생각이나 심상도 마음의 빛나는 공허 속으로 점차 사라진다. 빠드마삼바바가 자각을 "가슴속에" 머물게 하라고 말했지만, 불교 명상가들도 그리스도교 관상가들처럼 의식이 정말 우리 몸의 가슴에 있다고 의미한 것은 아니다.

11세기 네팔의 불교 명상 스승인 마이트리빠Maitripa는 이 수행을 다음과 같이 묘사했다.

> 어둡고 외딴 방에서 푹신한 방석 위에 앉아, 앞의 빈 공간에 시선을 두라. 과거, 미래, 현재에 대한 모든 생각을 없애고, 건전한 생각이나, 불건전한 생각이나, 건전하지도 불건전하지도 않은 생각도 완전히 없애라. … 마음에 어떤 생각도 일으키지 말라. 구름 한 점 없는 하늘처럼 마음을 깨끗하고 텅 비고 차분하며 집착이 없게 하고, 인식을 완전한 공허에 머물게 하라. 그렇게 함으로써 기쁨, 빛남, 비관념성이 가

득한 고요한 인식 상태를 경험할 것이다. 그 상태에서 조금이라도 애착, 증오, 집착, 갈망, 나태, 흥분을 경험하는지, 그리고 덕과 악의 차이를 아는지 주시하라.

티베트 불자들은 이러한 인식 자체에 대한 명상을 천 년 넘게 수행해 왔다. 빤첸 로상 최끼 걀첸은 그 명상에 대해 이렇게 말했다.

마음챙김과 내적 성찰의 힘을 불러일으켜서 모든 생각이 생기자마자 더 이상 늘어나지 못하게 가차 없이 잘라 버려라. 그 후 그 상태에 머물러서 생각이 외부로 흘러나가지 않게 하라. 그리고 마음챙김과 내적 성찰을 유지한 채로 즉시 내면의 긴장을 이완하라.

그는 티베트의 유명한 여성 명상가 마칙 랍끼 된마 Machik Labkyi Drönma(1062-1150)의 가르침에서 영감을 얻었다. 그것은 지속적인 마음챙김을 유지한 채, 인식을 강하게 집중한 후 부드럽게 풀어 주기를 번갈아 함으로써 마음을 명상적 균형 상태에 놓아 주는 것이었다. 이 명상에서는, 7장의 생각을 지켜보는 수행과 달리, 생각이 생기면 즉시 끊어버리고 인식이 자체의 본성에 머물게 한다. 그것은 검객과 궁수의 결투와 유사하다. 마음에서 저절로 흘러나오는 생각들이 마치 궁수가 쏜 화살들처럼 날아오면, 검객은 즉시 칼로 그것을 쳐서 떨어뜨리는 것이다.

앞 장의 가르침은 인식을 그 자체로 되돌린다. 즉, 들숨마다 일념으로 집중하고, 날숨마다 생각이 일어나는 대로 즉시 잘라 버려서 인식을 부드럽게 풀어 준다. 그러면 제멋대로 일어나는 생각이 점차 줄어들고, 마음은 자연스러운 상태에 머물게 된다. 이 고요하고 빛나는 의식 상태에 점점 더 깊이 머물수록 모든 기억은 희미해지고 일상의 개인적 자의식은 사라진다.

이때 심연 속으로 떨어져 자신의 정체성을 잃어버릴까봐 두려움을 느낄 수도 있다. 그래도 두려움에 사로잡히지 말고 단지 그 두려움을 인식한다. 이것은 쉽지 않지만 어려움에 잘 대처하는 게 중요하다. 이 수행에 점점 더 익숙해질수록 빛나는 어둠 속에서 두려워할 것은 아무것도 없음을 스스로 알게 될 것이다. 우리가 잃어버린 것은 인위적이고 관념에 의해 만들어진 자아감일 뿐이다. 마음이 자연스러운 상태에 머물게 되면, "내가 있다"는 인식이 점차 희미해진다. 이제 우리는 매우 집중되고 명료한 삼매라는 내면의 망원경을 사용해서 마음이라는 깊은 우주를 탐험하기 시작한 것이다.

삼매는 마음을 보는 망원경

서양에서 관상에 의한 탐구가 쇠퇴하고 근대 과학이 발달하면서, 사람들은 인간 내면의 의식보다 외부의 물리적 우주를 주목하게 되었다. 그리스도교 관상가들은 '내면의 하늘나라'를 찾으려 했지만, 과학혁명의 선구자들은 실제 하늘을 탐구하기 시작했다. 과학자들은 창공을 더 자세하고 정확히 관찰하기 위해 그들의 '삼매'를 개발했는데, 그것은 네덜란드인들이 처음으로 발명하고 갈릴레오가 1609년에 개량한 망원경이었다.

갈릴레오는 처음 만든 망원경으로 천체들을 8배 확대해서 관찰할 수 있었고, 거듭 개량해서 20배까지 배율을 높였다. 그러자 이번에는 심장

박동과 손의 떨림으로 인해 망원경을 고정시키기가 어려웠다. 게다가 호흡, 습기, 안개 낀 공기 그리고 따뜻한 날에 눈에서 증발되는 증기에 의해서도 흐려졌기 때문에 천으로 망원경 렌즈를 계속 닦아야만 했다. 하지만 이런 어려움에도 불구하고 갈릴레오는 이전의 누구보다도 명확히 밤하늘을 관찰했고, 새로운 발견을 해나갔다.

갈릴레오의 시대 이래 점점 더 성능이 좋은 망원경이 개발되면서 천문학은 계속 진보했다. 2003년과 2004년에 허블 우주망원경이 지구 둘레의 허블 궤도를 400번 돌면서 백만 초 노출의 사진을 찍었다. 이렇게 먼 우주를 탐구해서, 빅뱅 직후 우주의 "암흑시대"로부터 첫 은하계가 출현했음을 알게 되었다. 지구에 설치된 망원경으로는 우주에 빈 곳이 많아 보였지만, 허블망원경으로 긴 노출을 주어 관찰하자 보름달의 십분의 일쯤 되는 좁은 하늘에서도 거의 만 개의 은하계를 관찰할 수 있었다.

과학 기술의 이런 놀라운 발전을 통해 인간의 마음에 물리적 우주라는 외부세계를 탐구할 수 있는 능력이 있음을 알게 되었다. 하지만 마음이라는 내면세계를 탐구하기 위해서는 삼매라는 망원경을 만들고 정교하게 해야만 한다. 잘 벼려진 안정되고 집중된 주의에 대한 논의는 인도에서 가장 먼저 생기고 발달한 것으로 보이는데, 사실 그것은 인도의 명상 전통에만 있는 것은 아니다.

초기 그리스도교 관상가들은 마음을 안정시키고 주의를 집중하는 것이 필요하다는 것을 확실히 알았고, 어느 정도 발전을 이루었다. 예를 들어 성 어거스틴 St. Augustine(354-430)은 초점 주의 focused attention에 대한 경험이 "잠과 죽음의 중간 상태이다. 영혼이 죽음에서보다는 덜하지만, 잠든 것보다는 더 감각에서 물러나서 완전히 몰입되어 있다."고 말했다. 그는 인식을 인식 자체로 되돌릴 때 생기는 명상 상태에 대해 "그것은 성경에 '내가 너를 모태에서 짓기도 전에 너를 선택하고'(예레미야 1:5)라고 쓰인 것처럼, 예언자들이 우리가 영원으로부터 하느님에 의해 선택되고 태어나기 전의 우리 자신이라고 부르는 것이다."라고 썼다.

어거스틴은 플라톤의 저작에서 큰 영향을 받아, 영혼은 하느님의 마음의 "변함없는 빛"과 일시적으로 결합해서는 진정한 행복을 얻을 수 없음을 확신했다. 영혼은 어떻게든 위로 올라가서 완전히 변화되어야만 했다. 앞서 말했듯이 오랫동안 영적 수행을 한 어거스틴은 그의 생이 끝날 때, 관상은 이번 생에서 시작되지만 죽음을 통해서만 완전해질 수 있다고 생각하게 되었다. 일부 그리스도교 관상가들도 그것을 궁극적인 종교적 체험이라고 본다.

바로 이것이 명상 수행의 잠재력에 대해서 그리스도교와 불교의 관점이 근본적으로 다른 점이다. 불자들은 이번 생에서 가장 깊은 깨달음을 성취할 수 있고, 그 결과 영원한 마음의 정화와 자유를 얻을 수 있다고 주장해 왔기 때문이다. 마음은 죽음을 통해서만 완전히 자유롭게 될 수 있다는 믿음은 인도의 명상 전통에는 낯선 것이다. 인도에서는 삼매가 서양보다 몇 세기 먼저 시작되었고, 훨씬 높은 수준의 섬세함과 안정 상태까지 발달했다. 인도의 명상가들은 붓다 시대보다 오래전부터 몇 시간에서 며칠 동안 가장 깊은 삼매를 유지할 수 있었다고 한다.

어느 날 누군가 붓다에게, 그의 가르침은 이전의 명상가들의 가르침과 어떻게 다른지 물었다. 붓다는 이전 사람들은 삼매 수행을 완전히 이해하지 못했다고 말했다. 아마도 이것이 붓다가 "선정禪定(*dhyana*)을 깨달았다"고 주장했을 때 말하고자 한 것이다. 다시 말해 붓다는 깊은 삼매를 처음으로 성취한 것이 아니라, 삼매 체험의 이로움과 한계를 처음으로 완전히 이해했다는 것이다.

붓다의 가르침에 의하면 진정한 삼매는 마음의 능력을 모두 모아서 하나의 대상에 기울이는 고도로 집중된 의식 상태이다. 산스크리트어 명사 *samadhi*(사마디)는 불을 붙이기 위해 나무를 모으는 것처럼 '합하다' 또는 '모으다'라는 뜻의 동사와 관련이 있다. 그러므로 삼매는 문자 그대로 자신을 '모으다'라는 뜻이며, 마음의 평정 또는 통합을 이룬다는 의미이다. 붓다는 이렇게 마음을 수습하는 것이 중요하다고 거듭 강조했다. 그러면 우리는 생각하기를 원하는 것만 생각하고, 마음에 의해 휘둘리지 않을 수 있다. 우리는 그런 식으로 발정기의 코끼리를 길들이는 것처럼 종잡을 수 없는 마음을 가라앉히는 법을 배운다.

불자들은 단계마다 더 정화되어 가는 네 단계의 선정四禪定을 말한다. 많은 상좌부 불자들은 가장 기초적인 첫째 선정(초선)初禪이 모든 번뇌로부터 마음을 완전히 해방시키는 최고의 통찰명상(위빠사나)*vipashyana*에 이르기 위한 삼매의 기반이 되기에 충분하다고 믿는다. 5세기 상좌부 불교의 주석가 붓다고사에 의하면, 초선을 성취하면 "마치 건강한 사람이 자리에서 일어나면 하루 종일 서 있을 수 있는 것처럼, 하루 밤낮 동안" 삼매를 지속할 수 있다. 삼매에 들면 마음이 그렇게 몰입되고 감각이 완전히 물러나 있지만, 원할 때는 여러 생각이나 논리적 추론을 할 수 있다. 하지만 이제 마음은 원치 않는 생각을 강박적으로 계속 일으키지 않으며, 우리는 더 이상 생각과 자신을 동일시하거나 산만해지지 않는다.

깨달음을 얻은 붓다는 유사한 어려움을 겪고 있는 승려들에게 설법할 때, 자신이 초선을 성취하기 위해서 어렵게 수행한 것을 말했다. 가장 뛰어난 제자인 목갈라나조차 초선의 삼매를 이루기 위해 붓다의 도움이 필요했다. 초선을 성취해서 얻는 가장 중요한 효과는 감각적 갈망, 악의, 방심과 둔함, 들뜸과 불안, 의심의 다섯 장애五蓋에서 벗어나는 것이다. 하지만 초선에서는 명상하는 동안만 일시적으로 다섯 장애를 정화할 수 있고, 그것을 완전히 정화하려면 이어서 통찰명상을 이루어야만 한다.

그렇지만 초선을 성취하면 명상하지 않을 때도 다섯 장애가 마음을 어지럽히는 일이 훨씬 적어진다. 명상하지 않을 때도 마음은 여전히 고요하고, 유연하고, 잘 작용하고, 사물을 실제 있는 그대로 바라볼 수 있도록 안정된 상태를 유지하기 때문이다. 그런 마음으로 사물을 바라보는 관점은 표면적인 지적 인식을 넘어서 더 깊은 마음에 영향을 주어 통찰을 낳고 내면의 변화를 일으킬 수 있다.

붓다는 지고의 영적 자유를 얻기 위해서는 마음에서 다섯 장애를 제거해야만 한다고 말했다. 열반을 성취하기 위해서 얼마나 깊은 삼매가 필요한지에 대해서는 학자들의 의견이 분분하다. 하지만 팔리어 경전에 기록된 붓다의 가르침에 의하면 깨달음을 얻기 위해서는 초선이 필요하다. 그런데 붓다는 초선을 완전히 성취하는 것과 초선을 향한 '근접삼매'를 엄격하게 구분하지 않았다. 하지만 후대의 상좌부 불교와 대승불교의 명상가들은 그것을 구별했고, 많은 대승불자들은 초선보다 약간 덜 안정된 수준의 근접삼매도 충분하다고 생각했다.

초선에의 근접 곧 사마타*shamatha*(명상적 정지)를 성취하는 것만으로도 네 시간 정도는 별 어려움 없이 흠 없는 삼매를 유지할 수 있고, 미세한 방심이나 들뜸 없이 수월하게 명상적 균형을 지속할 수 있다. 마음의 균형은 이 단계에서 아직 영구적이지 않지만, 명상적 생활양식을 따르고 규칙적인 수행을 통해 주의를 예리하게 함으로써 유지할 수 있다.

우리가 이번 생에서 모든 욕정과 번뇌를 완벽히 정화하고, 실재의 궁극적 본성을 직접 지각하고, 통찰명상의 완성에 이를 수 있는 가능성에 대해 불교 명상가들과 그리스도교 관상가들의 의견은 다르다. 거의 모든 불자들은 실제로 매우 드물기는 해도 원칙적으로 그런 이상을 이번 생에 실현할 수 있다고 주장하는 반면, 대다수 그리스도인들은 그 목표는 오직 우리가 죽은 다음에만 이루어질 수 있다고 믿는다. 그리스도교와 불교의 명상가들에게는 하느님과 열반의 본질뿐 아니라 마음의 본성과 마음의 불순함의 정도에 대한 관점에서 중요한 차이가 많다.

그런데 이것은 하나의 의문을 제기한다. 어쩌면 그 차이들 중 일부는 불교 명상가와 그리스도교 관상가들이 삼매를 성취한 정도가 다르기 때문이 아닐까? 만약 그리스도교 관상가들이, 불자들이 성취했다고 주장하는 수준까지 선정을 성취했다면, 이번 생에서 명상 수행으로 이룰 수 있는 인간의 잠재력에 대한 그들의 관점이 달라지지 않았을까? 배율이 매우 높은 망원경이 있어야 다른 은하계의 별들을 탐구할 수 있는 것처럼, 이것은 더 깊은 삼매를 개발해야만 답할 수 있는 물음이다. 그래야만 의식의 공간을 더 깊이 숨겨진 차원까지 완전히 탐구할 수 있을 것이다.

11

수행

지켜보는 자의 본성을 살펴보기

　앉거나 눕거나 몸을 자연스러운 상태로 하세요. 그 후 마음챙김으로 몸 전체의 촉감에 주의를 기울이고 호흡을 자연스러운 리듬에 머물게 하세요. 깊이 잠든 것처럼 편안하게 호흡하세요.

　눈은 약간 뜨고 시선은 뭔가를 보려하지 말고 앞의 빈 공간에 편히 두세요. 들숨 동안 인식 자체를 자각하면서 인식의 본질을 밝히세요. 날숨 동안 인식을 풀어 주고 모든 생각과 마음의 대상을 놓아 버리세요. 숨을 들이쉴 때 인식을 인식 자체로 되돌리기 때문에 진정한 주체가 누구인지 찾을 수 없고, 숨을 내쉴 때 인식을 풀어 주면서 마음에 있는 것을 모두 놓아 버리므로 붙잡을 대상이 없습니다.

　들숨 때마다 인식을 마음의 내용의 근원으로 끌어들여서 강박적 생각과 형상의 흐름을 중단시키세요. 그리고 날숨 때마다 마음의 내용을 모두 놓아 주어서 제멋대로 일어나는 생각, 감정, 욕구와 동일시하는 강박적 습성을 중단시키세요. 들숨과 날숨 내내 인식에 대한 자각을 부드럽게 지속하세요.

마음이 고요해짐에 따라 호흡이 점점 더 미세해지면, 호흡에 대한 인식을 거두어 지속적으로 인식 자체를 자각하세요. 명상하는 대상 없이, 다른 것과 섞거나 수정하지 말고, 확고히 인식을 인식 자체의 자연스러운 상태와 선명함에 있는 그대로 머물게 하세요. 이 빛나는 상태 그대로 있으면서 마음이 얽매이지 않고 자유롭게 머물게 하세요.

그 후 때때로 "집중하고 있는 이 의식은 무엇인가?"를 물으세요. 계속 주의를 내면에 집중하고, 다시 그 물음을 떠올리세요. 번갈아 그렇게 하세요. 이렇게 하는 것은 방심과 무기력을 떨치는 효과적인 방법입니다. 주변의 소음이나 다른 감각에 의해 산만하게 될 때마다 그런 식으로 흐트러진 마음을 현재로 되돌리세요.

이 수행을 25분간 하세요. 명상을 마친 후에도 계속해서 모든 현상을 있는 그대로 인식합니다. 외부의 아무것도 대상화하시 말고, 내면의 아무것도 '주관화'하지 마세요. '외부의' 절대적 대상도 '내면의' 절대적 주체도 없이, 모든 것을 인식에 비친 현상으로서 바라보세요.

물 위에 비친 모습이 물과 상관없이 존재하는 게 아닌 것처럼, 감각에 비친 모습은 마음과 상관없이 존재하는 게 아닙니다. 또한 생각과 심상은 지각에 비친 모습일 뿐이므로, 생각과 심상은 마음과 상관없이 외부에 이미 있는 것을 "다시 나타내는" 게 아닙니다. 생각과 심상도 단지 마음의 내용일 뿐 입니다.

괴로움을 느낄 때는 항상 괴로움의 진정한 원인이 외부에 있는 게 아님을 알아야 합니다. 또 순수한 빛나는 의식의 본성에 있는 것도 아닙니다. 괴로움의 근본 원인은 망상입니다. 망상이란 주체와 대상을 물상화物象化하고, 주체와 대상이 실재이기에 자체 본성에 의해 존재한다고 여기며 집착하는 것입니다.

행동할 때는 항상 확고한 마음챙김을 유지하면서, 주체와 대상이 고유한 존재라는 생각에 집착하지 말고, 될수록 지속적으로 빛나는 인식 상태에 머무세요. 늘 현실과의 연관을 유지하고, 마음챙김을 통해 외부와 마음에서 일어나는 사건들과 함께 하세요. 그래서 습관적 생각과 강박적 집착에 빠지지 않도록 합니다. 꿈꾸고 있을 때 꿈꾸고 있음을 아는 자각몽을 꿈꾸는 것처럼 생활하세요. 그리고 실재를 보는 관점을 변화시켜서 그것을 다르게 경험하기를 실험하세요. 그것이 우리가 자유로워지는 길입니다.

12

―― 이론 ――

의식의 기저 상태

생성의 근거

팔리어로 기록된 초기 불교 경전을 살펴보면, 붓다는 인식을 인식의 본성에 집중함으로써 마침내 '마음의 표식'을 이해할 수 있다고 말했다. '표식'이란 다른 것과 구별할 수 있도록 어떤 것을 알아보거나 기억할 수 있는 특성을 말한다. 마음의 본성 곧 의식의 표식은 순수한 빛남과 인지이다. 의식의 정의적 세부 특징을 알기 위해서는 단지 의식의 신경적·행동적 상관물뿐 아니라 의식 자체를 다른 자연 현상처럼 다루면서 명료하고 지속적으로 직접 관찰해야만 한다.

역사적으로 과학적 탐구는 객관적 관찰에 근거했지만, 의식은 객관적·공개적으로 관찰할 수 없고 오직 주관적 경험을 통해서만 관찰할 수 있다. 그러므로 한 현대 철학자가 지적하듯이, 우리는 의식을 의식 자체의 방식으로 진지하게 다뤄야 한다. 이를 위해서 지금까지 과학의 역사는 잊어버리고, 새롭게 전개되는 과학에 익숙해져야 할 것이다.

그 새로운 과학은 불교에서 2500년 동안 발달한 의식의 본질에 대한 경험적 탐구에 상당히 의지해야 할 것이다. 10장에서 언급했듯이 초선 이전의 '근접삼매'를 성취하면 감각은 활동을 정지하고, 생각과 심상은 가라앉고, 인식은 본래 순수하고 방해 받지 않는 빛나는 상태인 바왕가 *bhavanga*, 有分 즉 '생성의 근거'에 머물게 된다. 이런 의식의 상대적 기저 상태를 알게 되면 마음의 표식, 즉 마음을 알아볼 수 있는 근본적 특성을 알게 된다. 의식의 상대적 기저 상태는 주로 깊은 잠을 자는 동안 발생하므로 일상적으로는 접근할 수 없다. 그러므로 바왕가의 힘을 드러내려면 마음의 빛나는 잠재력이 완전히 발휘되도록 명상 수행을 통해 마음을 완전히 "깨어나게" 해야 한다.

바왕가는 인식이 감각에서 물러나고 생각과 심상 같은 마음의 활동이 가라앉았을 때 나타난다. 그것은 꿈 없는 잠이나 삶의 마지막 순간에 저절로 생긴다. 일부 초기 불자들은 나무뿌리로부터 가지와 잎과 열매가 자라나듯이, 바왕가에서 모든 감각적 의식과 심적 활동이 발생한다고 생각했다.

의식의 특성

대승불자들에 의하면 의식의 두 가지 근본 성질은 빛남과 인지이다. 빛남과 인지가 무엇을 의미하는지 알기 위해 간단한 실험을 해 보자. 우리가 몸과 주위의 물리적 환경을 전혀 느낄 수 없게 감각을 차단하는 탱크 속에 들어가 있다고 상상한다. 그리고 감각뿐 아니라 모든 생각이나 심상 등 마음의 활동이 모두 정지한다고 상상해 보자. 그 깊은 비활동의 상태에서도 빛나는 마음의 성질에 의해 일종의 공허가 인식에 나타난다. 또 인식하고 있음을 즉시 자각하게 되는데, 이것도 마음의 빛남이 표현된 것이다. 이와 같이 의식은 인식함이라는 자신의 존재와 공허를 '밝혀 줄' 뿐만 아니라, 또한 마음의 공간이 비어 있음과 마음의 공간에 대한 인식이 있음을 안다. 그 앎은 의식을 인지하는 것이며, 의식의 둘째 정의적 세부특징이다.

의식만이 빛남과 인지라는 고유특성을 가지고 있다. 의식이 없다면 색, 소리, 냄새, 맛, 촉각, 꿈과 같은 심상 등 어떤 현상도 없다. 그리고 의식이 없다면 아무것도 알 수 없다. 감각이 멈추고 마음의 활동이 그쳤을 때도 남아 있는 것은 심적 인식 혹은 내적 성찰이다.

하지만 내적 성찰이라는 용어는 매우 다른 두 가지 의미로 사용되고 있다. 하나는 자신의 생각, 감정, 다른 심적 상태와 심적 과정을 생각하기이고, 다른 하나는 마음의 내용과 인식 지체를 자각하기이다. 불행히도 종종 두 의미가 섞여서 혼동을 일으키기 쉽다.

기저의식

앞 장에서 설명한 수행을 하면 이전에 의식하지 못했던 온갖 기억, 환상, 감정을 자각할 수 있다. 대개 우리는 심적 상태를 경험할 때 습관화된 마음으로 상당히 수정해서 받아들이기 때문에, 많은 사람들이 '정상적'

이라고 여기는 생각과 감정을 경험하는 경향이 있다. 하지만 이 수행에서는, 마치 깊은 우주를 조사하는 우주탐사선처럼, 의식의 빛이 지금까지 드러나지 않았고 개인적 정체성에 완전히 낯선 심적 과정을 밝혀 준다.

명상을 통해 깊은 마음의 공간을 수천 시간 동안 지켜봄으로써 의식의 표면으로 드러내면, 평소에는 숨겨져 있던 상당한 혼돈 상태인 인간 심리의 질서와 구조가 막 출현하기 시작하는 차원으로 들어가게 된다. 그러면 잠재의식에 숨겨져 있던 층층으로 쌓인 심적 과정이 명백히 드러나고, 마침내 마음은 자연스러운 상태에 머물게 된다(그 상태로부터 의식적인 심적 사건과 잠재의식인 심적 사건이 생기는 것이다). 이것은 진정한 심층 심리학을 하는 것이며, 누적되어 구조화된 여러 관념의 층을 가로질러 잠재의식의 "핵심 예"를 볼 수 있다.

이 명상의 정점은 기저의식(아뢰야식) *alaya-vijñana* 을 경험하는 것이다. 기저의식의 세 가지 고유특성은 지복, 빛남, 비관념성이다. 지복은 감각 자극에 의해 생기지 않는데, 왜냐하면 명상할 때 감각은 마치 깊이 잠든 것처럼 물러나 있기 때문이다. 또 지복은 즐거운 생각이나 심상에 의해 생기지도 않는데, 왜냐하면 명상할 때는 그런 심적 활동이 중단되어 있기 때문이다. 그보다 지복은 의식적·무의식적 심적 활동에 의해 방해 받지 않고, 마음이 자연스러운 상태에 머물 때의 본성인 것 같다. 의식의 두 정의적 특성 중 하나이기도 한 빛남은 모든 현상을 마음에 비춘다. 기저의식의 비관념성은 깊은 고요로 경험된다. 하지만 기저의식은 부지불식간에 관념에 의해 이루어지므로, 비관념성은 생각이 전혀 없는 것은 아니다. 그런 균형 잡힌 주의를 성취했다면 사마타를 성취한 것이고, 네 시간 정도는 그대로 머물 수 있다. 이때 감각은 완전히 물러나고 알아차림은 매우 안정되고 초롱초롱하다.

19세기 티베트 명상가 뒤좀 링빠는 그 과정을 이렇게 말했다. "공허와 명료함을 경험한 사람이 주의를 내면으로 향하면 외부의 모든 현상이 멈추어 현상도 생각도 없다고 믿는 상태에 이르게 된다. 거기서 감히 떠나려고 하지 못하는 그 빛의 경험이 기저의식이다." 티베트 명상가들은 기저의식의 경험을 통해 인간 심리의 발생과 진화에 대한 통찰을 얻을 수 있다고 생각한다.

현대 생물학에 비유하면 기저의식은 '줄기의식'이라고 할 수 있다. 마치 줄기세포가 뇌나 간에서 특정한 생화학적 환경에 따라 뇌세포나 간세포로 분화하는 것처럼, 기저의식은 생물 종種에 따라 분화된다. 기저의식은 가장 초기 인간 배아의 의식 상태이고, 다양한 생리적 영향과 출생 후의 문화적 영향을 받아 형성되면서 점차 인간 심리의 특성을 가지게 된다.

그런데 기저의식은 모든 의식 있는 존재들이 가진 의식의 기저 상태이기 때문에 인간에게만 있는 것은 아니다. 기저의식은 인간의 관념에 의해 만들어진 마음과 물질의 이원성보다 먼저 존재하며 더 근본적이다. 대상에 대한 경험과 마음은 빛나는 공간인 기저의식에서 생기는데, 그것은 아직 주체와 대상을 구별하는 인식이 분화되어 있지 않다.

그러므로 기저의식의 가설은 데카르트의 이원론과 우주는 물질로만 이루어져 있다는 믿음을 모두 거부한다. 또한 우리가 가진 이념이나 이론적 전제에 상관없이 기저의식을 경험해 볼 수 있다.

명상가는 앞에 설명한 수행을 통해 기저의식을 탐구할 수 있다. 그 수행에서는 여러 생각이 멈추고, 우리 자신과 남들, 우리의 몸, 주변 환경 등 모든 현상이 사라진다. 그리고 우리가 잠들거나 죽을 때처럼 마음은 내면으로 물러가고 감각은 정지된다. 이때 남아 있는 것이 빛나고 명료하고 공한 기저의식이고, 우리가 감각과 생각으로 경험하는 모든 명료한 현상의 근거이며 그것이 나타나는 곳이 바로 기저의식이다.

불교는 일반적으로 영혼의 존재를 부인하지만, 기저의식에 대한 이런 설명은 마치 불교가 영혼의 개념을 다시 받아들이는 것처럼 보인다. 그런데 실제로 불교가 영혼을 긍정하는지 아닌지는 영혼을 어떻게 정의하느냐에 달려 있다. 초기 불교는 변치 않고 단일하며 독립적인 자아 혹은 영혼을 부정했다. 티베트불교의 대원만 전통에서 설명하는 기저의식은 의식이 생기고 사라지는 순간들의 흐름으로 이루어져 있으므로, 변치 않는 단일한 것이 아니다. 게다가 기저의식의 연속체 안에 있는 과거의 인식을 비롯한 여러 영향에 의해 제약되므로, 기저의식은 독립적이지도 않다.

기저의식은 미세한 인식의 연속체로서, 배아가 형성되는 동안 인간의 마음이 발생하는 곳이며, 죽을 때 마음이 사라지는 곳이다. 그리고 꿈꾸지 않는 잠을 잘 때마다 마음은 기저의식으로 사라진다. 하지만 마음은 거듭 다시 깨어나서 꿈꾸기를 계속하고, 매번 꿈들은 다시 기저의식으로 사라진다. 그리고 우리가 잠에서 깨면 일상적인 마음이 다시 나타난다.

처음으로 지극히 행복하고 빛나며 관념이 멈춘 기저의식을 경험하면, 그것이 열반 혹은 의식의 궁극적 본성이라고 생각하기 쉽다. 하지만 티베트 명상가들은 수세기 동안 기저의식이 단순히 인식의 상대적 근거 상태이며, 기저의식을 경험하는 것이 마음을 영원히 해방하지는 못한다고 주장했다. 예를 들어 빤첸 로상 최끼 갤첸은 기저의식을 경험하면 마음의 현상적 본성을 인식할 수 있게 된다고 말한다. 마찬가지로 뒤좀 링빠는 기저의식을 경험하면 마음의 상대적 본성에 대한 통찰을 얻을 수 있지만,

기저의식을 "명료한 밝은 인식"이나 다른 깊은 깨달음과 혼동하면 안 된다고 말한다. 만약 기저의식에 매달려 명상 수행에서 더 이상 진전을 이루지 않는다면, 깨달음으로 한 걸음도 더 나아갈 수 없을 것이다.

당연히 현대 과학자들은 아직 기저의식을 재현하지 못했다. 뇌와 행동을 물질적으로 연구하는 방법만으로 마음을 조사하는 한, 그 결과로 얻어지는 마음에 대한 이해도 필연적으로 물질적일 수밖에 없다. 게다가 내면을 향한 삼매를 성취해야만 알 수 있는 더 깊은 의식은 여전히 알려져 있지 않고, 탐구되지도 않는다. 유물론적인 과학자에게 기저의식은 형이상학적인 존재이기 때문이다. 반면에 숙달된 명상가에게 기저의식은, 고배율의 망원경처럼 잘 벼려지고 안정되고 활기찬 주의를 기울여 마음의 공간을 지켜볼 때 발견할 수 있는 경험적 사실이다.

기저

마음이 자연스러운 상태에 머물러 있을 때 인식할 수 있는 빈 공간을 기저substrate(알라야alaya)라고 한다. 기저는 설명하기 어려운데, 왜냐하면 기저에는 상대적으로 '나'와 '남'이라는 생각이 없으므로 주체와 대상을 뚜렷이 구분하는 경험이 없기 때문이다. 이제 우리는 대상으로서 나타난 기저에 대한 "주관적" 인식을 가지게 되었다. 즉, 기저는 마음에 있는 것들이 그 속에 잠시 가라앉는 진공이다. 이때 마음은 제멋대로 떠다니던 마음의 활동이라는 알갱이들이 가만히 가라앉아 있는 스노우 글로브와 유사하다.

기저에는 대승불교에서 지바jiva, 즉 생명력이라고 하는 창조적 에너지 장이 스며 있다. 기억, 심적 특성, 행동 유형은 물론 한 생에서 다음 생으로 옮겨지는 몸의 모반이 실제 저장된다고 여겨지는 곳은 뇌가 아니라 생명력의 에너지 연속체이다. 그리고 모든 감각 현상과 심적 현상이 생기고 꿈속의 풍경 같은 다른 현실이 발생하는 곳이 기저이다.

꿈 없는 잠에 기저가 나타나면, 대개 우리는 그것을 관찰할 수 없고 오직 깨어 있을 때의 경험에 근거해서 추측할 수 있을 뿐이다. 하지만 오랫동안 지속적으로 마음과 몸을 이완하는 수련을 하고, 생생하고 안정된 주의를 집중하면, 마음속에서 기저를 직접 생생하게 확인할 수 있고, 마음과 몸의 영향에 따라 기저로부터 다양한 심적 현상과 감각적 현상이 생기는 것을 볼 수 있다고 한다.

명상 수행을 하지 않은 사람은 죽어서 마음이 기저로 사라지면 잠깐 동안의 망각을 경험한다. 반면에 삼매를 통해 기저를 경험한 사람은 죽을 때 의식적으로 생생하게 기저를 인식할 수 있으므로 명료한 의식으로 죽을 수 있다. 뒤좀 링빠는 이 점에 대해 "진정한 기저는 비물질적이고, 생각이 없고, 허공과 같은 공이며, 현상이 머무는 비어 있음이다. 꿈 없는 깊은 잠을 잘 때, 기절했을 때, 죽었을 때 우리는 기저 상태가 된다."고 말했다.

지속적이고 매우 집중된 주의로 기저를 살펴보면 마음의 관찰자와 마음의 내용에 관련된 공간-시간의 상대성을 발견하게 된다. 우리는 생각들 사이의 '공간'을 살펴보는 것부터 시작하는데, 그 특성은 시간의 지나감이다. 다시 말해 심적 사건들 사이의 시간은 그 사이의 공간과 분리할 수 없다. 그 후 마음의 내용이 흐름에 따라 이 주관적 공간-시간이 변하는지 아닌지를 경험에 의해 알 수 있다. 생각이 생기면 공간-시간의 연속체는 줄어드는가, 넓어지는가, 아니면 그대로 있는가? 예를 들어 마음의 공간이 생각 속으로 무너지고 시간이 더 느리게 흐르는 것처럼 보이는가? 감정 없는 생각보다는 강렬한 감정을 동반하는 생각이 마음의 공간-시간에 더 영향을 미치는가? 긍정적 생각과 감정이 마음의 공간-시간에 미치는 영향은 부정적 생각과 감정의 영향과는 다른가? 다르다면 어떻게 다른가?

마음의 공간에 주의를 기울이면 진공으로부터 생기는 입자의 흐름처럼 생각과 심상이 생기는 걸 알 수 있다. 긍정적 감정, 부정적 감정, 긍정적이지도 부정적이지도 않은 감정의 장場이 마음의 공간에 만연해 있고, 순간마다 요동치며, 종종 생각과 감정을 담은 욕구의 물결이 휩쓸고 지나간다. 이때 수행의 핵심은 자각을 유지하면서 이 공간-시간의 연속체와 더불어 모든 심적 사건들이 생기고 사라지는 것을 지켜보는 것이다.

달라이 라마는 공간-시간의 상대성에 대해 이렇게 말한다.

> 여러 명상 수행을 통해 마음의 힘이 생기면, 통찰명상이 성숙함에 따라 어떤 실재의 영역이 생깁니다. 높은 경지의 명상가들이 어떻게 영겁의 세월을 한 순간에 경험할 수 있는지, 그리고 어떻게 한 순간을 영겁의 세월로 느낄 수 있는지에 관한 예를 불교 문헌에서 찾아보세요. 명상가가 영겁으로 경험한 것이 제3자의 관점에서는 단 한 순간으로 보입니다. 그 현상은 그 명상가에게 유일한 주관적인 것이기 때문입니다.

의식의 보존

기저와 기저의식이 통합된 영역은 물리적 공간이나 인간의 심리가 아닙니다. 그런데 객관적 현상과 주관적 현상에 대한 모든 경험은 그 영역으로부터 생기고, 그것은 마음과 물질의 이원적 세계보다 더 근본적 차원에 있는 보다 미세한 존재 영역으로 가는 입구가 되어 준다. 이런 실재의 비물질적 영역을 탐구한 명상가들은 모든 경험을 할 때 나타나는 의식 보존의 원리를 발견했다. 다시 말해서 우리의 마음은 뇌나 몸의 다른 부분이 변해서 생긴 게 아니다. 또 마음은 몸에서 생기지도 않고, 무無에서 생기지도 않는다.

모든 객관적 마음 현상(생각, 심상 등: 역자 주)은 기저로부터 생기고, 모든 주관적 심적 상태와 과정(감정이나 욕구: 역자 주)은 기저의식으로부터 생긴다. 모든 심적 사건은 뇌와 주변 환경에 의해 영향을 받고, 이어서 심적 사건이 뇌와 몸과 물리적 환경에 영향을 준다. 하지만 심적 사건이 물리 현상으로 변하는 건 아니다. 따라서 이 관점에서 보면 현대 과학자들과 철학자들은 오직 뇌에 의해 의식 상태가 발생한다는 무조건적인 잘못된 전제에 근거해서 뇌가 주관적인 마음 경험을 발생시킨다고 추측하는 것이다. 신경 활동과 심적 사건은 결코 동일한 것이 아니기 때문에, 신경적 과정과 심적 사건이 같다는 생각은 도저히 이해할 수 없다.

이 불교의 관점은 피타고라스, 소크라테스, 오리게네스, 성 어거스틴, 윌리엄 제임스의 가설들과 일치하고, 마음과 뇌의 상호작용에 대해 현재 알려져 있는 모든 것들과 양립할 수 있다. 유물론적 세계관과 명상적 세계관의 대립에 대해, 불교는 1인칭 경험에 의해 이 관점을 시험할 수 있는 실제적인 길을 제시한다. 그것은 주의를 버리고 마음을 자연스러운 상태에 머물게 하기에 의해서, 특히 인식을 인식 자체로 되돌리는 삼매 수행에서 경험하는 것이다.

윌리엄 제임스는 뇌 과정과 주관적 경험의 상관관계를 설명하기 위한 세 가지 모델을 제안했다. 1) 전기회로가 전구의 빛을 발생시키는 것처럼 뇌가 생각을 발생시킨다. 2) 활시위를 잡고 있던 손을 놓아 화살이 발사되는 것처럼 뇌가 심적 사건을 풀어 주거나 허용한다. 3) 프리즘이 빛을 통과시켜서 다양한 색깔을 만들듯이, 뇌가 프리즘처럼 생각을 통과시킨다. 이 중에서 제임스가 지지하는 셋째 모델에 따르면, 뇌와 다른 유형의 현상인 의식의 흐름은 뇌와 상호작용하고, 이 상호작용을 이루는 정체성, 인격, 기억을 받아들이고 간직하며, 뇌가 없어도 지속될 수 있다.

마음과 뇌의 상호작용에 대한 현대의 과학 지식은 제임스가 제안한 세 가설과 모두 양립할 수 있다. 하지만 신경과학자들은 실험을 통해 연구할 방법이 없기 때문에, 유물론적 전제와 일치하는 첫째 가설이 옳다고 단순히 추측할 뿐 전혀 의심하지 않는다. 하지만 불교 명상가들은 유물론이라는 이념에 제약 받지 않았고, 그래서 그들이 가장 엄격하고 경험적인 방식으로 의식을 면밀하게 살펴보아서 발견한 것은 현대 과학의 근본적 전제에 도전한다.

13

―― 수행 ――

인식을 풀어 주기와 집중하기를 번갈아 하기

편안함, 고요, 깨어 있음이 가득한 자연스러운 상태에 몸을 머물게 하세요. 그리고 마음챙김으로 온몸의 감각을 주의 깊게 느끼면서, 깊이 잠든 것처럼 편안한 호흡이 자연스러운 리듬에 머물게 하세요.

눈은 조금 뜨고 시선은 바라보는 대상 없이 앞 공간에 편히 두세요. 그리고 내면의 지켜보는 자인 자신에게 주의를 기울이기와 외부의 어떤 대상에도 주의를 기울이지 않은 채 인식을 밖으로 풀어 주기를 번갈아 하세요.

주기적으로 주의를 풀어 주었다가 집중하는 식으로, 인식을 풀어 주기와 내면으로 향하여 마음을 다스리는 것에 집중하기를 번갈아 하세요. 그리고 "마음을 풀어 주고 집중하는 것은 누구인가?"라고 물으세요. 머뭇

거리지 말고 인식을 확고히 집중하기와 부드럽게 풀어 주기를 계속하면서, 인식을 개방 상태에 차분히 머물게 하세요.

14

이론

시작도 끝도 없는 의식

죽음과 그 너머

    현대 세계에서는 사람이 죽은 후 의식이 어떻게 되느냐는 것은 대개 종교적 신앙이나 형이상학적 믿음에 관련된 문제로 여겨진다. 한편 유물론자들은 개인의 존재와 의식은 죽음에 의해 완전히 사라지는 게 분명하다고 생각한다. 하지만 유물론적 관점을 가지고 있는 과학자들은 의식의 필요충분한 원인을 아직 알지 못하므로, 사람이 죽은 후 의식이 어떻게 되는지 알 수 없다. 그런데도 많은 과학자들은 몹시 완고한 종교 신자들처럼 확실한 증거가 부족한 생각을 고집한다. 하지만 그것은 의식의 본질을 직접 탐구하는 어떤 수단도 없이 의식에 대해 결론을 내린 것이다.

    소크라테스 시대에는 죽음 후 인간의 의식 혹은 영혼까지 모든 것이 없어진다는 믿음이 일반적이었다. 하지만 소크라테스는 피타고라스학파의 관상적 통찰에 의지해서, 사람이 죽을 때 어떤 일이 일어나는지는 철학을 연구한 사람들만 알 수 있다고 말했다. 소크라테스는 진정한 철학자는 감각적 갈망과 육체적 욕구를 피함으로써 "죽음을 수행한다"고 말했다. 그런 구도자가 죽으면 영혼은 "그 영혼처럼 눈에 보이지 않고 신성하고 불멸이며 지혜가 있는 곳으로 떠난다. 그리고 영혼이 그 곳에 도착하면 행복이 기다리고 있고 … 모든 … 인간의 악에서 해방된다."

반면에 그런 철학 수련을 하지 않은 사람이 죽으면 영혼은 유령처럼 떠돌게 된다. 그래서 결국 "영혼은 끊임없이 영혼을 뒤쫓는 육체를 갈망하기 때문에 한 번 더 몸에 갇히게 된다. 그리고 예상할 수 있듯이, 그 영혼은 살아있을 때 발달시킨 것과 똑같은 인격이나 본성에게로 끌린다."

인도의 초기 힌두교 명상가들은 피타고라스학파처럼 삼매의 능력을 통해 의식의 본질과 운명을 탐구했다. 그들은 사람이 죽으면 개인의 의식의 흐름이 몸을 떠나 생명 에너지 연속체와 결합된다고 말했다. 그 의식-에너지의 흐름은 결국 몇 번이고 반복해서 다시 다른 몸에 들어가게 된다.

살아있을 때나 죽은 후에도 언제나 의식의 미세한 흐름과 함께하는 생명력*jiva*이 존재한다는 주장은 초기 불교 문헌에도 나온다. 파야시 왕자라는 유물론자는 죄인을 가둔 항아리를 봉인하고 죽을 때까지 기다리는 섬뜩한 실험을 했다. 그 후 항아리를 열었을 때 죽은 죄인의 생명력이 항아리를 떠났다는 객관적 증거가 있는지를 조사했다. 아무런 증거를 찾지 못하자 그는 생명력 같은 건 없다고 결론지었다.

그러나 붓다의 제자 마하가섭이 그것을 반박했다. 꿈꾸는 사람에게서 나가고 들어오는 생명력을 객관적으로 측량할 수 없는 것처럼, 사람이 죽을 때 생명력이 나가는 객관적 증거를 찾으려는 것은 합리적이지 않다는 것이었다. 즉 마하가섭은 생명력이 없다는 가설이 아니라, 단지 생명력을 객관적으로 측정할 수 있다는 전제를 부인했다. 생명력은 의식과 마찬가지로 오직 주관적 경험으로만 감지할 수 있기 때문이다.

다른 팔리어 불교 경전에는 죽지 않는 '마음이 만든 몸'에 대한 이야기가 있다. 보통 몸과 같은 형태인 그것은 사람이 살아있을 때도 명상을 통해 '거친 몸'(육신의 몸)에서 끌어낼 수 있고, 다시 거친 몸으로 돌아가게 할 수도 있다. 생명력은 어느 정도 거친 몸에 의존하지만 마음이 만든 몸에 의해 육체의 몸을 떠날 수 있다. 마음이 만든 몸은 공간을 차지하지만 물질을 침해하지 않는다. 반면에 '거친 마음'은 태아가 형성될 때 발생하고 육신의 몸에 의존한다.

우리는 12장에서 죽음의 마지막 순간은 거친 마음이 생성의 근거인 기저의식으로 완전히 사라졌을 때 일어난다는 것을 말했다. 그런데 거친 마음이 사라지기 직전에 그 사람이 살아있을 때 했던 유익한 행위와 유익하지 못한 행위에 대한 기억이 떠오른다고 한다. 그 기억은 그가 어떤 환생을 맞게 될지를 가리킨다.

불교, 힌두교, 피타고라스학파 명상가들은 환생을 통해 의식을 이동하게 하는 힘은 갈망이라고 생각한다. 붓다는 마치 들불이 바람에 실려 멀리 번지는 것처럼 갈망의 흐름이 의식을 한 생에서 다음 생으로 몰아간다고 말했다. 이렇게 의식을 몰아가는 힘은 우리가 죽은 몸을 제쳐놓은 후 다시 새 몸을 얻을 때까지 계속된다. 그동안을 '생성'이라고 하므로, 생성의 근거란 한 생에서 다음 생으로 이어지는 미세한 의식의 연속체라고 할 수 있다. 이에 따라 각 개인의 심리, 즉 거친 마음은 육신의 몸이 형성될 때 함께 생기는 것이다.

초기 불교 문헌은 죽음 후부터 환생할 때까지의 중간기를 세 시기로 구분한다. 그것은 '떠돌고 머뭇거리기', '오고 가기' 그리고 그동안 존재들이 '존재하기를 추구하기'이다. 첫 단계는 다시 환생하고 싶은 욕구를 지닌 채 몸을 떠나는 것으로, 집을 떠나는 사람 혹은 뜨거운 쇠를 두드릴 때 튀어 나가는 쇳조각과 유사하다. 둘째 단계는 환생하려고 이리저리 배회하는 단계로, 길이나 집들을 오가는 사람 혹은 튀어 나가서 공중에 떠다니고 있는 쇳조각과 비슷하다. 셋째 단계는 새로운 환생으로 떨어지는 것으로, 광장에 자리 잡거나 집에 들어가는 사람 혹은 공중에 떠다니다가 땅바닥에 떨어져 박히는 뜨거운 쇳조각과 유사하다.

환생: 유대교와 그리스도교의 관점

환생에 대한 믿음은 대개 동양 종교와 관련이 있고, 주의를 가다듬고 내면으로 향하여 의식의 본질에 집중하는 정교한 수단을 개발해 온 동양 문화들에 특히 널리 퍼져 있다. 현대 서양인들은 깊은 의식을 탐구하는 그런 수단을 고안하지 못했지만, 오늘날 서양에서 상당히 많은 그리스도인들과 비그리스도인들이 환생을 믿고 있다. 1998년 해리슨 여론조사에 따르면 미국인의 23퍼센트가 환생을 믿고 있었고, 거기에는 그리스도인의 22퍼센트와 비그리스도인의 32퍼센트가 포함된다. 최근 영국에서 실시된 유사한 조사에서는 영국인의 30~35퍼센트가 환생을 믿고 있었다.

오늘날 대부분의 유대교 교회와 그리스도교 교회는 환생에 대한 믿음을 받아들이지 않지만, 성경이나 그 후의 신학 저술들에 환생에 대한 근거가 없는 것은 아니다. 예를 들어 1세기의 유대 역사가 플라비우스 요세푸스는 랍비 유대교를 설립한 유대 분파인 바리새인들이 환생을 믿었다고 말했다. 탈무드 랍비인 바리새인들은 토라에 대한 법률적 논의를 담당했고, 여러 가지 명상 수행을 했다. 그들은 사후에 악인의 영혼은 벌을 받지만 선인의 영혼은 다른 몸으로 환생하여 다른 삶을 살게 된다고 믿었다. 하지만 다른 유대 분파인 사두개인들은 죽으면 모든 것이 없어진다고 믿었으므로 환생을 받아들이지 않았다.

유대 의회의 의원 니고데모는 신약성경에 나오는 바리새인이다. 그는 큰 경외감을 가지고 예수에게 가서 그를 "하느님으로부터 온 선생님"이라고 불렀다. 예수가 말했다. "내가 진정으로 너에게 말한다. 누구든지 다시 나지 않으면 하느님 나라를 볼 수 없다." 그러자 니고데모는 "이미 늙은 사람이 어떻게 다시 태어날 수 있겠습니까? 어머니 뱃속에 다시 들어갔다가 태어날 수야 없지 않습니까?"라고 물었다. 이 대목을 보면, 바리새인들이 문자 그대로 환생을 믿었다고 요세푸스가 말했지만, 니고데모는 환생에 대해 회의적이었던 것 같다. 이어서 예수는 하느님나라에 들어가기 위해서는 영적으로 환생해야만 한다고 말했다. 하지만 예수는 정말 몸으로 다시 태어나는 가능성을 부인하지는 않았다.

오늘날 그리스도교 신학자들은 일반적으로 환생을 부정하지만, 신약성경에는 환생한 사람에 대한 이야기가 적어도 한 군데 있다(앞의 2장에 인용). 예수는 세례 요한에 대해 예언자 엘리야가 환생한 것이라고 분명히 말했다. 환생을 믿었던 가장 중요한 그리스도교 신학자는 오리게네스 Origen(185-254)이다. 개별 영혼의 창조보다 먼저 일어난 일에 대해 성경에 아무 설명이 없으므로, 오리게네스는 그 답을 구하기 위해 플라톤의 저술에 의지했다. 오리게네스는 시작을 알 수 없는 우주가 진화하는 동안 각 영혼은 시작도 없고 끝도 없다고 주장했다. 육체의 몸은 닳아버려서 먼지로 돌아가지만, 비물질적인 영혼은 부활하거나 환생하며, 전생의 승리에 의해 강해지거나 전생의 패배에 의해 약해진다. 궁극적으로 영혼은 예수 그리스도에게서 영감을 받아 이번 생에서 하느님의 지혜와 빛이 빛나게 함으로써, 몸의 짐을 벗어나서 다시 하느님과 완전히 화해하게 된다는 것이다.

오늘날 많은 그리스도교 신학자들은 하느님이 많은 사람들과 모든 비그리스도인을 지옥으로 보낸다고 믿지만, 이와 달리 오리게네스는 하느님의 사랑은 한없이 넓고 깊어서 마지막에는 심지어 사탄과 그 군대까지 포함한 모든 것들이 하느님에게로 돌아갈 것이라고 주장했다. 모든 사람은 하느님 자신의 "피를 나눈 형제들"이며, 하느님에게서 영원히 떨어져 있을 수 없기 때문이다. 떠난 사람도 결국 다시 돌아와야만 하고, 모든 것들이 하느님에게 굴복하게 되고, 하느님은 "만유의 주님이 되실" 것이다. 오리게네스는 영혼이 선재先在한다는 증거로 성경 구절을 인용했다. "하나님은 세상 창조 전에 그리스도 안에서 우리를 택하시고 사랑해 주셔서, 하나님 앞에서 거룩하고 흠이 없는 사람이 되게 하셨습니다."

하지만 325년 니케아 공의회에서 오리게네스의 가르침은 교회의 교리에서 배제되었고, 그에게 15개 항의 저주가 제청되었다. 사실 당시 니케아 공의회에서 환생에 대한 오리게네스의 가르침을 지지한 사람들은 투표에서 단 한 표 차이로 반대파에게 졌다.

오늘날까지 로마가톨릭과 개신교 신학의 중심에 있는 성 어거스틴 St.

Augustine(354-430)은 인간 영혼의 기원에 대한 네 가지 가설을 제안했다. 1) 사람의 영혼은 부모의 영혼에서 비롯된다. 2) 영혼은 난자가 수정될 때마다 다른 조건에서 새로 창조된다. 3) 영혼은 다른 데 있다가 하느님이 보내서 인간의 몸에 깃들게 된다. 4) 영혼은 스스로 선택해서 인간의 존재 수준으로 내려오게 된다. 그는 이 가설들이 모두 그리스도교 신앙과 양립할 수 있음을 알았고, 오직 올바른 논증에 기초해서 그것들 중 하나를 결정해야 한다고 말했다.

하지만 543년에 유스티니아누스 황제는 영혼의 기원이 무엇인지를 관상적 통찰과 합리적 분석에 기초해서 결정하지 않았다. 그는 오리게네스의 주요 신학 저작인 『제1원리』*On First Principles*를 반박하는 9개 항의 저주를 제청하는 교의적인 논문을 작성했고, 이어서 같은 해에 그리스도교 총대주교 메나스에게 명하여 콘스탄티노플의 모든 주교들을 소집해서 강제로 그의 결정에 동의하게 했다. 그 결과 553년 제2차 콘스탄티노플 공의회에서 오리게네스의 저술들은 공식적으로 규탄 받았으며, 그에게는 15개 항의 저주가 내려졌다. 그 중에 환생에 대한 믿음은 이단이라는 선언이 포함되었고, 그로 인해서 죽음 후에 무슨 일이 일어나는지에 대한 의문은 미해결인 채로 남게 되었다.

그래서 아직도 많은 그리스도인들은 죽음 후에 영혼이 즉시 천국이나 지옥으로 간다고 선언한 1274년 리용 공의회의 결론을 믿고 있다. 그리고 최후 심판의 날에는 모든 영혼이 몸과 함께 그리스도의 법정에서 그들이 한 일을 고백하게 될 것이다. 1439년 플로렌스 공의회는 그 관점을 재확인했고, 거의 같은 표현으로, 사람이 죽은 후 영혼은 천국이나 지옥으로 즉시 이동한다고 했다. 하지만 그와 달리 오늘날 많은 그리스도인들은 죽은 사람의 영혼이 깊이 잠든 것처럼 남아 있다가 최후 심판의 날이 오면 무덤에서 일어나 창조주를 만나게 된다고 믿는다. 확실히 이 주제에 대해서는 과거나 현재나 그리스도인들의 의견이 분분하다.

그리스도교 교회는 인간 영혼이 최초에 어떻게 시작되었는가라는 물음을 실증적 증거나 설득력 있는 추론에 의해 해결하지 않고 정치가들이나 공의회에 맡겨 놓았던 것으로 보인다. 성경은 영혼의 시작에 대해 아무것도 말하지 않지만, 6세기부터 주류 그리스도교 신학자들은 환생의 가능성조차 인정하지 않았다. 하지만 어거스틴은 성경에 환생에 대한 근거가 거의 또는 전혀 없기 때문에, 환생을 단지 종교적 믿음의 문제로 간주하기 보다는 열린 태도로 그것을 조사하려 했는지도 모른다.

히브리 문헌에서 환생에 대한 견해는 아난 틴 데이빗 Anan teen David의 저술(8세기)에서 처음으로 나타난다. 그는 영혼의 환생을 말하려고 *gilgul*이라는 용어를 사용했다. 유대교에서는 환생에 대한 믿음이 신비주의 전통인 카발라 Kabbalah와 밀접히 연관되어 있다. 가장 초기에 기록된 카발라 저술은 『창조의 서』*Sepher Yetzirah*이다. 그것은 예언자 아브라함(기원전 1700년경)이 쓴 후 동굴에 숨겨져 있다가, 1세기에 랍비 시몬 바르 요차이에 의해 발견되었다고 전해진다. 그는 이 가르침을 제자들에게 전해도 좋다는 신의 허락을 받았다고 한다. 그리고 14세기에 스페인의 카발라 신자인 모세 드 리옹 Moses De Leon이 천 년보다 더 오래전에 쓰인 그 두루마리 책을 발견했다고 주장하며 처음으로 『빛의 서』*Zohar*를 내놓았는데, 그 책은 카발라 철학에 큰 영향을 주었다.

유대교의 카발라 전통에서 복잡한 환생의 법칙을 설명한 최초의 문헌은 『환생의 관문』*Sha'ar Ha'Gilgulim*이다. 이는 카발라 대가인 랍비 이삭 루

리아의 저술에 근거하고 있으며 그의 제자인 랍비 카임 비탈이 편찬했다. 『빛의 서』*Sepher ha Zohar*는 실제로 초기 그리스도교 철학자 오리게네스가 말했던 것과 동일한 환생의 근거를 제시하고 있다.

이런 유대교 신비주의 고전에 의하면 영혼은 결국 그것이 생겨난 '절대'로 다시 돌아가야만 하는데, 그러기 위해서 자신에게 심어져 있는 완전의 씨앗을 개발해야만 한다. 하지만 영혼이 살아있는 동안 덕성을 완성하지 못하면 하느님과 다시 합일하는 데 필요한 모든 조건이 갖추어질 때까지 환생을 거듭해야만 한다. 그 믿음은 오늘날까지 유대교 하시디즘 전통에서 이어지고 있다.

환생: 불교의 관점

붓다의 깨달음의 경험에서 유래한 환생에 대한 믿음은 불교의 모든 학파들에 널리 퍼져 있다. 붓다는 인간의 마음이 발생하고 인간 배아가 형성되려면 세 가지 조건이 필요하다고 했다. 그것은 부모의 성교, 엄마 몸에서의 난자의 배란, 그때 부모를 통해 다시 태어나는 업을 가진 존재가 중간기에 있는 것이다. 그런 존재는 분명히 그의 업, 즉 과거의 삶에서 했던 행위의 영향을 받지만, 자신이 다시 태어날 부모를 선택하기도 한다. 따라서 환생은 단지 과거의 사건들이 미래를 완전히 결정짓는 숙명론이 아니다.

여러 세대의 불교 명상가들도 명상을 통해 전생의 존재를 발견했다고 말했다. 그들은 삼매를 개발하고 이용해서 의식의 본질과 기원을 탐구한 것이다. 그것은 근본적으로 '마음챙김' 수행을 통해 이루어지는데, 마음챙김의 의미는 '기억하기'이다. 실제로 오늘날 모든 불교 학파들은 전생을 발견할 수 있다는 것을 받아들인다. 비록 일부 현대 선禪불자들은 불교의 환생 이론이 오류이고 부적절하다고 일축하지만, 일본 선불교 소토 학파의 창시자 도원 선사道元禪師(1200-1253)는 그들과 관점이 달랐다. 그의 주요 선집 『정법안장』正法眼藏, *Shobogenzo*에 있는 두 문헌은 분명히 환생을 다루고 있다. 그것은 업을 부정하는 선 스승들을 비판한 「원인과 결과에 대한 깊은 믿음」*Jinshin inga*과 그 문제를 더 자세하게 다룬 「삼세의 업」*Sanji go*이다.

성경 어디에도 그렇게 쓰여 있지 않지만, 오늘날 그리스도인들 대다수는 난자가 수정될 때마다 영혼이 새롭게 만들어진다고 생각한다. 그리고 사후에 영혼은 천국이나 지옥으로 가서 다시 돌아오지 않는다고 믿는다. 하지만 그 믿음은 단지 종교적 믿음의 조항일 뿐, 실증적으로나 논리적으로 확인하거나 부인하기에 적합하지 않으므로 과학적 가설이나 철학적 결론이라고 볼 수 없다.

환생: 과학적 연구

대다수 현대 신경과학자, 심리학자, 철학자들은 태아가 잉태되어 있는 동안 뇌와 신경계가 형성됨에 따라 인간의 마음이 발달하고, 뇌가 죽으면 모든 심적 과정과 의식 상태는 중단된다고 확신하고 있다. 그 관점에서는 모든 의식 상태와 심적 과정은 단지 뇌의 기능이나 창발적 속성에 불과하다. 하지만 뇌, 행동, 일상적인 심리 현상에만 한정해서 마음을 연구한다면, 우리가 의식에 대해 알 수 있는 것은 물질적 상관물에 의해서 알 수 있는 거친 마음의 작용에만 한정될 것이다. 이 접근법이 가진 유물론적 한계 때문에 마음을 연구하기 시작할 때부터 이미 유물론적 결과가 나오게 될 것이 결정되어 있는 것이다.

다시 검토해 보자. 마음은 뇌의 물질적 특성이라는 주장은, 오늘날 인지과학자들이 거의 보편적으로 받아들이고 있지만, 주류 심리학이나 신경과학의 연구 방법에 의해 확인하거나 부정할 수 있는 가설이 아니다. 일반적으로 마음의 기능은 특정한 뇌기능과 밀접한 상관관계가 있다고 알려져 있지만, 그 상관관계의 정확한 본질은 아직 아무도 모른다. 또 과학자들은 마음의 진정한 본질을 여전히 잘 모르고 있고, 인간을 비롯한 살아있는 유기체에 의식이 존재하기 위한 필요충분한 원인도 알지 못한다.

환생 이론을 지지하는 증거를 고려하지도 않으려는 과학의 저항은 뿌리 깊고 격렬한데, 과학자들이 그러는 것도 당연하다. 의식이 뇌에서 생기는 게 아니고 죽을 때도 중단되지 않는 것이 사실이라면, 그 영향은 단지 마음을 과학적으로 이해하는 차원을 훨씬 넘어가게 된다. 환생이 사실이라면, 지구에서 생명과 의식이 있는 유기체가 단지 물질적 원인에 의해서만 발생한 것이 아니라는 말이 된다. 따라서 진화론을 근본적으로 재평가해야 할 것이고, 생명과 의식의 기원에서 비물질적 영향을 고려해야만 한다. 그러면 그 파문은 비단 생물학에만 한정되지 않을 것이다.

만약 비물질적 의식의 연속체가 몸을 가진 유기체와 영향을 주고받으면서 한 생에서 다음 생으로 계속된다면, 물리학자들은 우주에서 물리적 인과관계의 본질을 재평가해야만 할 것이다. 그러면 자연은 비물질적 영향을 받을 수 있는 것으로 보일 테고, 오랫동안 유신론자들이 지지했지만 유물론자들은 부인해 온 영적 힘이 개입할 수 있음을 받아들여야 할 것이다. 그것은 정말 위험하다. 왜냐하면 수천 명의 과학자들과 연구소들의 연구는 전적으로 유물론적 우주관에 근거하고 있으므로, 만약 그들의 근본전제가 오류라고 판명된다면 많은 과학자들이 당황하게 될 것이기 때문이다. 따라서 과학자들로서는 그들의 전제에 도전하는 실증적 증거를 아예 무시하는 편이 더 안전하다.

그러나 무지로 인한 그런 허상의 안전함은 열린 태도와 자기비판적이고 과학적인 탐구 정신에 위배된다. 역설적으로 그런 폐쇄적인 태도의 과학자들은 중세에 근대 과학의 탄생을 반대했던 스콜라철학자들을 따라 하고 있다. 중세 스콜라철학자들이 객관적 물질세계의 본질에 대한 과학적 탐구를 방해했던 것과 매우 유사하게 현대 과학자들은 마음과 의식의 본질에 대한 편견 없는 과학적 탐구를 방해하고 있는 것이다.

그리스도인들이나 유물론자들은 죽을 때 일어나는 일에 대한 자신들의 믿음을 무비판적으로 받아들이고 있지만, 사실 환생 이론은 경험에 의한 조사와 합리적 분석을 하기에 적합하다. 지난 사십 년 동안 과학자들은 전 세계에서 전생의 기억을 정확하게 말하는 것으로 보고된 어린이들 수천 명의 증례를 연구해 왔다. 버지니아 대학 정신과 병예교수이며 성격연구분과장이었던 이언 스티븐슨Ian Stevenson은 전생의 기억에 대한 연구를 개척하고 그에 대한 방대한 저술을 했으며, 그의 동료 짐 터커Jim Tucker는 개방적인 과학적 조사의 정신에 입각해서 그 연구를 계속하고 있다.

많은 사람들은 아침에 일어났을 때 전날 밤의 꿈을 기억하지 못한다. 그것은 우리가 잠을 깬 후 일상생활을 하면서 여러 감각을 경험하고 다양한 생각을 하면서 자동적 망각 효과가 나타나기 때문이다. 마찬가지로 전생의 기억은 이번 삶에서 유아기 때 배우는 것에 의해 점차 가려지는 것으로 보인다.

그런데 만약 갑작스런 죽음을 맞이했다면 때때로 망각 과정이 중단되거나 지연된다. 이는 마치 때이른 갑작스러운 죽음이 전생의 일들을 기억하는 데 도움이 되는 '마무리되지 않은 일'을 남겨 둔 것 같다. 스티븐슨과 동료들은 전생을 기억한다는 어린이들을 연구했는데, 그 어린이들 대다수는 전생에서 갑작스레 죽었다고 말했다. 그리고 대개 다섯 살에서 여덟 살이 되면 전생의 기억을 말하는 것을 중단했다.

놀랍게도 그 어린이들은 전생에 자신이었다고 주장하는 사람의 삶에 대해 정확하고 자세히 말한다. 더 놀라운 건 신중히 조사된 이백 건 이상의 증례들에서 그 어린이들의 모반母斑이나 선천적 기형은 그들이 환생한 것이라고 주장하는 사망자의 치명적인 상처와 유사하다는 점이다. 하누만트 색서나라는 인디언 소년이 그런 전형적인 경우였다. 그는 태어날 때부터 가슴 가운데에 모반이 여러 개 있었다. 그의 엄마가 임신하기 몇 주 전, 그 마을에서 한 남자가 가슴에 엽총을 맞고 즉사했다. 하누만트는 세 살에서 다섯 살 사이에 마치 자신이 그 남자인 것처럼 말했고, 스티븐슨은 부검 보고서를 통해 그 소년의 흔치 않은 모반과 사망자의 치명적 총상이 매우 유사한 것을 확인했다.

다른 열여덟 증례에서도 스티븐슨은 어린이들의 모반과 그들이 삶을 기억하는 사망자들의 총상이 일치한다는 것을 발견했다. 종종 작은 모반은 총알이 들어간 상처와 일치했고, 더 크고 모양이 고르지 못한 모반은 총알이 관통한 상처의 자리에 나타났다. 그런 표식이 한 몸에서 다음 몸으로 이동되는 것을 설명하기 위해 스티븐슨은 사망자의 기억과 기질적 특성을 간직하는 '장場'의 존재를 상정하고, 그것을 '마음이동자' psychophore

라고 불렀다.

기저에 관해 앞서 말했듯이, 불교는 오래전부터 한 생에서 다음 생으로 계속되는 생명력 *jiva*을 통해 전생의 기억과 몸의 특성이 옮겨진다고 설명했다. 생명력은 인간이 관념적으로 생각하는 '마음'과 '물질'보다 더 근본적이고, 기저와 분리될 수 없는 정보의 장으로 볼 수도 있다. 마음과 물질에 대한 경험은 정보에 의해 설정된 이 공간으로부터 생기고, 우리가 교육 받은 지각 경험과 관념 체계에 의해 제약된다.

현대적으로 비유하면, 생명력이 한 생에서 다음 생으로 이동하는 것은 소프트웨어가 무선인터넷을 통해 컴퓨터 사이를 이동하는 것과 유사하다. 소프트웨어는 다운로드된 후, 마치 컴퓨터 안에서 자기 자리를 찾는 것처럼, 컴퓨터의 하드웨어와 영향을 주고받는다.

마찬가지로 생명력은 몸을 얻자마자, 결합된 몸의 경험과 행동에 의해 영향을 받는다. 이처럼 난자가 수정되었을 때 부모의 난자와 정자를 통해 받은 유전 정보와 생명력을 통해 받은 전생의 정보가 융합된다. 유전 정보와 전생의 정보 사이의 접점은 과학적 진화론과 불교의 업 이론 사이의 접점을 나타낸다.

불교에서는 식물이 아닌 인간과 동물처럼 오직 의식 있는 존재만이 생명력을 가지고 있다고 말하는 점을 주목해야 한다. 생명력은 한 생에서 다음 생으로 과거 행위의 자취를 옮긴다. 그리고 한 사람의 업은 어떤 환생을 얻는가를 통해서 나타나고, 또한 그가 태어나는 환경과 살면서 마주치는 사건들을 통해서도 나타난다.

우리가 살고 있는 객관적 세계와 마음의 깊고 복잡한 관계 때문에, 홍수나 가뭄 같은 자연재해까지도 부분적으로 그것을 경험하는 사람이 과거에 쌓은 업에 의해 초래된다고 한다. 그러므로 불교에 의하면 자연재해 같은 사건들은 하느님이 세상에 내리는 벌이 아니며, 그렇다고 단지 객관적 자연법칙에 의해서만 일어나는 것도 아니다. 그보다 우리는 우리가 사는 세계의 공동 창조자이다. 이 점은 차차 설명하겠다.

티베트불교에 의하면 전생의 기억을 유지하는 다른 길은 상당히 집중되고 안정된 주의에 의해 유지되는 명상적 인식을 고도로 개발하는 것이다. 뛰어난 티베트불교 명상가들은 죽을 때에도 의식을 유지할 수 있고, 다음 환생 때까지 중간기 내내 자각을 계속 유지할 수 있다. 그의 죽음 후 동료들이 그의 환생인 툴쿠*tulku*를 찾는 일은 드물지 않다. 많은 경우 툴쿠인 어린이는 전생에 알았던 사람들은 물론 전생의 많은 일들을 자세히 기억할 수 있고, 어릴 때부터 종종 영적 수행에 강한 성향과 능력을 나타낸다.

어떤 티베트 라마승은 동료들이 자신의 환생을 찾느라 오래 애쓰지 않게 하려고 자신이 어디서, 어느 부모에게서 다시 태어날지를 미리 말한다고 한다. 툴쿠인 어린이는 대개 성장하면서 전생의 기억이 희미해지지만, 지속적인 영적 훈련을 거쳐 이번 생에서도 뛰어난 명상가가 되는 일이 많다.

짐 터커와 동료는 전생의 마지막부터 이번 생에 태어날 때까지의 중간기를 기억하는 어린이들의 사례도 연구했다. 그들은 전생을 기억하는 어린이들에 비해 전생에서 알았던 사람들의 이름을 더 많이 기억했고, 그들이 기억하는 내용은 연구자들이 더 쉽게 확인할 수 있었다. 중간기를 기억하는 버마 어린이 35명에 대한 보고서를 분석한 결과, 그런 기억은 세 부분으로 나눌 수 있었다. 그것은 과도기 단계, 특정한 장소에서의 안정 단계, 부모나 수정受精을 선택하는 것을 포함하는 복귀 단계이다.

과도기 단계 동안 기억되는 경험은 종종 불편하고 불쾌하며 전생과 관련이 있었다. 일부 어린이는 죽어 있는 자신의 몸을 염하는 장면이나 장례식을 보았고, 비통해 하는 친척들을 만지려고 애썼지만 살아있는 사람들과는 대화를 할 수 없었다고 말했다. 한 어린이는 과도기 단계에서는 자신이 죽었음을 깨닫지 못했다고 말했다. 종종 흰 옷을 입은 연장자나 노인이 그들을 어딘가로 데려갈 때 과도기 단계가 끝나고, 그들은 남은 중간기 대부분을 그곳에서 보낸다.

둘째 단계 동안 그들은 특정한 장소에서 살았고, 때론 참석해야 하는 일정이나 임무를 가지고 있었다. 그리고 일부 어린이는 육체가 없는 다른 존재들을 보거나 그들과 교류했다고 말했다. 그들이 느낀 안락함의 정도는 다양했다. 셋째 단계 동안 어떤 어린이들은 미래의 부모가 목욕하거나 퇴근하는 것 같은 일상생활을 하면서 지나갈 때, 자신들이 분명히 자발적으로 부모를 따라 집으로 갔던 것을 기억한다고 말했다. 다른 어린이들은 종종 첫째 단계에서 말했던 연장자나 노인이 지금의 부모에게 안내해 주었다고 말했다. 이 세 단계는 불교에서 중간기의 세 단계에 대해 말하는 것과 유사한 점이 있다.

예비조사에 의하면 중간기를 기억하는 사람들은 문화에 따라 중간기의 이미지를 다르게 말하지만, 중간기를 세 단계로 나누어 볼 수 있다는 점은 공통적이다. 터커와 동료는 "중간기의 기억을 말하는 어린이들은 전생에 대해 다른 피험자들보다 더 입증된 말을 하고, 전생에서 만난 사람들의 이름을 더 많이 기억한다. 그러므로 전생의 일을 더 잘 기억하는 어린이들이 중간기의 일도 더 잘 기억하는 것으로 보인다."고 결론을 내렸다. 전 세계적으로 전생을 정확히 기억하는 어린이들의 사례는 짐작보다 더 많다. 하지만 환생 가능성을 받아들이지 않는 사회에서는 전생의 기억을 어릴 적 환상일 뿐이라고 묵살하는 게 당연하다.

전생을 기억하는 어린이들에 대한 사례 연구들은 사회과학의 분과인 인류학으로 분류되었다. 하지만, 현대 학계에는 지식 분야들 간에 매우 분명한 위계질서나 서열이 있기 때문에, 전생 연구는 그 특성으로 인해 과학계에서 무시되고 묵살 당하는 걸 피하기 어렵다.

'임사'臨死 체험과 '유체이탈' 체험에 대한 연구는 과학적으로 더 확실한 환생에 대한 증거를 보여 준다. 가장 놀랍고 과학적으로 주목할 만한 사례는 뇌수술을 받은 한 여성의 유체이탈 체험이다. 1991년 8월, 조지아주 애틀랜타에서 가수이자 작곡가인 팸 레이놀즈는 뇌에서도 가장 접근하기 어려운 뇌간에 동맥류가 있다는 진단을 받았다. 그것은 쉽게 터져서 사망이나 마비를 일으킬 수 있으므로 보통은 수술이 불가능한 상태이다.

그런데 아리조나주 피닉스에 있는 배로우 신경학연구소 책임자인 신경외과전문의 로버트 스페쯜러Robert Spetzler는 그런 경우에 유일하게 가능한 수술법인 '저체온 심정지 수술'의 전문가였다. 그것은 수술 중 출혈의 위험을 감소시키기 위해서 환자의 심장이 정지할 때까지 체온을 낮추어 임상적 죽음에 이르게 한 후, 환자가 가사假死 상태에 있는 동안 뇌혈류를 차단하는 수술법이다.

팸의 경우 이십 명의 수술진이 6시간 55분 동안 저체온 심정지 수술을 했다. 혈액을 차게 해서 저체온증을 유발하는 인공심폐기에 환자가 연결되어 있는 동안, 의사들이 환자의 두개골을 열고 동맥류에 접근했다.

중심체온이 섭씨 21도 아래로 떨어진 환자의 심장은 간헐적 전기활동의 떨림만 있을 뿐 박동을 거의 멈추었다. 그 후 심장에 염화칼륨(사형수에게 사용하는 것과 같은 약물)을 주사해서 심장이 완전히 멈추게 하자 환자의 중심체온은 섭씨 15도까지 내려갔다. 그래서 뇌간이 반응을 멈추었을 때, 의사들은 뇌동맥류를 수술할 수 있었다. 수술 후 인공심폐기는 환자의 체온을 다시 정상으로 올려서 심장이 다시 뛰게 했다.

다음 날 환자는 수술 때 고용량의 신경안정제로 마취되어 뇌가 더 정지되어서 깊은 혼수상태로 유도된 직후부터 경험하고 기억한 것을 말했다. 그녀는 수술 동안 머리 위에서 무엇인가가 빨아들이는 것 같은 감각을 느꼈고, 자신의 몸 밖에서 수술대에 누워 있는 자신의 몸을 내려다보고 있었다. 그녀는 눈이 테이프로 가려져 있었지만 모든 것을 아주 선명히 볼 수 있었고, 귀는 귀마개로 막혀 있었지만 아주 명확히 수술실에서 나는 소리를 들었던 것을 기억했다.

그녀는 스페쯜러 박사가 잡고 있는 교체용 날이 있는 수술기구를 내려다보았고, 그 기구에서 D음처럼 낮게 으르렁거리는 소음을 들었다. 그녀는 사람들의 말소리도 분명히 들었는데, 그 중에는 "문제가 있네요. 동맥이 너무 가늘어요."라고 말하는 여자 목소리도 있었다. 수술 후 의식을 회복했을 때 그녀는 마치 얼음물이 가득한 풀에 빠져 있었던 것처럼 느꼈다. 그녀가 의료진들에게 자신의 기억을 말했을 때, 그들은 그녀의 말이 모두 정확하다는 것을 인정했다. 그 일이 있은 지 15년 후에도 그 경험에 대한 기억은 흐려지지 않고 여전히 선명하다고 그녀는 말했다.

배로우 신경학연구소의 신경외과의사 칼 그린 박사는 솔직히 말했다. "의식과 뇌의 문제에 대한 모든 통념들이 깨졌습니다." 그리고 스페쯜러 박사는 "그 환자는 실제 일어난 일을 정말 조감도처럼 보았습니다. 그녀가 다른 데서 본 것을 내면화한 것인지는 모르지만, 눈으로 볼 수 없었던 것을 어쩌면 그렇게 정확히 말할 수 있는지 놀랍습니다."라고 말했다.

뇌혈류가 중단되어 뇌가 멈추어 있는 상태에서 팸이 실제 있었던 일을 보고 들은 유체이탈의 경험을 과학적으로, 더 정확히 말해 유물론적으로 설명하는 것은 분명히 불가능하다. 그것은 과학자들이 유일하게 과학적인 설명은 유물론의 형이상학적 전제와 부합하는 것뿐이라고 주장하는 한 피할 수 없는, 과학적 탐구와 설명의 한계를 명백히 보여 주는 임상 사례들 중 하나다.

현대 지식의 토템폴은 이런 모습이다.

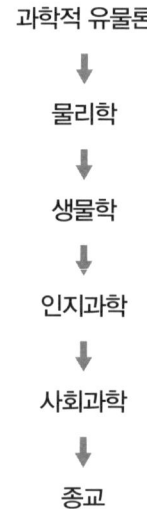

명문화된 것은 아니지만 과학적 탐구의 규칙에 의하면, 물리학 연구는 과학적 유물론의 원리에 부합되게 이루어져야만 한다. 따라서 물리학자들이 불가사의하거나 초자연적인 것으로 보이는 분야에 대해 실증적 연구를 진행한다면 강한 반대에 부딪히게 될 것이다. 예를 들어 노벨상을 받은 물리학자 볼프강 파울리Wolfgang Pauli는 칼 융과 공동으로 마음과 물질의 이원성을 초월하는 실재의 원형적 차원의 존재를 연구했다. 사실 그의 사상은 현대 물리학과 일치하는 것이었지만, 파울리는 자신의 사상이 과학적 유물론의 원리에 위배되는 것을 알았기 때문에 동료 물리학자들로부터 조롱받는 것이 두려워서 사망할 때까지 그 주제에 대한 저술을 공개하지 못하게 했다. 그보다 과거에 코페르니쿠스도 같은 이유로 태양이 중심임을 주장하는 태양계 이론에 대한 책을 생전에 출판하지 않았다. 그는 고용주인 로마가톨릭교회로부터 비난 받아 파문당하고 영원히 지옥에 살게 될까봐 두려워했던 것이다.

위에 그려진 위계질서에 따라, 생물학자는 현대 물리학 법칙을 위반하는 연구나 조사에 관여하게 되면 극심한 좌절을 겪게 된다. 그리고 인지과학자는 생물학사의 현재 견해를 따라야만 한다. 또 사회과학자는 인지과학이 믿는 것만을 탐구해야 하고, 세속의 종교학자들은 다른 모든 학문의 방법론 및 견해와 일치하는 관점으로 종교적 주제를 다루어야만 한다.

버지니아 대학의 이언 스티븐슨과 동료들은 사회과학 방법론을 차용해서 이 위계질서에 도전했다. 그들의 환생에 대한 결론은 지식의 토템폴에서 사회과학보다 더 높은 위치에 있는 인지과학의 핵심적 믿음을 거부한다. 그럼으로써 그들은 또한 생물학과 물리학의 유물론적 전제에 도전하지만, 현대의 많은 과학자들은 그것을 받아들일 수 없다. 따라서 그들의 방법론과 증거가 얼마나 엄격하고 설득력 있는가는 차치하고, 이언 스티븐슨과 동료들은 수세기에 걸친 과학의 타성에 저항하고 있는 것이다. 과학의 타성이란 근대 과학의 여명기에 데카르트가 세운 가설처럼 지금도 생각 없는 기계에 비유되는 자연 세계에서 항상 의식의 역할을 주변으로 밀어낸 관점이다.

의식: 명상을 통한 과학적 연구

윌리엄 제임스는 심리학은 자연과학이라고 옹호함으로써, 마음 현상을 직접 관찰하는 내적 성찰이 마음을 조사하는 주된 수단이 되어야 한다고 말했다. 오직 내적 성찰을 통해서만 마음을 세밀히 관찰하고 신중한 실험을 할 수 있고, 마음의 본성과 자연 세계에서 마음의 역할에 대한 폭넓은 시각을 얻을 수 있다는 것이다. 제임스는 당시 이미 모든 과학 분야에서 지배적이었던 기계론적 유물론에 매우 회의적이었으므로, 유물론의 전제가 옳지 않음을 증명할 가능성이 가장 많아 보이는 바로 그 분야에 전념하고자 했다. 그래서 그는 매우 진지하게 종교적 경험과 정신적 현상을 선택해서 깊은 지성과 열린 태도로 연구했다.

하지만 불행히도 윌리엄 제임스가 의식을 연구했던 급진적이고 실증적인 연구 방법은 지난 세기 동안 수많은 행동주의자, 심리학자, 신경과학자, 철학자들의 방법론에 밀려서 쇠퇴했다. 그들은 실증적·이론적 탐구를 기계론적 유물론의 형이상학적 체계로만 한정했으며, 그들의 이론이 옳지 않음을 증명할 가능성이 가장 많아 보이는 분야들을 어떻게든 피해왔다. 그 결과 20세기에는 실제로 인간과 진화 과정에 있어서 의식의 본질과 기원에 대해 아무런 새로운 발견도 이루지 못했다.

이와 달리 불교 전통에서는 지난 이천오백 년 동안 철저히 실증적인 방식으로 마음을 연구해 왔다. 그 결과 불교 명상가들은 한 생에서 다음 생으로 이어지는 의식의 연속성을 비롯해 의식에 대해서 많은 근본적 발견을 했다고 주장한다. 앞서 말했듯이 최근까지도 수많은 불교 명상가들은 붓다가 했던 것처럼 경험에 의해 자신과 다른 사람들의 전생을 통찰했다고 한다. 붓다는 삼매를 통해 전생에 대한 깨달음을 얻었는데, 붓다고사의 고전 『청정도론』에서 그런 명상적 탐구를 똑같이 할 수 있게 해 주는 가르침을 볼 수 있다. 현대의 명상 스승인 버마의 파-옥 타와야 사야도Pa-Auk Tawya Sayadaw와 티베트 불교학자 게쉐 게뒨 로되Geshe Gedün Lodrö도 전생을 기억할 수 있는 방법을 말했다. 그러나 그런 연구는 아직 과학자들과 협력하여 엄격한 조건에서 이루어지지는 않았다.

붓다고사에 의하면, 먼저 매우 깊은 삼매인 넷째 선정을 성취하는 것이 이상적이다. 그때는 호흡이 완전히 멈추고, 마음은 깊은 평정 상태에 머물며, 모든 감각은 심적 인식으로 물러나게 된다. 그런 상태를 성취한 사람은 주위를 완전히 잊고 며칠 동안 계속 명상할 수 있다. 하지만 그렇게 깊은 삼매를 성취한 경우는 매우 드물다.

그래서 나는 깊은 명상적 깨달음으로 티베트 불자들 사이에 명망 높은 티베트 명상 스승인 양탕 린뽀체Yang thang Rinpoche에게, 그렇게 얻기 어려운 깊은 삼매가 아니라 보통 정도의 사마타만 성취해도 전생을 정확히 기억할 수 있는지 물었다. "그렇습니다. 사마타 상태의 의식의 빛에 의해, 전생을 기억하는 능력을 가진 초감각적 지각이 저절로 생깁니다." 하지만 이어서 그는 "현대인들이 아직도 사마타를 성취할 수 있는지는 미결의 문제입니다."라고 덧붙였다.

불교 수행에서는 사마타를 성취하는 것이 자유로움을 얻는 데 핵심적 역할을 한다는 것을 알고서, 나는 2003년부터 데이비스 캘리포니아 대학의 심리학자, 신경과학자들과 함께 '사마타 프로젝트'라는 이름의 과학 연구를 하고 있다. 2007년 2월 〈산타바바라 의식연구소〉와 데이비스 캘리포니아 대학은 연구의 첫 단계를 시작했는데, 37명의 실험참가자들이 콜로라도의 수련센터에서 3개월 동안 매일 8~10시간씩 사마타 수행을 하도록 했다. 이 기간 동안 다섯 명의 과학자들이 참가자들에 대한 광범위한 생리학적 · 심리학적 조사를 했고, 그것을 토대로 장기간의 집중적인 명상 수행의 효과를 연구했다. 그 해 9월에는 33명의 둘째 그룹(대조군)이 3개월 동안의 수련회를 시작했다. 이 책을 쓸 당시에는 이 연구에서 수집된 많은 자료의 일부만 분석되었지만, 참가자들은 3개월의 수행을 통해 번뇌를 일으키는 집착, 불안, 감정 조절의 어려움, 신경증이 감소되었고, 반면에 마음챙김, 양심, 공감적 배려, 긍정적 감정의 기질, 전반적 행복이 증가했음을 알 수 있었다.

첫 수련에 대한 결론을 내린 지 1년여가 지난 현재, 참가자들 중 12명이 하루 12시간씩 명상 수행을 계속하고 있고, 나는 명상 교사로서 그들의 수행을 지도하고 있다. 양탕 린뽀체가 말했듯이 현대인들이 사마타를 성취할 수 있을지는 미결의 문제이지만, 이 연구를 처음부터 주도한 사람으로서 나는 그 답을 찾으려고 노력하고 있다.

오래된 기억을 정확히 회상할 수 있으려면 사마타를 성취한 후에도 명상 수행이 더 필요하다. 12장에서 말했듯이 많은 불교 명상가들은 기억이 생명력에 저장된다고 하는데, 생명력은 기저(알라야)alaya와 본질이 같다. 사마타를 성취함에 따라 마음이 기저의식에 머물게 되면 주의를 과거로 향하게 할 수 있고, 연속적으로 점점 더 먼 과거의 특정 시간에 초점을 맞출 수 있으며, 심지어 이번 생에 태어나기 전까지 이를 수 있다고 한다. 이는 불교의 전생 이론을 경험을 통해 시험할 수 있는 과학적 연구의 가능성을 시사한다. 그 연구는 '알라야 프로젝트'라고 할 수 있겠다.

그 연구에는 사마타를 성취한 참가자들이 많이 있어야 한다. 그들은 기저의식에 머물면서, 이를테면 한 주 전부터 시작해서 정확한 시각과 분까지 특정한 때에 주의를 집중한다. 참가자들은 정확히 한 주 전의 경험을 생생하게 기억해 냈다고 확신할 때까지 그 목표에 주의를 집중하게 되고, 그들이 기억한 것을 자세히 진술한다. 그 후 연구자들은 참가자들이 과거의 기억 속에서 함께 있었던 사람들에게 사실을 확인해 보는 것 같은 객관적 수단을 통해서 그들이 말한 내용이 정확한지를 검사한다. 참가자들의 기억이 옳다는 것이 입증되면, 그들은 좀 더 먼 과거에 주의를 집중하고, 연구자들은 다시 그 진술의 정확성을 조사한다. 이런 식으로 그들의 진술을 객관적으로 확증할 수 있을 때까지 점점 더 먼 과거로 주의를 이끄는 과정을 계속한다.

마침내 참가자들은 모태에서 수정되기 전까지 주의를 집중하게 될 것이다. 이때 그들이 아무것도 기억하지 못한다면, 그것은 뇌가 발달하는 동안 의식이 발생한다는 유물론자들의 주장을 지지할 것이다. 반대로 만약 그들이 전생의 경험을 기억해 낸다면, 그들이 말한 내용을 객관적으로 조사해서 과거의 사실과 일치하는지 조사할 수 있을 것이다. 그래서 그들의 기억이 정확하다고 증명되고, 참가자가 전생에 자신이었다고 주장하는 사람에 대해 명상이 아닌 다른 수단으로 정보를 얻었는지를 합리적으로 의심할 수 없음이 확증되고 나면, 그것은 불교의 환생 이론을 지지할 것이다. 그 연구는 불교 이론을 경험을 통해 시험하는 엄격한 과학적 방식이 될 것이다.

정말 기억이 이번 생보다 먼저 존재하는 의식의 연속체에 저장된다면, 당연히 왜 우리는 전생을 기억하지 못하는가라는 의문이 생긴다. 티베트불교는 죽음의 과정을 잠들기에 비유하고, 죽은 후 환생 전까지의 중간기는 꿈에, 그리고 모태에서의 수정은 잠에서 깨어남에 비유한다.

하룻밤 동안 사람들은 잠든 지 90분 후부터 보통 5~7회 정도 꿈을 꾼다. 첫 번째 꿈을 꿀 때 사람들은 보통 낮에 있었던 일들을 이미 잊어버렸고, 당분간 그들의 현실은 꿈속의 사건만으로 이루어진다. 몇 분 후 그들은 다시 꿈꾸지 않는 잠을 자게 되고 그동안 그들의 마음은 기저의식에 머문다. 이 과정에서 사람들은 방금 중단된 꿈속의 사건을 쉽게 잊는다. 또 한두 시간 후에 그들은 두 번째 꿈을 꾸고 다시 낮의 일과 직전 꿈을 잊어버린다.

이렇게 반복되는 기억상실 과정은 밤새 계속되고, 마침내 사람들은 마지막 꿈을 꾸고 잠을 깬다. 이때 일부는 마지막 한두 개의 꿈을 기억하지만, 잠에서 깨기 직전의 꿈도 기억하지 못하는 경우도 많다. 그리고 다음날 일어나는 일에 더 신경 쓸수록 대개 지난밤의 꿈을 더 기억하지 못한다.

하루 밤낮 동안 일어나는 이런 기억상실 과정은 사람이 죽는 순간부터 중간기 동안 수많은 꿈 같은 사건을 경험하고서 마침내 환생할 때까지 일어나는 일과 유사하다고 한다. 플라톤은 『공화국』의 말미에 나오는 '에르Er의 신화'에서 죽음 후 환생 이전의 기억상실에 대해 말했다. 사람의 영혼은 한 생을 마친 후 다음 생에 태어나기 전에 망각의 강물을 마신다는 것이다.

티베트불교의 꿈요가 수행은 꿈꿀 때 꿈꾸고 있음을 인식하고 탐색할 수 있게 함으로써 잠자는 동안의 기억상실을 극복하도록 고안되어 있다. 그것을 '자각몽'이라고 한다. 한편 우리가 기저의식에 머무는 동안 꿈꾸지 않고 자고 있을 때 자신이 꿈꾸지 않고 자고 있음을 알면 '또렷한 꿈 없는 잠'을 자는 것이다. 그런 수련을 통해 죽음의 마지막 단계에서 기저의식을 인식하고, 그 후 중간기에 어떤 일이 일어나는지를 인식할 수 있는 준비가 된다. 우리는 그런 명료함을 통해, 우리 자신과 남들에게 유익하도록 현명하게 의식을 다음 생으로 이끌 수 있다. 그것이 꿈요가의 핵심 목적이다.

'알라야 프로젝트'는 심리학적 관점에서 환생의 가설에 접근하는 것인데, 한편 생물학적 증거를 바탕으로 불교 이론을 시험하는 것도 가능하다. 불교 명상가들은 한 생에서 다음 생으로 계속되는 생명력jiva이 몸과 직접 영향을 주고받는다는 면에서 '물질적'이라고 주장한다. 그러나 생명력은 물질의 입자로 이루어져 있지 않다는 점에서는 물질이 아니다. 그런데 현대 물리학에서도 이처럼 물질적이면서 동시에 물질이 아닌 경우를 말한다. 고전물리학의 자기장, 양자물리학의 힐버트 공간Hilbert space과 확률파동, 그리고 상대성이론에서의 시간과 공간은 모두 물리 현상으로 간주되지만, 어느 것도 원자나 소립자로 이루어져 있지 않다.

앞에서 말했듯이 생명력에는 기억, 정신적 특성, 행동 유형이 저장된다. 생명력은 물질적 몸의 영향에 따라 구성되고, 생명력에 자취를 남긴 것은 한 생에서 다음 생으로 이어지며 몸이 형성되는 데 영향을 준다.

이언 스티븐슨과 동료들은 전생에서 죽을 때의 사건이 다음 생에서 몸에 모반을 남긴 것으로 알려진 많은 사례들을 연구했다. 각 개인의 생명력은 완전히 유일하고, 시간이 지나면서 계속되는 경험의 자취가 쌓임에 따라 변한다. 몸에 모반을 생기게 하는 경험의 자취를 옮기는 생명력은 가슴 가운데 있다는 일종의 생체 에너지(프라나)prana와 밀접히 관련되어 있고, 또 기저의식과도 밀접한 연관이 있다. 만일 생명력과 몸에서 생성되는 자기장이 생명력과 연관된 생체 에너지를 통해서 직접 연관되어 있다면, 각 개인의 자기장에도 고유한 특징이 있을 것이다. 또한 기저의식은 꿈 없는 잠 동안 일관되게 나타나므로, 그때 각 개인은 고유한 뇌전도(EEG)를 나타낼 것이다.

이에 따라 '지바Jiva 프로젝트'라는 과학 연구가 제안되었다. 이 연구에서는 먼저 나이 많은 높은 경지의 티베트불교 명상가들의 뇌전도를 확인해서 고유 특징을 기록한다. 만약 뇌전도가 그의 생명력의 생체 에너지 구성과 밀접히 연관되어 있다면 뇌전도의 특징이 다음 생까지 옮겨질 수 있을 것이다. 티베트 전통에서는 높은 경지의 명상가가 죽은 후 그의 환생인 툴쿠를 찾아내는 일이 흔하므로, 미리 뇌전도를 기록해 놓은 고령의 명상가가 죽은 후에 그의 환생으로 알려진 어린이를 찾으면, 과학자들이 그 어린이의 뇌전도와 사망한 명상가의 뇌전도의 특징이 일치하는지를 확인할 수 있을 것이다. 그것은 생명력이 한 생에서 다음 생으로 이어진다는 강력한 물리적 증거가 될 수 있다.

불교 이론에 의하면 사망한 후에도 계속 이어지는 것은 변함없고 단일하며 독립적인 영혼이나 자아 또는 에너지가 아니라, 끊임없이 변화하는 의식과 에너지의 흐름이다. 그것은 임신되어 있는 동안 인간의 마음을 발생시키고 배아의 형성에 영향을 준다. 발달 중인 태아에서 최초의 의식의 순간에는 기저의식만 있고, 죽음의 과정에서 마지막에 남는 것도 기저의식이다. 이렇듯 의식 있는 존재의 본성을 이루는 순환과정의 시작이 생명이 끝날 때 다시 나타남으로써 완벽한 대칭을 이룬다. 한 생에서 다음 생으로 이어지는 의식과 에너지의 연속체에는 영원히 변치 않는 자아란 없고, 이전의 원인과 조건에 따라 생긴 마음-몸 사건이 의존적으로 연관된 채 흐르고 있을 뿐이다.

15

──── 수행 ────

인식의 고요에 머물기

    몸은 자연스런 상태에, 호흡은 자연스러운 리듬에 머물게 하세요. 그리고 눈앞의 공간을 바라보고, 머리 위쪽 공간에 꾸준히 주의를 집중하세요. 아무것도 바라지 말고 어떤 대상도 마음에 떠올리지 마세요. 다시 긴장을 푸세요. 이제 인식을 꾸준하고 확고히 오른쪽 공간에, 다음엔 왼쪽 공간에, 다음엔 아래쪽으로 기울이세요. 이런 방법으로 인식의 공간을 탐색하고, 인식의 공간에 중심이나 가장자리가 있는지 살펴보세요.
    때때로 인식을 가슴 가운데 놓아두고 가만히 머물게 하세요. 이따금 인식을 광활한 하늘에 차분히 집중하고 놓아두세요. 이렇게 인식을 움직이면 마음이 점차 자연스러운 상태에 머물게 될 것입니다. 이 수행을 하면, 무엇을 인식하든지 차분하고 또렷하고 안정된 인식을 유지할 수 있을 것입니다. 주의력이 내면에 강하게 집중되어 있기 때문에 감각은 중단되고, 제멋대로 생기는 생각을 가라앉혔으므로 마음은 기저의식으로 사라집니다. 이제 의식은 평화롭게 머물고, 빛나는 각성과 한결같은 행복감이 충만합니다.

16

---- 이론 ----

회의론의 세계

과학적 회의론

생명력이 한 몸에서 다음 몸으로 이어진다는 불교의 가설은, 생물에는 알랑 비탈*élan vital*이라는 생명력이 있다는 설득력 없는 과학적 제안을 연상시킨다. 이런 관점은 19세기에는 인기가 있었지만 아무도 생명력을 객관적으로 발견할 수 없었다. 1938년에 러시아 생물학자 오파린Aleksandr Oparin은 생명은 생명이 없는 물질에서 유래한다는 대안 이론을 제시했다. 그것은 무기물로부터 유기물로 부드럽게 변화되는 연속체가 있을 수 있음을 의미하는 것이었다.

오파린의 가설이 과학적으로 받아들여지는 데는 미국 생물학자 밀러Stanley Miller의 힘이 컸다. 밀러는 1953년 지구의 원시 대기 성분과 유사한

기체들을 용기에 넣고 높은 전하를 가해 생명체의 기본 단위인 아미노산을 합성했다. 그래서 당시 과학자들은 실험실에서 생명체를 창조하는 데 거의 성공했다고 생각했지만, 그런 시도는 모두 실패로 끝났다. 1996년 로이터 통신과의 인터뷰에서 밀러는 "우리가 아미노산을 만들 수 있었기 때문에 나머지 과정들은 매우 쉬운 것 같았습니다. 그런데 그것은 내가 생각했던 것보다 더 어렵다는 걸 알게 되었습니다. 하지만 그건 일련의 작은 마술과 같습니다. 마술은 일단 방법을 배우고 나면 매우 쉽지요. 문제는 그 마술을 배우는 것입니다."라고 말했다.

그러나 아미노산과 살아있는 세포는 전혀 다르다. 하나의 세포에서는 수천 개의 요소들이 매우 복잡하게 역동적으로 상호작용하고 있고, 각 요소들은 다른 많은 요소들의 활동에서 영향을 받는다. 하나의 요소가 변하거나 필요한 변화가 일어나지 않으면 세포 내에서 발생하는 모든 연쇄작용이나 전체 세포 기능에 영향을 줄 수 있다. 밀러가 만든 아미노산이 시계의 나사못 하나라면, 살아있는 세포는 작동 중인 시계라고 볼 수 있다. 시계를 만들기 위해서는 분명히 나사못이 필요한 것처럼 세포를 형성하려면 아미노산이 필요하기는 하지만, 아미노산 자체는 살아있는 것이 아니고 세포의 요소처럼 상호작용하지도 못한다.

그러므로 아미노산과 살아있는 세포 사이에는 단지 "일련의 작은 마술"만 있을 뿐이라는 밀러의 말은, 나사못과 시계의 차이점이 단지 일련의 작은 마술이라고 말하는 것과 같다. 하지만 여기엔 큰 차이점이 있다. 즉, 시계공은 나사못을 비롯한 부품들을 조립해서 시계를 만드는 방법을 알고 있지만, 생물학자들은 인공적으로 아미노산으로부터 살아있는 세포를 만드는 과정을 모른다. 생물학자들은 일단 자기복제하는 유기체가 존재하고 있는 상태에서 돌연변이와 자연선택이 생명체를 어떻게 변화시켜서 다양한 생물종들이 출현하는지에 대해서는 알고 있지만, 처음에 단세포 유기체가 어떻게 생겨났는지에 대해서는 전혀 모른다.

아직까지 아무도 무기물 분자로부터 살아있는 유기체를 창조하지 못했으므로 오파린의 가설은 결코 입증되지 않았지만, 그것은 현재 확립된 과학적 사실인 양 널리 받아들여지고 있다. 우주에서 생명의 기원은 "일련의 작은 마술"로 격하되었으며, 과학자들은 생명이 물질에서 비롯되었다는 현재 가설을 미래 세대가 밝혀내고 입증하리라 믿고 있다. 반면에 과학자들은 과학 실험에서 생명 에너지를 발견한 적이 없기 때문에 알랑비탈 같은 다른 가설은 전혀 믿기 어렵다고 생각한다.

이는 1950년대에 심리학에서 급진적 행동주의자들이 주관적인 심적 상태는 과학적으로 측정할 수 없기 때문에 존재하지 않는다고 생각했던 것과 마찬가지다. 하지만 대다수 인지신경과학자들은 그 터무니없는 생각을 더 이상 지지하지 않고, 지금은 주관적 심적 상태의 신경 상관물과 주관적 심적 상태가 표현되는 행동을 발견하려고 애쓰고 있다.

그럼에도 불구하고 대다수 인지과학자들은 여전히 의식을 비롯한 마음 현상이 육체적·사회적 환경과 상호작용하는 뇌의 '창발적 속성'이라고 생각하고 있다. 아직까지 물리학이나 유전학만으로 마음을 설명할 수 없음에도 불구하고, 거의 보편적으로 마음은 물리 과정처럼 존재한다고 생각한다.

하지만 현재 우리는 모든 물리적 사건을 찾을 수 있는 기술 도구를 사용해도 육체의 고통처럼 단순한 주관적 경험조차 측정할 수 없기 때문에, 그런 생각은 정말 이해하기 어렵다. 또한 내적 성찰에 의해 관찰하면, 주관적 심적 상태에는 질량이나 물리적 공간에서의 위치, 크기, 속도 혹은 다른 어떤 물리적 속성도 없는 것으로 보인다. 그럼에도 불구하고 대다수 과학자들은 여전히 주관적 심적 상태가 뇌의 물리적 속성임에 틀림없다고 추정하고 있다. 하지만 그것은 지나친 신념의 도약이다!

현재 일반적으로 심적 상태는 정보를 전달하는 컴퓨터 프로그램과 유사하다고 생각한다. 그러나 정보는 오직 프로그램을 만드는 의식 있는 프로그래머와 프로그램 사용자의 관계에 의해서만 컴퓨터 프로그램 안에 존재한다고 말할 수 있다. 예를 들어 슈퍼컴퓨터 딥블루와 체스 게임을 한다면, 당신은 다음 수를 의식적으로 생각하겠지만 딥블루는 다음 수를 의식하지 않고 계산한다. 딥블루가 체스 게임을 하는 것은 의식과는 전혀 상관없는 수학적 알고리듬인 것이다.

체스에서 말의 움직임이 딥블루에게 문자 그대로 '보인다'거나 딥블루가 체스 게임을 하는 방법을 의식적으로 '안다'고 생각할 만한 논리적·실증적 근거는 없다. 마찬가지로 컴퓨터에 의식적 자기이해가 있다고 생각할 어떤 근거도 없다. 컴퓨터가 작동하는 것은 물리학 법칙으로 완전히 설명할 수 있고, 컴퓨터의 기계적 상호작용은 인간의 의식적인 마음 활동을 모방해서 움직이게 만들 수 있다. 그러나 그런 상호작용에 의해 실제로 의식 과정이 일어난다는 결론으로 도약하는 것은 마치 동기, 느낌, 욕구의 원인을 날씨, 화산 폭발, 지진의 탓으로 돌리는 것과 비슷하다. 역설적이게도 그것은 현대의 많은 인공지능 옹호자들이 표현하는 현대판 애니미즘일 뿐이다.

그런 혼동은 특히 로봇공학 분야에 만연해 있다. 로봇 학습이란 로봇이 창조적으로 자료를 모으고 분류해서 처음에 배운 내용을 새롭게 만드는 것이라고 정의할 수 있다. 로봇이 의식 없이 어떤 것을 '배운다'고 할 때, 로봇이 정말 하고 있는 것은 여러 개의 컴퓨터 프로그램을 동시에 작동하고 통합하는 것뿐이다. 하지만 로봇이 눈을 움직이고 머리를 돌리고 정말 숨 쉬는 것처럼 가슴을 움직이는 걸 보면, 사람들은 로봇이 살아있는 것처럼 느낀다. 현대판 미신적 애니미즘이 다시 밀려오고 있는 것이다.

로봇공학 연구자들은 로봇의 의식이 두 영역에 관련되어 있다고 생각한다. 하나는 생각하고 추론하고 창조하고 일반화하고 즉흥적인 일을 할 수 있는 능력인 '로봇 학습'이고, 다른 하나는 감정을 느끼는 능력인 '로봇 감정'이다. 현재 기계들은 처음에 가졌던 능력을 넘어서는 새로운 기술을 배울 수 있으므로 로봇 학습은 이미 현실이 되었다. 하지만 로봇이 무언가를 의식적으로 알거나 이해한다는 증거는 없다. 일부 연구자들은 언젠가는 로봇이 감정도 경험할 수 있게 될 것이라고 생각하지만, 그 가설은 검증할 수 없다.

MIT의 컴퓨터공학과 인공지능 실험실의 전 책임자 로드니 브룩스 Rodney Brooks는 심지어 로봇 감정은 이미 일어났는지도 모르고, 정교한 로봇은 감정과 연관된 행동을 보일 뿐 아니라 실제로 감정을 경험한다고 말한다. 믿음에 근거한 그런 주장을 뒷받침하는 실증적 증거가 없는데도 불구하고, 브룩스는 사실 인간은 단지 로봇일 뿐이다(!)라는 다른 믿음으로 자신의 믿음을 뒷받침한다.

"우리 인간은 모두 기계입니다. 물론 로봇은 인간과는 다른 부품으로 만들어졌지요. 인간은 생체재료로 만들어졌지만, 로봇은 실리콘과 금속으로 만들어졌습니다. 하지만 이론상으로는 인간의 감정도 기계적인 것입니다."

이것은 과학이라는 가면 아래 하나의 입증되지 않은 믿음을 똑같이 입증되지 않은 다른 믿음 위에 세우는 것이다.

브룩스는 의식에 대한 기계론적 관점의 타당성을 전혀 의심하지 않은 채, 어떤 객관적인 물리적 수단으로도 인간의 감정을 발견할 수 없다는 사실을 간과한다. 그리고 단순히 슬픔 같은 인간의 감정은 뇌에서 순환하는 신경화학물질들로 이루어져 있다고 주장한다. 또 그것이 사실이라면 로봇이 느낄 수 있는 슬픔 같은 감정이 컴퓨터 프로그램의 숫자로 설정될 수 있다고 추론한다.

로드니 브룩스는 실증적 증거를 지지하기보다는 형이상학적 이데올로기에 의존해서 단언한다. "인간은 물리학·화학 법칙에 의해 상호작용하는 생체분자들로 이루어져 있습니다. 우리는 우리 마음대로 하고 있다고 생각하고 싶지만, 사실은 그렇지 않습니다." 이는 살로 만들어졌든 금속으로 만들어졌든 인간과 로봇은 모두 단지 감정을 표현하는 기계라는 의미이다.

그러나 쮜리히 대학 인공지능 실험실의 리진 아랴난다 Lijin Aryananda는 그런 형이상학적 추측이 아닌 신중적 시실을 제시한다. "인간과 로봇의 상호작용에서 로봇 혼자 무언가를 할 수 있다고 생각하는 건 착각입니다. 인간과 로봇의 상호작용에서 일어나는 모든 것은 인간이 그것을 로봇에 주입했기 때문에 존재하는 것입니다." 그런데 과학자들은 의식을 로봇에게 주입하는 방법을 아직 발견하지 못했고, 설령 그 방법을 찾는다 해도 의식 자체를 찾아내는 방법을 모른다.

유전학, 신경과학, 인공지능, 로봇공학의 발전에도 불구하고 생명과 의식의 기원은 현재까지 여전히 과학의 신비로 남아있다. 과학계는 아직

의식의 정의에 대한 일치된 의견에 이르지 못했고, 의식을 측정할 수 있는 어떤 객관적·과학적 수단을 찾지 못했으며, 의식이 발생하는 데 필요충분한 원인도 모른다. 한 세기도 전에 윌리엄 제임스는 당시 과학이 마음 현상의 본질에 대해 이처럼 무지하다고 말했지만, 그 이후로도 기계론적 유물론이 지배적이었기 때문에 이 분야의 진보는 거의 이루어지지 않았다.

지난 세기 동안 의식에 대한 모든 과학적 연구에서 부족했던 점은 우리 자신의 몸-마음을 경험하는 1인칭 관점이다. 반면에 불교는 수세기 동안 쌓아온 1인칭 관점의 실증적 증거를 통해 생명력과 의식의 기원에 대해 설명해 왔다. 이는 많은 과학자들이 형이상학적 신조를 믿으며 미래의 과학적 돌파구에 희망을 걸고 있는 것과는 다르다.

붓다는 명상적 회의론을 다음과 같이 요약했다.

> 여러 번 들은 것에 의지하지 마라. 전통에 의지하지 마라. 소문에 의지하지 마라. 경전에 있는 것, 추측, 공리, 그럴듯한 추론, 숙고된 생각에의 편견, 다른 사람의 능력에 의지하지 마라. "그 스님이 우리의 스승이다."라는 생각에도 의지하지 마라. …… 당신 스스로 "이것은 선하다. 이것은 비난 받을 만하지 않다. 이것은 현자들에게 칭찬 받는다. 이것을 취하여 지키면 이로움과 행복이 온다."라고 알면 그것을 시작하고 거기에 머물러라.

철학적 회의론

20세기 초에 행동주의가 발달하자, 마음을 과학적으로 연구하는 것은 객관적이어야만 한다는 주장에 의해 주관적 경험, 특히 의식은 주변부로 밀려났다. 미국의 모든 행동주의자들 중 가장 저명하고 영향력이 큰 스키너 B. F. Skinner(1904-1990)는 느낄 수 있고 내적 성찰에 의해 관찰되는 내면세계의 실용적 유용성에 의문을 가지지 않았지만, 심적 상태와 심적 과정을 명확히 관찰하거나 알 수는 없다고 주장했다. 그는 이제까지 아무도 생각, 의견, 충동, 선택, 흥미, 백일몽 같은 마음의 활동이나 특성을 직접 바꾸지 못했으며, 그것들과 접촉하는 건 불가능하다고 단언하기까지 했다.

스키너가 과학은 물론 일상적 경험에도 들어맞지 않는 이상한 주장을 한 것은 아마도 미숙한 내적 성찰 능력 때문에 마음을 제대로 이해하지 못했기 때문일 것이다. 스키너는 우리가 의식을 직접 경험할 때 나타나는 특성을 통해 의식을 정의할 수 있음을 거부하고, 대신 앎의 경험을 "매우 특별한 형태의 행동" 같은 것으로 간주했다. 하지만 이는 명백히 잘못된 주장이다. 왜냐하면 우리는 사물에 어떤 행위를 하기 전이나 하지 않고도 그 사물에 대해 알 수 있으며, 또 인간이나 로봇은 분명히 무의식적 행동을 할 수 있기 때문이다.

행동주의 학파는 인간과 동물의 행동에 대한 귀중한 통찰을 얻었음에도 불구하고, 명상적 관점에서 보면 자신의 주관적 경험을 관찰하는 능력이 미숙한 개인들에 의해 만들어지고 발달된 것으로 보인다. 그렇다면 스키너를 비롯한 행동주의자들이 처음에는 마음을 뇌로 대체하고, 이어서 뇌를 개인으로 대체하면서 마음을 순전히 물리적 용어로 특징짓는 데 열중하는 것도 그리 놀라운 일이 아니다.

오늘날 많은 과학자들이 행동주의의 주요 관점들을 심각한 오류가 있는 것으로 보고 거부한 지 오래되었지만, 대니얼 데닛 같은 현대 분석철학자들은 여전히 그 믿음들을 지지하고 있다. 그는 인간의 본성에 대해 "우리 인간은 로봇으로 만들어진 로봇이다. 우리는 수조 개의 로봇 같은 세포들로 구성되어 있고, 각 세포들은 그것을 구성하는 분자처럼 마음이 없다. 하지만 그것들이 다수로 모여서 작용하면 의식을 가진 행위자가 하는 모든 행위를 하게 된다."고 말한다.

그는 스키너와 마찬가지로 인간이 내적 성찰을 통해 심적 상태와 활동을 경험하는 걸 인정하지만, 그런 직관을 신뢰해서는 안 된다고 주장한다. 태양이 지구 주위를 도는 것처럼 보이지만 사실은 착각인 것처럼, 내적 성찰에 의해 관찰한 심적 사건을 그대로 믿어서는 마음의 진정한 본질을 절대 알 수 없다는 것이다.

하지만 갈릴레오가 태양, 달, 행성을 망원경으로 확대해서 직접 관찰한 것을 믿지 않았다면 천문학과 과학 전체의 역사에서 중대한 역할을 결코 하지 못했을 것이다. 그럼에도 불구하고 대니얼 데닛은 의식의 본질과 잠재력을 이해하는 데 있어서 그리스도교와 불교 명상가들의 잠재적 기여를 단순히 무시해 버린다. "그들을 위한 최고의 변명이라고는 그들이 어쨌거나 문제를 일으키지 않는다는 것인데, 그것은 조금도 중요하지 않다."

또 한 명의 저명한 분석철학자 존 설John R. Searle은 20세기에 의식을 과학적, 철학적으로 조사하는 데 있어서 주관적 경험을 주변화한 결과를 이렇게 요약한다.

지난 반세기 동안 의식의 주관성을 받아들이지 못함으로써 철학과 심리학 연구에 끼친 처참한 결과는 대단히 심각했다. 겉으로는 결코 분명히 드러나지 않았지만, 지난 50년간 마음의 철학에서 많은 연구가 파산하고 심리학이 불모 상태가 된 까닭은 … 마음의 존재론은 환원할 수 없는 1인칭 존재론이라는 사실을 인식하고 받아들이는 데 계속 실패했기 때문이다.

존 설이 강조하는 점은 1인칭 경험의 실재는 행동 성향이나 뉴런의 활동 같은 다른 무엇으로도 환원될 수 없다는 것, 다시 말해 주관적 경험은 존재론적으로 환원될 수 없다는 것이다. 그는 이렇게 썼다. "마음 현상은 본질적으로 의식과 연관되어 있고 의식은 본질적으로 주관적이므로, 마음의 존재론은 본질적으로 1인칭 존재론이다. … 결론은 … 1인칭 관점이 근본적이라는 것이다."

이어서 존 설은 주의를 의식적 경험의 대상으로부터 경험 자체로 되돌리는 "자기 의식"의 가능성을 인정한다. 하지만 역설적이게도 존 설은 심적 사건에 대해 1인칭 관점이 근본적이라고 주장하면서도 동료 철학자 대니얼 데닛만큼처럼 내적 성찰에 대해 동의하지 않는다.

특히 1990년대 '뇌의 10년' 이래 점점 더 많은 신경과학자들이 광범위한 심적 과정의 신경 상관물을 집중적으로 연구하고 있다. 그래서 심적 사건과 뇌 활동의 연관성을 발견하는 데 많은 성공을 거두었지만, 실제 심적 과정의 본질 및 뇌와 심적 과정의 관계는 여전히 수수께끼로 남아 있다. 게다가 아직까지 아무도 의식의 신경 상관물을 찾지 못했다. 스키너는 마음을 행동으로 환원해야 한다는 그의 주장을 거부한 사람들이

"심리학자들로 하여금 이미지, 기억, 의식 등의 신경 상관물을 찾으려는 그릇된 시도를 하게 만드는 몹쓸 짓을 했다."고 생각했다.

하지만 최근 네덜란드의 신경과학자 빅터 라미Victor A.F. Lamme는 항상 행동을 통해서만 의식적 경험의 존재 혹은 부재를 탐구해야 한다는 주장 때문에 문제가 시작되었다고 반박했다. 빅터 라미가 보기에는 "의식적 경험에 대한 직관적·심리학적 개념들을 놓아 버리고 신경과학의 논쟁들이 제 갈 길을 가게 할 필요가 있다. 오직 마음의 개념을 뇌의 개념으로 바꾸어야만 진보가 이루어질 수 있다."

빅터 라미는 의식의 본질을 탐구하는 수단으로서 내적 성찰을 완전히 거부하면서, 피질 뉴런의 상호작용이 의식의 결정적 특징이라고 주장한다. 그는 오직 뉴런의 상호작용에 의해서만 의식을 정의함으로써 의식에 대한 철학자들과 심리학자들의 오랜 논쟁을 마무리 지을 수 있다고 믿었다. 하지만 많은 신경과학자들은 마음에 대한 그런 환원주의적 관점에 대해 회의적이다. 그 중 크리스토프 코흐Christof Koch는 의식의 신경 상관물과 뉴런의 상관관계를 확인하기 위해 상당한 노력을 기울였다.

일반적으로 과학자들은 관찰을 통해 알게 된 특성에 의해 자연 현상을 정의한다. 하지만 우리는 피질 뉴런의 상호작용에 대해 많은 것을 안다고 해도, 직접 경험하는 의식에 대해서는 아무것도 모를 수 있다. 반면에 피질 뉴런의 상호작용에 대해서는 아무것도 몰라도 의식의 직접적 경험에 대해 많은 것을 알 수 있다. 그러므로 뇌 활동을 통해 의식을 설명하는 것은 타당하지 않은 것으로 보인다. 이는 단순히 '과학적으로 이해하지 못하는 것'을 '조금은 더 과학적으로 이해할 수 있는 것'과 동일시하기로 결정하는 것일 뿐이다.

결국 빅터 라미는 이 주제에 있어서 의식의 본질에 대한 합의에 이르지 못한 철학자들과 심리학자들은 고사하고 동료 신경과학자들의 논란조차 잠재울 수 없었다. 진정한 철학적 회의론의 정신은 유대교 실존주의자 마르틴 부버Martin Buber의 말에 잘 나타나 있다. "나는 때때로 친구들에게 나의 입장은 '좁은 산등성이' 같다고 말했다. 나는 그 말을 통해 내가 절대적인 것에 대한 확실한 진술들을 포함한 넓은 고원 같은 체계가 아니라, 아직 밝혀지지 않은 것을 만나리라는 확실성을 제외하고는 표현할 수 있는 지식에 대한 확신이 없는, 만髓들 사이의 좁은 바위 등성이에 의지하고 있음을 말하고자 했다."

명상적 회의론

과학자들은 독창적인 이론과 가설을 평가하기 위해 "특이한 주장은 특이한 증거를 필요로 한다."는 원칙을 자주 인용한다. 하지만 그들이 거의 언제나 간과하는 것은 '누구'에게 특이한가이다. 현대 과학처럼 실재에 대해 절대 유효한 단 하나의 관점만 있다면 그 물음에 즉시 답할 수 있다. 이 경우 어떤 이론이 현재의 주류 과학적 믿음에 조금이라도 위배된다면 특이한 것이다. 하지만 의식의 본질에 대해 과학적 관점이나 명상적 관점이 있는 것처럼, 만약 실재에 대한 실증적 근거를 가진 다양한 관점들이 있다면, 한쪽에게는 특이한 이론이 다른 쪽에게는 상식적인 이론일 수도 있다.

지구에서의 생명의 기원을 예로 들어 보자. 오늘날 정통 생물학에 따르면 36억 년 전에 지구의 먼지로부터 최초의 살아있는 세포가 생겨서 자신을 복제하기 시작했고, 그 후손들도 자신을 복제했다. 이어서 수십억 세대와 수없이 많은 유전자 돌연변이의 과정을 거쳐 마침내 하나의 살아있는 세포로부터 살아있는 유기체인 미생물, 식물, 동물, 그리고 인간이 진화했다. 그리고 진화 과정의 어느 시점에서 어떤 다세포 유기체에서 발생한 충분히 복잡한 전기화학적 사건에 의해 의식이 발생했다. 그 결과 그 유기체는 비록 매우 원시적 방식이었지만 환경과 환경에서 분리된 자신의 몸을 주관적으로 인식하게 되었다.

이 관점을 지지하는 이들은 지구에서 생명과 의식이 처음 발생하고 진화하는 데 비물리적인 영향은 전혀 없었다고 주장한다. 더불어 그런 설명에 의문을 제기하는 사람은 과학적 탐구에 위배되는 마술적, 비합리적, 종교적, 초자연적 사고에 빠져 있다고 비난한다.

너무 자주 과학과 결합되는 그런 독단을 과학주의scientism라고 한다. 과학주의란 자연 세계가 물리학 법칙과 생물학 법칙에 의해 설명될 수 있는 물리 현상만으로 이루어져 있다는 믿음으로, 그것과 다른 관점은 '초자연적'인 것으로 여기고 즉각 거부한다.

하지만 과학주의를 옹호하는 이들이 인식하지 못하는 건, 지난 사백 년간 과학적 탐구를 통해 '물리적인 것'에 대한 사람들의 생각이 근본적으로 변화되었다는 사실이다. 게다가 20세기 물리학의 발달에 의해 많은 물리적 실체와 물리 과정이 수학적 추상화의 영역으로 사라져 버렸기 때문에, 오늘날에는 물리학자들조차 어디까지를 물리적인 것이라고 할 수 있는지에 대해 의견 일치를 이루지 못하고 있다. 특히 그런 면이 흔한 양자물리학에서는 측정되지 않은 양자계는 오직 추상적이고 비물리적인 '확률변수'probability functions에 의해서만 이해될 수 있다. 그리고 확률변수는 우리가 그것을 측정하면 실제 물리적인 것으로 변한다.

　이렇게 '물리적인 것'과 '비물리적인 것'의 경계가 매우 모호해졌으므로, 비물리적인 것 혹은 현재의 물리학·생물학 법칙에 의해 설명될 수 없는 것을 "초자연적"이거나 "마술적"이라고 분류하는 것은 정말 비과학적이고 순진한 태도이다. 현재의 물리학·생물학 법칙은 결코 완전하지 않기 때문이다. 현재 설명할 수 없는 자연 현상을 미래의 물리학·생물학 법칙에 따라 모두 설명할 수 있을 것이라고 말하는 것은 단지 과학주의적 믿음의 표현일 뿐이므로, 그 믿음을 실증적으로 입증된 과학적 사실과 혼동해서는 안 된다.

　앞서 말한 생명과 의식의 기원에 대한 이론은 과학적 관점에서 매우 널리 받아들여지며, 일반적으로 확실히 정립된 사실로 간주되고 있다. 조금이라도 실행가능해 보이는 대안적 이론이 없다는 것이다. 그러나 명상적 관점에서 보면, 그 이론은 특이한 증거가 필요한 특이한 이론이다. 그러므로 그 관점을 지지하는 실증적 증거를 마치 처음 평가하는 것처럼 재검토해 보자.

　먼저 '과학자들은 생명을 어떻게 정의하는가?'라는 물음으로 시작하자. 살아있는 유기체를 어떻게 정의하는가에 따라 여러 학파들이 있는데, 일부 학파는 세포 수준에 초점을 맞추는 데 비해 다른 학파는 분자 수준의 복제에 초점을 맞춘다. 그것은 생명에 대한 조작적 정의다. 곧 생명이란 스스로 만든 경계에 의해 공간적으로 규정되고, 내부에서 모든 구성요소를 재생함으로써 스스로 유지하고, 양분을 섭취하며, 노폐물은 반투과성막을 통해 배출하는 체계이다. 이 정의는 식물과 동물을 포함한 모든 생물에 공통된 것이다. 가장 원시적인 단세포 유기체도 최소한 수백 개의 유전자를 가지고 있고, 그것은 수천 개의 요소를 뜻하며, 모든 요소들은 매우 복잡한 방식으로 상호연관되어 있다.

이제 핵심 질문으로 돌아가자. 36억 년 전 지구에서 단세포 유기체가 최초로 출현하는 데 필요충분한 원인은 무엇이었는가? 이 점에 대해 과학자들은 여러 가설을 제시한다. 스탠리 밀러의 선례를 따르는 일부 과학자들은 최초의 생명은 원생액原生液의 유기 혼합물에서 발생했다고 믿는다. 그 혼합물은 화학적으로 비교적 안정되어 있었으므로 살아있는 유기체로 진화하려면 외부 에너지원에 의해 활성화되어야만 하는데, 바로 그것이 밀러가 50년 전에 인공적으로 아미노산을 합성했을 때 한 일이었다.

다른 과학자들은 살아있는 세포를 발생시킬 수 있는 화학적 과정을 촉발하는 광물 표면의 편평한 곳에서 생명이 발생했다고 믿는데, 그건 바다 밑 화산 분출구에 가까운 대양의 바닥에서 일어날 수 있는 일이다.

또 다른 과학자들은 지구에 나타난 최초의 살아있는 세포는 사실 멀리 떨어져 있는 다른 태양계의 행성에서 온 소행성에 실려 지구에 도착한 것이라는 가설을 제시한다. 이 가설은 세포가 수십억 마일 떨어진 섭씨 영하 3700도(절대온도 3도)의 깊은 우주로부터의 여행에서 살아남았고, 소행성이 지구 대기를 통과할 때 527톤/cm^2의 충격압과 섭씨 1000도 이상의 충격열에 살아남았으며, 소행성이 지구 표면과 충돌할 때의 충격을 견뎠다는 것을 의미한다. 얼마나 튼튼한 단세포 유기체인가. 물론 그런 극단적 추측이 설령 사실이라 해도 그것은 우주에서 최초로 그 생명이 어떻게 생겼는지를 설명하지는 못한다. 그것은 단지 아무도 확인하지 못한 멀리 떨어진 행성에 책임을 떠넘기는 것이므로 전혀 과학적인 설명이 아니다. 그럼에도 불구하고 일부 과학주의의 옹호자들은 비물질적인 영향을 지지하는 어떤 이론보다도 그런 이론을 선호한다. 이는 그들이 자신의 이데올로기에 무조건 형이상학적으로 깊이 헌신하고 있음을 보여준다.

과학자들은 생명이 발생할 수 있는 필요충분한 원인을 알지 못하기 때문에, 아무도 그 이론들이 옳은지 알지 못하고, 현재로서는 그것을 시험할 방법도 없다. 실험실에서 생명이 없는 화학적 혼합물로부터 생명체를 만들어내려는 시도는 지난 50년 동안 성공하지 못했다. 그렇다고 앞으로도 과학자들이 실험실에서 생명을 결코 만들지 못할 것이라는 의미는 아니지만, 원시 가스에서 만들어질 수 있는 아미노산으로부터 복제 능력이 있는 최초의 생명 형태가 만들어지기까지는 복잡성에서 큰 변화가 있어야만 한다는 사실은 변함이 없다. 그리고 위 이론들은 모두 실증적 확인을 거치지 못한 가설일 뿐이다.

하지만 이런 반박도 생명의 기원에 대한 유물론적·기계론적 관점에 헌신하는 이들의 신념을 막을 수 없다. 일부 연구자들은 인공생명 시스템을 설계하고 모형화하고 구성하고 오류를 제거하고 시험하는 데 몰두하고 있다. 지금까지 그들은 개개의 생물학적 구성요소는 만들었지만, 아직 완전히 새로운, 인조의, 자기복제 능력이 있는 유기체를 '무無로부터' 창조하지는 못했다. 그럼에도 불구하고 일부 과학자들은 지금도 실험실에서 만든 생물학적 요소인 '생체장치'를 일부 자연 세포와 함께 조합하여 혼성 유기체를 만드는 데 열중하고 있다. 그 생체장치들은 스스로 번식할 수 없으므로 다른 살아있는 세포를 납치해야만 한다. 따라서 살아있는 유기체를 인공적으로 만드는 것은 여전히 어려운 일이다.

비록 이 분야의 연구자들이 살아있는 세포는 단지 생물화학적 기계에 지나지 않는다고 확신하고 있지만, 자기보존적이고 자기복제력이 있으며 안정적인 별개의 유기 생물을 만들어야만 그들의 믿음을 입증할 수 있다. 아직 그런 일은 일어나지 않았으므로, 지구에서의 생명의 기원에 관한 기계론적·유물론적 이론 전체는 아직 입증되지 않은 가설인 것이다. 명상적 관점에서 보면 그 가설은 그것을 뒷받침하는 실증적 보강 증거가 거의 없는 특이한 이론에 지나지 않는다.

이제 의식의 본질과 기원에 대한 물음으로 돌아가자. 앞에서 보았듯이 거의 모든 심리학자들과 인지신경과학자들은 의식이란 뇌가 몸의 다른 부분들이나 물리적·사회적 환경과 상호작용하면서 생기는 뇌의 물리적 기능 혹은 창발적 속성이라고 생각하고 있다. 그들은 물리학, 화학, 생물학의 관점에서 의식을 이해할 수 있게 되는 것은 단지 시간문제일 뿐이라고 확신한다. 하지만 물리학, 화학, 생물학의 도구들을 사용해도 의식을 비롯한 주관적으로 경험되는 마음 현상을 찾아낼 수 없다. 그리고 내적 성찰을 통해 직접 관찰할 때 마음 현상은 물질적 속성을 전혀 나타내지 않는다. 따라서 명상적 관점에서 보면 의식의 본질이 물질적이라는 특이한 주장은 현재 이용할 수 있는 모든 과학적·경험적 증거에 의해 전혀 뒷받침되지 못하는 것으로 보인다.

어떤 뇌기능이 심적 상태와 과정이 발생하는 데 필요하다는 것은 분명히 사실이지만, 뇌기능만으로 모든 의식 상태를 발생시킬 수 있는지는 알려져 있지 않다. 수세기 동안 불자들은 인간의 심적 상태는 몸과 상관관계가 있다는 것, 그리고 어떤 육체적 과정이 바뀌거나 손상되면 연관된 심적 상태를 변화시키거나 중단시킬 수 있음을 알았다. 그러므로 최근 신경과학자들이 뇌스캔 영상을 통해 뇌와 심적 상태의 상관관계를 밝혀 주는 많은 발견을 하고 있지만, 그것은 불자들이 오랫동안 사실로 추정해 온 것을 단지 보다 정교하게 재확인하는 것에 불과하다. 게다가 뇌손상은 시각, 기억 등 특정한 심적 과정을 손상시키거나 완전히 제거할 수 있으며, 약물이나 환각제가 의식 상태를 급격히 변화시킬 수 있다는 것은 몇 세기 전부터 분명히 알려져 있었다.

하지만 불교를 비롯한 명상 전통들은 뇌기능에 의존하지 않는 더 미세한 의식 상태를 경험적으로 탐구해 왔다. 그 미세한 의식에 접근하려면 보통 수년 간의 철저한 명상 수련이 필요하다. 그 결과 일상적 의식 상태는 실제로 뇌에서 발생하는 게 아니라, 죽어서도 중단되지 않는 미세한 비물리적 의식의 연속체로부터 발생한다는 것을 알게 되었다.

그런데 과학자들은 그런 미세한 의식 상태나 비물리적 영향을 알아낼 객관적 수단이 없기 때문에, 그것이 의식의 발생에 기여할 수 있다는 사실을 대개 무시한다. 하지만 그런 태도는 우리가 이해하려 하는 현상에 대한 결론을 미리 정해 놓은 후, 그에 따라 탐구 방법의 한계를 정하는 것이다. 심상, 생각, 그 밖의 다른 의식 같이 비물리적인 것일 수 있는 현상을 직접 관찰하는 유일한 방법은 자신의 마음을 철저히 지켜보는 것이다. 그러나 130년 역사의 현대 심리학에서 1인칭 탐구처럼 정교한 방법은 개발되지 못했다.

이는 심리학자들이 다른 사람들의 1인칭 진술을 진지하게 받아들이지 않았다고 말하는 건 아니다. 그들은 수십 년 간 정신분석을 했고, 설문 조사를 했고, 정신물리학적 방법을 개발했으며, 그런 진술에 근거하여 다른 사람들의 태도, 믿음, 속성, 감정, 동통 등을 측정했다. 그러나 심리학자들은 마음의 현상을 직접 관찰하는 엄밀한 수단을 개발하지는 못했다.

만일 갈릴레오와 그 후의 천문학자들이 창문도 없는 실험실에 앉은 채, 아무 훈련도 받지 않은 피험자들로 하여금 이따금 밤하늘을 올려다보아서 관찰한 것을 '과학자들'에게 진술하게 하고, 그들의 뇌 상태와 행동을 묻고 관찰하는 것만으로 연구했다면 현재 천문학이 어떤 상태일는지 상상해 보라.

사실 어떤 객관적·물리적 관찰수단으로도 의식을 찾을 수 없으므로, 과학자들이 자연과학의 언어로 의식을 정의할 수 없었던 것은 그리 놀라운 일이 아니다. 그렇지만 우리는 우리가 오감에 의해서 물리적 환경과 몸을 자각하고 있음을 알고 있다. 또한 내적 성찰에 의해 우리 자신의 심적 상태와 과정을 알고 있다. 따라서 우리가 경험하는 의식을 정의하는 특성은 생물학의 객관적 용어가 아니라 오직 1인칭 경험의 언어로만 표현될 수 있다.

지구에서 지난 36억 년에 걸쳐 생물학적 진화가 일어나는 동안 의식이 있는 유기체가 언제 처음 생겼을까? 과학자들은 살아있는 유기체에서 의식이 발생할 수 있는 필요충분한 원인을 모르고, 설령 의식이 존재한다는 걸 안다 해도 의식을 객관적으로 찾아낼 수 없기 때문에 이 물음에 답할 수 없다. 따라서 과학자들은 히드라처럼 단순한 신경계를 가진 원시 유기체가 불가사의하게 의식을 가지게 되었다고 추정할 뿐이다. 마찬가지로 과학자들은 발달 중인 인간 태아에서 의식이 발생하기 위해 어떤 조건이 필요한지 알지 못한다. 그러므로 그들은 태아에서 발생한 의식이 언제 인간 고유의 의식이 되는지는 고사하고 의식 자체가 언제 처음 발생하는지조차 알지 못한다.

이와 관련해서 대다수 과학자들은 거의 총체적으로 무지한데도 불구하고 여전히 의식의 필요충분한 원인이 본질적으로 순전히 물질적이라는 점이 밝혀질 것이라는 '환상 같은 지식'을 고수하고 있다. '물질적인' 것과 '비물질적인' 것의 경계가 모호함에도 불구하고 여전히 그들은 비물질적 가설을 용납하지 않고 있는 것이다.

마음을 연구하는 많은 과학자들은 과학이 직면하고 있는 가장 도전적인 임무는 의식을 이해하는 것이라는 사실을 잘 알고 있지만, 20세기 초부터 최근까지 과학계는 그것을 무시해 왔다. 그 후 1976년에 제임스 왓슨과 공동으로 DNA의 이중나선구조를 발견한 프랜시스 크릭Francis Crick은 의식을 생물학적 현상으로 간주하기로 결정했고, 그에 따라 의식을 과학탐구의 대상으로 삼는 것이 타당하게 되었다. 하지만 프랜시스 크릭은 기계론적 유물론의 체계 안에서 의식을 이해하려고 30년 동안 계속 노력했지만, 사실 아무런 발전을 하지 못했다.

이 분야의 일부 연구자들은 만약 의식의 통일성-개인이 자신과 주위 세계를 인식하는 일관성을 담당하는 신경 상관물-을 생물학적으로 설명할 수 있다면, 실험을 통해 신경 상관물을 다룰 수 있게 될 것이며, 그 결과 신경활동이 어떻게 주관적 경험을 발생시키는가라는 어려운 문제를 해결할 수 있을 것이라고 믿는다. 그러나 다른 연구자들은 의식의 통일성을 이루는 신경 상관물은 뇌피질과 시상thalamus 전체에 넓게 분포되어 있을 가능성이 많기 때문에 그것을 정확히 집어낼 수 없을 것이라고 주장한다.

일부 과학자들과 철학자들은 자기인식, 즉 인식함에 대한 인식만을 의식이라고 정의하자고 제안한다. 그 정의에 따르면 의식이란 단순히 주관적 상태를 인식하는 능력뿐 아니라 그 경험을 주목하고 성찰하는 능력과, 지금의 삶과 역사 속의 삶이라는 맥락 안에서 그런 성찰을 할 수 있는 능력을 말한다. 이런 내적 성찰의 인식 능력은 오래전부터 인간에게만 있는 것으로 여겨졌으나, 최근의 연구는 인간 외의 영장류뿐 아니라 쥐도 자신의 심적 과정을 인식하고 성찰할 수 있음을 보여 준다.

수십 년 동안 인공지능 연구자들은 기계론적 유물론의 맥락에서 내적 성찰을 도저히 설명할 수 없을 것 같았기 때문에 아예 내적 성찰의 가능성을 무시했다. 그러나 지금은 계산에서 무엇이 틀렸는지를 추론할 수 있고, 문제 해결을 위해 현재 방식을 고수할지 아니면 새로운 전략으로 전환할지를 고려할 수 있는 컴퓨터 시스템까지 개발되었다. 인간이 그렇게 하는 것을 의식적으로 내면을 자각하는 내적 성찰, 곧 메타인지 metacognition라고 하는데, 컴퓨터가 의식 없이 인간 의식의 메타인지와 유사한 행위를 흉내내면, 일부 인공지능 연구자들은 순진하게도 내적 성찰을 할 수 있는 기계를 발명했다는 결론으로 도약한다. BBN 테크놀러지의 마이클 콕스Michael Cox는 확신을 가지고 말한다. "나는 기계는 본래 자기이해를 할 수 없다고 생각하지 않습니다. 내적 성찰과 메타인지는 마술적이고 신비적이고 영적인 것이거나 오직 인간에게만 있는 게 아닙니다."

그러나 이 분야의 전문가인 리진 아랴난다가 경고한 것을 잊지 말아야 한다. "인간-로봇의 상호작용에서 일어나는 모든 것은 인간이 그것을 주입했기 때문에 존재하는 것입니다." 그러므로 컴퓨터가 의식적으로 자기인식을 할 수 있으려면 컴퓨터를 설계하는 사람이 그렇게 프로그램하는 것만이 유일한 방법이다. 하지만 과학자들은 어떤 살아있는 유기체에 있어서도 의식의 필요충분한 원인을 모르기 때문에 컴퓨터 같은 기계에 그런 조건을 만들 수 없다. 따라서 인공지능 연구자들이 아무 증거도 없이 기계가 의식적 자기이해를 경험한다고 믿는다면, 그들은 마술적이고 신비적인 생각에 빠져 있는 것이다.

대체로 과학자들은 육체의 고통 같은 가장 단순한 경우에서조차 어떻게 특정 뉴런의 활성화가 의식적 지각이라는 주관적 요소를 유발하는지를 알지 못한다는 점에 동의한다. 현재는 그 문제를 밝혀 줄 실증적 수단이 없으며, 또한 뇌의 전기 신호 같은 객관적 현상이 어떻게 주관적 경험을 일으킬 수 있는지를 설명하는 적절한 이론도 없다. 일부 사람들은 과학자들이 주관적 경험의 요소 및 그것과 뇌의 관계를 알아내고 분석할 수 있도록 연구 방법을 크게 혁신해야만 이 분야의 돌파구가 열릴 수 있다고 믿는다. 하지만 그럴 수 있으려면 과학자들이 가장 넓은 범위의 주관적 경험을 자세히 관찰해야만 하는데, 그것은 오직 내적 성찰에 의해서만 가능하다. 이는 마음의 과학은 물론 생물학과 물리학에도 반향을 일으킬 뿐만 아니라 과학적 사고의 완전한 전환을 요구할 수도 있다.

현대 과학의 정통적 방법과 관점에 도전하기 위해서는 대담한 상상력과 불굴의 용기가 필요하다. 그런 개척자는 노벨상을 받은 물리학자 리처드 파인만Richard Feynman의 조언에서 자신감을 얻을 수 있을 것이다.

> 더 깊은 통찰을 얻으려면 오직 정교한 측정과 신중한 실험을 해야 한다. 그런데 측정과 실험 후 우리는 예상하지 못했던 것을 발견한다. 우리가 짐작했던 것과 전혀 다른 것, 우리가 상상할 수 있는 것과 전혀 동떨어진 것을 보는 것이다. … 과학이 진보하기 위해 필요한 것은 실험하는 능력과 결과를 있는 그대로 알리는 정직함이다. 실험의

결과는 특정한 결과를 기대하는 사람을 고려하지 않고 진술되어야만 한다. … 과학을 중단시킬 수 있는 길 중의 하나는 단지 법칙을 알고 있는 영역에서만 실험하는 것이다. 이와 반대로 과학자는 자신의 이론이 옳지 않음을 증명할 가능성이 가장 많아 보이는 바로 그 곳에서 가장 부지런히 노력해서 연구한다. 다시 말해 우리는 가능한 빨리 우리가 옳지 않음을 증명하려고 노력하는 것이다. 우리는 오직 그 길을 통해서만 진보할 수 있기 때문이다.

17

---- 수행 ----

마음의 공을 명상하기

    이전 수행에서처럼 몸과 말과 마음을 자연스러운 상태에 머물게 하세요. 그리고 인식을 명확히, 복잡한 관념 없이, 꾸준히 눈앞의 공간에 두세요. 인식이 자리 잡고 마음이 고요해지면, 안정된 상태가 된 것을 살펴보세요. 인식을 부드럽게 풀어 주고, 다시 한 번 지금의 의식을 지켜본 후, 스스로 물어 보세요. 이 마음의 본성은 무엇인가? 마음이 마음 자체를 꾸준히 지켜보게 하세요. 이 마음은 빛나고 고요한 것인가요? 아니면 마음을 지켜보려 할 때 아무것도 찾을 수 없나요?

    지금 집중하고 있는 마음의 본성을 자세히 살펴보세요. 여기에는 마음을 자연스러운 상태에 머물게 한 당신, 그리고 안정된 마음이라는 서로 다른 두 실체가 있나요? 그렇게 생각하면, 그 둘이 어떻게 다른지 알기 위해 각각의 성질을 찬찬히 살펴보세요. 그렇지 않고 당신의 마음이라는 하나의 실체만 있다면, 그 특성을 살펴보세요. 그 마음은 순간마다 생기는 여러 심적 사건들 중 하나인 '마음'인가요, 아니면 모든 마음-순간들에서 독립되어 존재하고 그것을 감독하고 통제하기도 하는 것인가요? 인식하는 어떤 대상에서도 마음이 발견되지 않는다면, 대상을 지켜보고 있는 것의 본성이 무엇인지 살펴보고, 그것이 있음을 제외하고 다른 성질이 있는지 보세요.

마음에 크기나 중심 또는 가장자리가 있나요? 마음을 직접 경험할 때, 마음이 몸의 안쪽이나 바깥쪽, 어디에 있는지 보세요. 스스로 존재하는 실체로서 마음의 본성은 무엇인가요? 마음의 고유 본성을 확인할 수 없다면 그 공空함을 지켜보세요. 마음이 스스로 실체로서 존재하지 않는다면, 바로 지금 마음은 어떻게 명상할 수 있는 것일까요? 마음을 찾지 못하고 있는 것은 누구 혹은 무엇인가요? 그것을 꾸준히 똑바로 바라보세요. 그것이 어떤 것인지 발견하지 못한다면, 마음을 찾지 못하는 인식 자체가 마음인지를 신중히 살펴보세요. 만약 그렇다면 그 인식은 어떤 것인가요? 그 고유의 특성은 무엇인가요? 그 인식은 나타남을 제외한 다른 성질이 없다고 결론을 내린다면, 그 결론을 내린 것의 본성이 무엇인지 살펴보세요. 당신이 경험한 마음이 존재나 비존재의 범주에 들어맞는지 보세요.

마음의 본성이 무엇인지 알려고 할 때, 마음이 존재한다거나 존재하지 않는다고 말할 수 없음을 알게 될지도 모릅니다. 만약 그렇다면 그 결론에 이르게 된 것을 신중히 살펴보세요. 그것은 고요가 가득한가요? 빛나나요? 공한가요? 마음의 본성에 대한 확실한 통찰을 얻을 때까지 마음을 주의 깊게 지켜보세요.

18

―― 이론 ――

불교의 참여하는 세계

무아적 우주

붓다 시대에 인도의 철학자들은 실재의 본질을 다양한 관점으로 바라보았다. 어떤 이들은 전능한 최고 존재나 여러 신들 같은 초자연적 힘이 우주를 다스린다고 주장했다. 다른 이들은 인간이 자신의 행위의 결과를 경험하는 독립적 행위자라고 생각했다. 또 다른 이들은 사실 운명이 모든 것을 지배하고 있으므로 인간은 선택에 의해 정말 뭔가 달라질 수 있다고 생각하도록 속고 있는 것이라고 말함으로써 숙명론을 지지했다. 또 어떤 이들은 인과 관계를 전적으로 부정하고, 모든 일은 단지 우연에 의해 일어날 뿐이라고 말했다. 하지만 이러한 관점의 차이에도 불구하고, 그들은 모두 신적인 창조자 혹은 만물의 근원이 되는 최초의 근본 물질 같은 우주의 첫째 원인이 있다고 생각하는 점에서는 의견이 같았다.

반면에 붓다는 우주 밖에 존재하는 창조주나 신에 의한 초자연적 영향이나 개입을 인정하지 않고, 우주는 의존적으로 연관된 자연발생적인 사건들의 모임이라는 전례 없는 우주관을 가졌다. 예를 들어 붓다는 우리가 고통을 겪는 원인은 우리의 죄를 벌하는 신이 아니라 갈망, 증오, 망상 같은 번뇌라고 말했다. 따라서 세상의 모든 현상은 심적 과정과 물리 과정을 포함한 자연적인 인과관계를 통해 이해할 수 있었다. 붓다는 이렇게 대담한 주장을 함으로써 당시 지배적이었던 인과관계에 대한 네 가지 이론들을 모두 부정했다.

붓다는 실재를 있는 그대로 이해하려면 독립적으로 존재하는 것처럼 보이는 객관적·물리적 세계가 아니라 경험의 세계를 출발점으로 삼아야 한다고 말했다. 그는 실재하는 괴로움, 괴로움의 근본 원인, 괴로움에서 해방될 수 있는 가능성, 괴로움에서 벗어나는 길을 경험을 통해 이해하고자 했다. 붓다는 그것을 살펴본 후, 현상 세계에는 세 가지 근본적 특성이 있음을 깨달았다.

첫째, 원인과 조건에 의해 발생하는 모든 현상은 변하기 마련이다. 둘째, 갈망, 적대감, 망상 같은 번뇌에 물든 경험은 괴로움을 준다. 셋째, 변치 않는 단일하고 독립된 자아는 물리 현상이나 마음 현상 또는 다른 어디에서도 찾을 수 없다. 붓다는 이러한 '존재의 세 특성'과 더불어, 현상이 실질적으로 스스로 존재한다고 여기고 집착하는 망상을 극복하는 것이 중요하다고 말했다.

일반적으로 불교는 '무아'無我를 강조한다고 알려져 있지만, 붓다가 자아의 존재를 완전히 부정한 것은 아니다. 실제로 붓다는 자아가 존재하는 가라는 질문을 받았을 때 긍정도 부정도 하지 않았다. 그 이유는 만약 붓다가 자아의 존재를 완전히 부정하면, 일종의 허무주의, 즉 철학적으로 모든 실재를 부정하는 것으로 오해될 수 있었기 때문이었다. 그것은 붓다가 항상 피하려고 주의하는 관점이었다.

붓다가 가르친 무아의 의미를 이해하기 위해, 당신이 변치 않고 단일하고 독립된 존재라고 전제하고 당신의 자의식을 깊이 살펴보라. 당신은 자신이 매일, 매년 똑같고 변함없는 동일성을 가지고 있다고 생각하는가? 지금 당신은 십 년 전의 당신과 같은 사람인가? 만약 그렇게 생각한다면 당신의 몸과 마음을 주의 깊게 살펴보아서 변치 않는 것이 있는지 찾아보라. 또 당신은 자신이 몸과 마음이 항상 변하는 많은 과정들에서 분리되어 존재하는 통일되고 단일한 자아라고 생각하는가? 만약 그렇다면 '당신'이라고 불리는 실체를 경험을 통해 확인해 보라.

마지막으로 당신은 자신이 몸, 마음, 환경에 의존하지 않고 존재하는 자아를 가지고 있다고 생각하는가? 그런 독립된 자아가 몸과 마음에 존재하거나 혹은 몸과 마음에서 따로 떨어져서 존재한다는 증거를 찾을 수 있는지 경험을 통해 확인하라. 예를 들어 당신은 뇌 혹은 몸의 다른 부위의 기능이나 영역과 자신을 동일시할 수 있는가? 아니면 그것들은 단지 몸의 일부이고 전체의 기능과 요소일 뿐인가? 마찬가지로 당신의 생각, 감정, 기억, 지각 중 어느 것이 정말 당신인가? 아니면 그것들은 단지 생각, 감정, 기억, 지각일 뿐인가?

이번에는 물리적 사건과 심적 사건이 원인이 되어 서로 영향을 주는 것을 주의 깊게 지켜보라. 즉, 한 생각이 그 후의 생각이나 감정에 영향을 주는 것, 감정이 몸에 영향을 주는 것, 몸의 감각이 생각, 욕망, 의도, 감정에 영향을 주는 것을 살펴보라. 예를 들어 당신이 배우자의 행동을 짜증스럽게 생각할 때는 부정적인 기분이 자녀들에게도 향하게 된다. 그런 상태는 몸에 스트레스가 쌓이게 하고, 이어서 자신을 비판적으로 대하게 하고, 그 결과 우울하고 자존감이 손상될 수 있다.

그런 인과관계의 상호작용을 내적으로, 다시 말해 정신물리학적 과정 자체로서 이해할 수 있는가? 아니면 그 상호작용이 몸과 마음에서 독립된 별개의 자아에 의해 통제되고 영향 받는다는 증거를 볼 수 있는가?

남들 및 주변 세계와의 상호작용에서 변치 않고 단일한 독립된 자아라는 자의식이 자기중심적 갈망과 적대감의 근거로서 작용하는지를 지켜보라. 예를 들어 남의 잘못을 부정적인 시선으로 바라보고 있을 때 나는 그 사람보다 본질적으로 우월하다고 느끼는가? 나의 우월함이 나의 자아의 본질인 것처럼 그의 잘못은 그의 정체성에 본질적인 것이라고 느끼는가? 나의 개인적 정체성이 나와 남들 사이에 장벽을 쌓고, 또 과거에 붙잡혀서 변할 수 없다는 생각에 나 자신을 가두는가?

그런 느낌은 나의 정체성의 본질을 오해하는 근본적 망상 때문인지도 모른다. 내가 나의 잘못이나 한계가 바로 나 자신이라 여기고, 나를 과거의 나에서 변치 않은 같은 사람으로 간주한다면, 자기 비난에 빠질 수도 있다. 반대로 남들의 잘못을 찾아내고 나의 장점에 초점을 맞춘다면, 나는 끊임없이 남들을 얕보면서 자신이 우월하다는 느낌에 사로잡히게 될 것이다.

명상은 이런 나의 정체성과 타인의 정체성이라는 화석화된 인식을 깨뜨려서, 우리는 모두 변하고 있다는 것, 그리고 우리의 몸과 마음은 끊임없이 유동적 상태라는 사실을 보여 줄 수 있다. 그러면 우리는 타인들의 결점에 집착하기를 멈출 수 있고, 날마다 우리 자신과 우리가 맺는 관계를 스스로 재창조할 수 있을 것이다.

불교의 관점으로는 몸과 마음 안에서도, 밖에서도 본질적으로 존재하는 자아 혹은 영혼을 찾을 수 없다. 하지만 그것은 우리가 전혀 존재하지 않는다거나 우리의 모든 생각과 행위가 오직 몸의 생화학적 과정에 의해 발생한다는 의미가 아니다. 생리적 과정이 마음에 영향을 주는 것처럼 생각, 감정, 욕망, 의도는 몸과 심적 상태에도 영향을 준다. 우리는 독립적 자아로서 존재하는 게 아니라, 순간마다 생겨나고 항상 변하는 환경과 상호작용하는 심적 사건과 물리적 사건의 모임에 의존해서 존재한다. 심리학자들과 신경과학자들도 마음과 뇌를 연구할수록 마음을 지배하고 뇌를 통제하는 독립된 자아가 없다는 결론에 이르게 된다. 마음-뇌의 상호작용은 마음과 몸에서 독립적으로 존재하는 자아와 상관없이 내적으로 이해할 수 있다.

불교는 또한 자아가 본래 존재한다는 생각은 자신에 대한 갈망과 집착과 더불어 타인에 대한 적대감과 미움의 바탕이 되는 근본적 망상이라는 중요한 통찰을 더한다. 그리고 모든 괴로움의 뿌리에는 갈망, 적대감, 망상이라는 마음의 삼독三毒이 있다고 한다. 배가 고프면 음식을 찾고, 두려우면 위험을 피하려는 반응은 자연스럽고 생존을 위해 필요하므로 잘못된 것이 아니다. 하지만 나와 남들이 완전히 분리되어 있다고 생각하고, 자기중심적으로 '나'와 '나의 것'에 집착하고, 나의 평안을 위협하는 '남'에게 적대감을 느끼고 공격적으로 반응할 때 문제가 생긴다.

이때 명상은 고통만을 초래하는 건강하지 못한 애착에 빠지지 않으면서, 진정으로 필요한 것을 충족시키고, 위험을 피하기 위해 어떤 행위를 해야 하는가를 명확히 알 수 있도록 도와준다.

예를 들어 조용히 앉아 명상하는 동안, 예전에 누군가 말이나 행동으로 나를 불쾌하게 했던 경우를 생각해 본다. 내가 비웃음을 당하고 학대받았던 순간을 떠올려서 고통과 분노의 감정이 생기게 한다. 그리고 그때 생겨나는 자의식을 주의 깊게 살펴본다. 상처 받고 불쾌하고 화가 난 것은 누구인가? 나의 몸인가? 나의 마음인가? 아니면 그런 상처에 반응하는 사람은 나의 몸과 마음 밖에 있는 다른 존재인가? 내가 독립된 자아라는 느낌은 허상인가, 아니면 실제로 근거를 찾을 수 있는가?

이제 일상생활을 하면서 이 수행을 한다. 그래서 어떤 상황에서 '나'라는 자아가 강하게 반응하는 걸 느끼면, 즉시 그 느낌의 본성을 살펴본다. 그 느낌이 존재하는 건 확실하다. 하지만 '나'라는 존재, 나의 정체성이라는 주관적 경험에 일치하는 존재가 정말 있는가, 아니면 허상일 뿐인가? 마찬가지로 내가 마음을 다스린다고 느끼거나 다스리지 못한다고 느낄 때, 내가 정말 몸과 마음의 주인인지 주의 깊게 살펴본다.

내가 독립된 자아라는 의식이 강할수록 남들이 나에게 무례하거나 못된 말을 하면 불쾌하게 느끼기 쉽다. 그때 불쾌함을 느끼고 자신을 보호하려는 것이 정당하다고 느끼는 것은 자연스러운 일이다. 하지만 그런 경우에 남들의 행동을 바꾸려고 내가 바친 시간과 노력을 생각해 보라. 또 그것이 얼마나 효과적이었는지를 돌아보라. 특히 내가 도덕적 우월감을 가지고 그들에게 조언을 했을 때, 무례한 사람들이 정말 나의 조언을 따르려고 했는가? 물론 배우자나 정말 친한 친구 같은 사람들이라면, 그들 자신과 남들에게 해를 덜 끼치도록 그들의 행동을 바꿀 수 있게 도와야 하는 경우가 있다. 그것이 진정한 우정이다. 그러나 대개 남들은 우리의 조언을 들으려고도 하지 않는다. 그러므로 우선 그들의 행동으로 인해 불쾌함을 느끼는 것을 피할 수 있다면 괴로움을 상당히 줄일 수 있다. 우리 자신의 문젯거리도 많은데 남들의 잘못된 태도와 행동으로 인해 고통을 받아야 할 이유가 있을까?

불교 명상가들은 수세기 동안 자아를 탐구한 결과 독립된 자아를 찾을 수 없다는 결론에 이르렀다. 그런 경험에 의한 탐구를 통해 우리는 변치 않고 단일한 독립된 자아라는 허상을 버리고 자유로워질 수 있다. 또한 같은 분석 방법을 다른 모든 현상의 본질을 탐구하는 데 사용할 수 있다.

예를 들어 붓다는 자아와 마찬가지로 마차도 여러 부품들과 따로 떨어져 있는 실체로서 존재하지도 않고, 부품들 외의 다른 실체로서 존재하지도 않는다고 말했다. 또 마차는 개개의 부품들 가운데서 찾을 수도 없고, 부품들을 쌓아 놓은 것도 마차가 될 수 없다. '마차'라는 말은 따로 있어도 모여 있어도 마차가 아닌 부품들이 모인 어떤 것을 가리키려고 사용하는 것이다. 마차는 오직 우리가 그 부품들의 모임을 마차라고 부를 때만 존재한다.

마찬가지로 '나'라는 말도 진정한 자아가 아닌 몸과 마음을 가리키기 위해 사용된다. '나'는 오직 내가 관념적으로 그렇게 가리켜질 때만 존재한다. '나'와 '나의 것'이라는 말과 같은 관념과 관습을 사용할 때, 우리는 그 관념이 실제이고, 우리가 투사하는 것에서 독립된 것이라고 여기고 그것에 집착하는 경향이 있다. 그러면 그것은 끝없는 괴로움을 초래한다. 반면에 그런 망상이 없는 사람은 '나'와 '나의 것'이라는 관념과 말을 사용하더라도 그것에 속지 않는다.

따라서 '나'와 '나의 것'이라는 말을 사용하는 것은 잘못이 아니다. 단지 '나'와 '나의 것'이 절대 진실이며, 다른 모든 존재들과 분리되어 있다고 생각하고, 그것에 집착할 때 문제가 생긴다. 그러면 나와 남들 사이의 절대적 단절감을 초래하기 때문이다. 단절감은 인종주의, 이념적 불관용을 비롯한 온갖 갈등의 뿌리이다.

비록 우리가 생각하고 이름 부르는 모든 것들이 스스로 고유 본성에 의해 존재하는 것으로 보이지만, 그 본성은 '공'하다. 그것들은 우리와 절대적으로 분리되어 있지 않으므로, 우리의 행복과 고통의 '진정한' 객관적 원인이 아니다. 우리의 생각과 태도는 우리가 경험하는 모든 것들과 연관되어 있다는 사실을 깨달으면, 외부 세계가 우리가 바라는 대로 변하기를 기다리기보다는 우리의 마음을 바꿈으로써 실망과 좌절을 줄일 수 있다.

마음의 대상은 우리의 지각, 생각, 언어와 상관없이 고유 본성에 의해 존재하는 것처럼 보이지만, 그것은 착각이다. 사실 우리가 경험하는 모든 것은 오직 그 주관적 준거틀과 관련해서만 생겨난다. 이런 의미에서 우리가 지각하는 모든 것은 꿈속의 현상과 유사한 '공한 현상'이라고 볼 수 있다. 그것은 절대 객관적인 것처럼 보이지만, 그 자체의 고유 존재는 '공'하다. 그러므로 현상의 궁극적 본성을 완전히 깨닫기 위해서는 자아의 본성이 공함을 깨달아야 하고, 더불어 마음과 우주의 모든 물질적 요소의 본성도 공함을 깨달아야만 한다.

모든 현상의 고유 본성이 공하다면 그것은 어떻게 존재할 수 있는가? 그리고 어떻게 기능할 수 있는가? 바로 여기에 붓다의 가르침인 연기緣起가 관련된다. 모든 무상無常한 현상은 이전의 원인과 조건에 의존해서 생겨난다. 하지만 그 인과관계는 실제 현상들 간의 절대 객관적인 상호작용이 아니다. 예를 들어 붓다는 괴로움을 초래하는 원인이 괴로움을 겪는 사람 자신인지, 다른 사람인지, 그 사람과 다른 사람 모두인지, 아니면 둘 다 아닌지 질문을 받았을 때, 네 가지를 모두 부정했다.

나의 개인적 존재라는 지속적 연속체에서, 어떤 행동을 할 때의 나와 그 결과를 경험할 때의 내가 똑같은 사람이라면, 나는 시간이 지나도 지속되고 변치 않는 실체로서 존재한다는 의미이다. 하지만 그런 변치 않는 자아가 있다는 증거는 없다. 우리 몸과 마음의 모든 요소들은 끊임없이 유동적인 상태이며 매 순간 변함없이 같은 것은 없다. 반대로 우리가 어떤 행동을 할 때의 정체성과 그 결과를 경험할 때의 정체성이 전적으로 다르다고 하면, 그것은 우리의 심상속(心相續, mindstream)이라는 독특한 연속체와 나중의 경험과 이전의 경험을 연관시키는 일관된 법칙 같은 인과관계를 무시하게 된다.

분명히 질병, 전쟁, 자연 재해, 타인의 행위, 우리의 생각과 행동 등 괴로움이 발생하는 데 영향을 주는 요인들이 많이 있다. 그것들이 우리가 괴로움을 경험하는 데 영향을 주는 건 사실이지만, 괴로움은 본질적으로 그 요인들 때문에 발생하는 게 아니다. 괴로움은 질병, 자연 재해, 전쟁 같은 앞선 원인들과 더불어 우리가 그 경험에 '괴로움'이라는 이름을 붙이기 때문에 발생한다.

마차를 만드는 경우를 생각하면 더 쉽게 이해할 수 있다. 우리가 바퀴, 차대, 좌석을 하나씩 조립해 갈 때 그것이 마차가 되는 것은 정확히 언제인가? 그것을 굴릴 수 있을 때인가? 아니면 마차의 기능을 할 때인가? 그때를 알려면 우리가 '마차'라는 말로 무엇을 의미하는지를 알아야만 한다. 이는 우리가 '마차'라는 생각이나 이름을 투사할 때만 그 부품들의 모임이 실제로 마차가 된다는 의미이다. 반면에 그 부품들이 그런 주관적인 이름 붙이기에서 독립되어 있다면 부품들만으로는 마차가 되지 못한다. 마찬가지로 마차를 점차 분해한다면, 우리가 그것을 '마차'라고 부르지 않게 될 때만 그것은 더 이상 마차가 아니게 된다. 마차가 존재하느냐 존재하지 않느냐는 그것의 객관적 원인, 부품들, 속성뿐 아니라 "이것은 마차다" 또는 "이것은 더 이상 마차가 아니다"라는 우리의 생각에도 의존하는 것이다.

괴로움 같은 주관적 사건도 마찬가지다. 괴로움은 다른 모든 현상처럼 이름이나 관념에서 독립된 고유 본성이 없으므로, 전적으로 자체에서 생기는 것도 아니고, 다른 것에서 생기는 것도 아니며, 그 자체와 다른 것 모두에서 생기는 것도 아니고, 그 자체도 다른 것도 아닌 것에서 생기는 것도 아니다. 마찬가지로 괴로움이 생길 때는 내가 그것을 '나의 것'이라고 붙잡을 때만 '나의' 괴로움이 된다. 괴로움의 본성에는 그것을 나의 괴로움으로 만드는 게 없다. 하지만 내가 괴로움을 나의 것으로 동일시하면 그것은 나의 괴로움으로서 경험된다.

이와 유사하게 한 아이의 엄마는 아이를 자신과 동일시하기 때문에 아이의 괴로움을 자신의 괴로움처럼 생생하게 경험한다. 하지만 그 엄마는 다른 아이의 괴로움은 그리 밀접히 경험하지 못한다. 왜냐하면 다른 아이를 자기 아이처럼 여기지 않으므로 다른 아이의 기쁨이나 슬픔과 그리 강하게 동일시하지 않기 때문이다.

확실히 붓다는 괴로움이 있다는 걸 부정하지 않았다. 하지만 그는 괴로움이 그 자체로 혹은 본래 존재하는 다른 현상에 의존해서 본질적으로 생긴다는 전제에 도전했다. 이와 유사하게 다른 대화에서 붓다는 행복도 그런 네 방식 중 하나에 의해 본질적으로 생긴다는 전제를 부정했다.

기쁨과 슬픔은 본래 있는 것이 아니라 우리가 그것을 기쁨이나 슬픔으로 여길 때만 존재한다는 것을 알게 되면, 우리는 더 이상 느낌과 감정에 의해 희생당하지 않을 수 있다. 느낌과 감정은 본래 그렇게 느껴지는 것이 아니며, 우리는 느낌과 감정에 대한 우리의 태도에 따라 그것을 경험하게 된다. 우리가 느낌이나 감정과 동일시하지 않고 그것들이 생기는 것을 그저 지켜보면, 느낌과 감정은 우리를 괴롭힐 수 없다. 그러면 우리는 감정을 대하는 새로운 태도를 배울 수 있다. 더 나아가 고통이 생기면 남들에 대한 더 큰 공감과 자비심을 개발하기 위해 고통을 이용할 수 있고, 기쁨이 생기면 그것이 지속되기를 바라며 집착하는 대신 그 기쁨을 남들에게 나누어 줄 수 있다.

때로는 상황이나 남의 행동을 바꾸기 위해 우리가 할 수 있는 일이 거의 없다. 하지만 일어난 사건을 생각하는 방식을 바꿈으로써 사건에 대한 우리의 경험과 감정적 반응을 변화시킬 수 있다. 그것은 자유를 향한 실용적인 길이다. 티베트불교의 '마음 훈련'(로종)lojong은 행복과 괴로움에 대한 우리의 태도를 바꿈으로써 그에 대한 경험을 변화시키기 위한 수행법이다. 우리의 느낌과 감정은 고유 본성이 없음을 깨닫는 것이 '마음 훈련' 수행의 핵심이다.

독립적 본성에 의해 존재하는 건 아무것도 없다. 그러므로 어느 것도 그 자체로 존재하는 다른 것을 만들어낼 수 없다. 상대적으로 말하면 사물은 원인과 조건에 의존해서 생긴다. 하지만 또한 사물은 자체의 부분과 속성에도 의존해서 존재한다. 예를 들어 마차는 목수가 만들지만 차체, 바퀴, 좌석 같은 부품들에도 의존하여 존재한다. 게다가 모든 것은 존재하기 위해 이름이 주어져야만 하므로, 설령 부품들이 모여 있다고 해도 마차라는 이름이 주어지지 않으면 그것은 마차가 아니다.

마찬가지로 몸과 마음이란 본래부터 한 사람이 아니지만 몸과 마음에 '나'라는 이름이 주어질 때 '내'가 존재하게 된다. 시간과 공간조차 그것을 상상하는 마음에서 독립된 절대적 존재가 아니다. 우리가 일반적인 쓰임새에 따라 어떤 사물에 이름을 붙이는 즉시 그 사물은 바로 그렇게 관습적 체계 안에 존재한다고 말할 수 있게 된다. 현실은 이와 반대인 것으로 보이지만, 우리를 착각하게 하는 모습에도 불구하고 그런 언어와 사고 체계에서 독립되어 존재하는 것은 아무것도 없다.

허상의 세계

팔리어로 기록된 붓다의 가르침에도 사람에게 고유 정체성이 없다는 것과 더불어 모든 현상의 본성은 공하며 실체가 없다는 설명이 있다. 그런데 대승불교에서 전해지는 붓다의 많은 설법들은 자아와 모든 현상의 공한 본성에 대해 훨씬 더 자세히 설명한다. 그 가르침은 실재의 본질을 밝혀 주기 때문에 '지혜의 완성'을 나타내는 것으로 생각된다.

내가 본래 있다는 망상에 의해 내가 절대 분리되고 독립된 행위자라는 집착이 생긴다. 그것은 나와 남들이 절대 분리되어 있다는 착각을 일으킨다. 이어서 '나'에 대한 애착과 '남들'에 대한 방어적 태도와 적대감이 생기고, 걱정, 좌절, 갈등이 초래된다. 이렇게 의존적으로 연관된 사건들이 발생한 결과로 끝없는 괴로움이 생긴다.

하지만 자연 환경까지 포함해서 모든 존재들이 깊이 상호의존하고 있음을 깨달으면 괴로움에서 벗어날 수 있다. 따라서 이 깨달음은 불교의 가장 높은 가르침, '지혜의 완성'이라고 불린다.

대승불교 경전 『금강경』에서 붓다는 완전한 깨달음을 얻기 위해서는 어떤 인식 대상도 그것에 대한 인식에서 독립되어 존재하지 않음을 분명히 알아야만 한다고 말한다. 풍경이나 소리 같은 지각 대상은 그것을 경험하는 지각 기능(시각, 청각, 후각, 미각, 촉각)에서 독립되어 존재하는 게 아니다. 그리고 전자기장이나 중력 같은 개념적 대상도 그것을 생각하는 마음에서 독립되어 존재하지 않는다.

예를 들어 숲에서 나무가 쓰러질 때 누군가 그 소리를 듣는 귀(청각)가 없다면 그 나무는 소리를 내지 않는다. 동물과 사람은 그들의 청각 기능과 관련해서 소리를 듣는다. 예컨대 여우는 뱀이 듣는 것과는 다르게 소리를 들을 것이다. 그런데 현대 과학의 영향을 받은 우리는 나무가 쓰러질 때 우리의 고막을 울리든 울리지 않든 대기 중에 '음파'가 발생한다고 생각한다. 그러나 파동의 전파라는 과학적 이론과 심상은 그것을 생각하는 마음과 관련해서만 존재한다. 어떤 지적인 외계인이 지구를 방문한다면 '파동'에 대해 현대 과학자들이 생각하는 것과는 매우 다른 방식으로 생각할지도 모른다. 그러므로 관념 체계 및 언어로부터 독립적으로 존재하는 소리의 파동을 말하는 것은 의미가 없다.

모든 마음의 대상은 그 자체로 독립되어 존재하는 것으로 보이지만, 그것은 허상이다. 우리의 주관적 마음도 그 자체로 독립적으로 존재하는 것으로 보이지만, 이것도 허상이다. 그렇지만 마음과 마음의 대상이 결코 존재하지 않는다는 것은 아니다. 마음의 대상은 마음에 비치는 현상으로서 존재하는 것이다. 또한 마음도 마음에 비치는 현상에서 독립되어 존재하는 게 아니다. 이것이 모든 현상의 궁극적 본성이며, 그것을 깨달은 사람은 "붓다를 아는" 것이다. 이에 대한 『금강경』의 설법은 아래 구절로 끝맺는다.

> 조건에 의존하는 모든 현상은
> 꿈이나 환상이나 이슬 한 방울,
> 혹은 한 순간의 번개와 같다.
> 모든 것을 이와 같이 명상하라.

이러한 붓다의 가르침은 이천 년 전 인도에서 처음으로 기록되었고, 그 후 티베트의 문화적·영적 유산에 지대한 영향을 주었으며, 천 년 넘게 보존되고 수행되었다. 21세기 티베트의 저명한 명상가이자 학자이며 뒤좀 링빠의 환생으로 여겨지는 뒤좀 린뽀체Dudjom Rinpoche는 마음의 외부에 있는 것으로 보이는 대상의 본성을 밝히는 것을 이렇게 설명했다.

> 나 자신과 남들을 비롯한 모든 생명 있는 현상과 생명 없는 현상, 그리고 장애물, 악마, 방해 요소로 나타나는 것들은 정말 존재하는 것처럼 보인다. 하지만 우리 마음의 미혹적인 모습 말고는 실제로 존재하는 것은 아무것도 없다. 실로 사물들은 정말 나타나지만, 실제가 아니다.

우리가 꿈속에서 인지하는 것은 '거기에' 정말 존재하는 것처럼 보인다. 그리고 우리는 꿈속에서 어디에 있든지 우리가 정말로 '여기에' 존재하는 것처럼 경험한다. 꿈속에서 우리는 어떤 사람에게 걸어가고, 그가

진짜인지 만져보고, 그의 몸을 실제처럼 느낄 수도 있다.

그러나 그 현상은 모두 허상일 뿐이고, 그런 시각과 촉각에서 독립되어 존재하는 실제 몸은 없다. 그런 감각 현상의 실체적·객관적 존재는 '공'하다. 그리고 꿈속에서 정말 존재하는 것 같은 우리 몸의 존재도 역시 허상이다. 꿈속의 객관적·주관적 현상은 오직 그것에 대한 우리의 인식과 관련해서만 존재한다. 그 현상은 본래 실제가 아니지만, 우리는 꿈속에서 일어나는 사건들 간에 의미 있는 인과관계를 인식할 수 있다.

마찬가지로 깨어 있는 상태에서 우리가 객관적으로 경험하는 사물과 우리의 정체성은 스스로 실재로서 존재하는 것처럼 보인다. 그러나 우리가 깨어 있을 때의 그런 현상도 허상이다. 꿈과 깨어 있을 때의 기본적인 차이는 꿈속의 현상은 우리의 개별적 인식에 의해서만 생겨난 것이지만, 깨어 있을 때의 현상은 더 깊고 집단적인 원인으로부터 생긴 것이라는 점이다(이것은 책의 말미에서 논의할 것이다).

'실재'를 경험하는 이렇게 그릇된 방식을 어떻게 극복할 수 있을까? 뒤좀 린뽀체는 내재적인 것으로 여겨지는 마음의 본성을 어떻게 확증하는지 설명한다.

> 마음에 아무것도 떠올리지 말고 의식을 자연스럽고 이완된 상태로 유지하라. 주의를 내면으로 향하고 마음의 본성에만 집중하라. 그렇게 함으로써 '자기 명료성'이 생길 것이다. 그것은 대상이 없고, 복잡한 관념이 없으며, 관찰자와 관찰 대상, 경험자와 경험의 대상, 주체와 대상을 비롯한 파악하는 주체와 파악되는 대상이라는 인식이 없다. 아무것도 궁리하거나 다른 생각을 덧붙이거나 바꾸지 말고, 바로

그 상태에서의 균형 잡힌 명상으로 곧바로 들어가라.

뒤좀 린뽀체의 저작에서 인용한 이 구절은 앞 장에서 설명한 명상을 요약하며, '지혜의 완성'에 대한 명상의 정수를 종합한다. 망상이 모든 괴로움의 원인이기 때문에, 그 명상은 객관적·주관적 현상이 실제로 본래 존재한다고 여기고 집착하는 망상을 잘라내게 되어 있다. 계율, 초점집중, 마음 지켜보기 수련을 비롯한 이전의 모든 불교 수행은 이 명상으로 귀결된다. 그런데 이 책 같은 책을 읽어서 명상법을 배울 수도 있지만, 경험이 풍부한 스승의 직접적인 가르침이 반드시 필요하다는 것을 명심해야만 한다.

다른 방법으로는 내적·외적 현상이 처음에 어떻게 생기고, 어떻게 존재하다가 사라지는지를 면밀히 살펴봄으로써 모든 현상의 본성을 깨달을 수 있다. 마음에 나타나는 대상과 마음 자체를 신중히 살펴보면, 본질적으로 아무것도 스스로 발생하지 않고, 다른 것에서 발생하지도 않고, 다른 것과 그것에서 발생하지도 않고, 그것도 아니고 다른 것도 아닌 것에서 발생하지도 않음을 알 수 있다. 또 우리가 외적 현상이나 내적 현상 속에 존재하는 게 아니고, 외적 현상과 내적 현상이 우리 안에 있는 것도 아니다. 자의식과 자아에 비치는 현상은 저절로 생기며, 우리 안에 있는 것도 아니고 우리 밖에 있는 것도 아니다.

마음과 마음에 나타나는 모든 것의 기반은 기저라는 마음의 공간이다. 우리가 깨어 있을 때 모든 물질적 요소, 감각 현상, 심적 사건은 기저의 영역에 나타나고 관념적 마음에 의해 파악된다. 또 꿈속에서도 모든 사건은 기저라는 마음의 공간에서 생기고, 거기 머물다가, 결국 거기로 사라진다.

19세기 티베트의 스승 뒤좀 링빠는 그 점에 대해 이렇게 말했다.

> 그러므로 공간, 자신, 남들, 그리고 모든 감각 대상은 한 가지 맛이다. 그리고 확실히 그것들은 분리되어 있지 않다. 게다가 현상이 나타나게 하는 것은 다른 것이 아니라 공간 자체의 빛남이다. 마음의 본성과 마음의 근거는 공간 자체이다. 여러 현상이 심적 인지-맑고 명료하고 영원히 현존하는 의식-의 영역에 발생한다. 그런 현상이 보이는 것은 거울에 비친 상이나 맑고 깨끗한 물에 비친 별과 달의 이미지와 유사하다. 맑고 명료한 의식이 편만한 빈 공간의 중심으로 물러가면, 그것이 내면으로 향한 것이다. 그때 마음과 모든 현상은 선도 악도 아닌 편만한 빈 공간으로 한없이 퍼지면서 사라진다. 자기이해의 힘을 통해 현상의 기반인 광대하고 편만한 공의 본질이 마음과 마음의 생각으로서 생긴다. 이것은 확실하다.

이 구절은 기저라는 공간을 말하고 있다. 12장에서 논의했듯이 기저는 모든 객관적·주관적 현상이 생기는 빛나는 빈 공산이다. 아침에 잠을 깨면 우리를 둘러싼 세계의 모든 감각 현상이 기저로부터, 기저라는 공간 안에 생긴다. 형상, 소리, 냄새, 맛, 촉감은 마치 홀로그램처럼 완전히 '외부에' 있는 것으로 보이지만, 마음의 공간과 상관없이 객관적 세계에 홀로 존재하는 것이 아니다. 마찬가지로 모든 생각, 심상, 욕망과 감정은 기저 안에 생긴다. 우리가 꿈꾸지 않고 깊은 잠을 잘 때, 모든 감각적·심적 현상은 다시 기저로 사라진다. 그리고 꿈을 꿀 때는 거울에 비치는 모습이나 맑고 깨끗한 물에 별과 달이 비치는 것처럼 모든 꿈 현상이 기저에 생긴다.

주체와 대상을 구별하게 되는 근본 원인은 우리가 자신을 독립적 행위자로 여기기 때문이다. 그 후 2차 원인인 관념화가 공간으로부터 현상을 발생시킨다. 만약 이와 반대로 어떤 것이 존재한다고 관념적으로 가리키기를 그만두면, 그것은 약해지거나 완전히 사라지는 것으로 보인다. 모든 현상은 단지 의존적으로 연관된 사건들로부터 생기는 것일 뿐이다. 그리고 정말 그 자체로 존재하는 것은 없다.

붓다의 본래 가르침인 공空과 연기緣起의 주제들은 유럽 철학과 과학의 역사에도 유사한 점이 있다. 그 중 하나인 실증주의철학 운동은 14세기에 프란치스코 수도회 수사인 윌리엄 오컴 William Ockham(1285-1349)의 저술로 시작되었다. 실증주의는 사고의 형성에 있어 생득관념生得觀念을 무시하는 반면 경험의 역할, 특히 감각 지각의 역할을 강조하는 철학적 인식론이다. 실증주의는 18세기 이래 여러 세대의 철학자들에 의해 여러 방식으로 해석되어 왔고, 20세기 물리학의 진보에 고무되어서 불교와 상당히 유사한 결론에 이르게 되었다.

19

— 수행 —

물질의 공을 명상하기

몸과 말과 마음을 자연스러운 상태에 머물게 하세요. 그리고 명확히, 복잡한 관념 없이, 명상의 대상 없이, 인식을 눈앞의 공간에 가만히 두세요.

이제 우리 몸 같은 물질세계의 대상에 주의를 기울이세요. 우리가 '몸'이라고 가리키는 현상을 살펴보세요. 될수록 관념적 외피를 보지 말고, 몸의 겉모습과 몸속과 피부의 촉감을 지켜보세요. 그 개개의 현상들 중 어느 것이 정말 몸인가요? 아니면 그것들은 단순히 각각의 이름을 가진 현상일 뿐인가요? 팔의 시각적 현상은 몸이 아니고 팔의 시각적 현상일 뿐입니다. 마찬가지로 단단함, 따뜻함, 몸 안의 움직임 등의 촉감은 몸이 아니라 단순히 촉감입니다. 이와 같이 몸의 부분들은 모두 이름이 있지만, 그 중 어느 것도 몸이 아니라는 걸 알 수 있습니다.

몸의 모든 부분들과 그 성질과 각각의 모습을 제외하고, 우리 몸이 몸의 속성을 **가지고 있고** 몸의 모습을 **보이는** 개별적 실체임을 확인할 수 있습니까? 스스로 존재하는 실체로서 몸의 본질은 무엇인가요? 몸은 몸의 부분들 가운데서 혹은 몸의 부분들과 분리된 데서 발견되는 어떤 곳인가요? 아니면 이렇게 살펴보는 과정에서 결국 이름조차 없는 '발견되지 않음', 몸의 공만 남게 되나요?

고체나 액체, 따뜻하거나 차가운 것, 움직이고 있는 것 등 물질세계에서 우리가 직접 경험하는 요소들을 생각해 보세요. 그것들의 실제 고유한 본질을 찾으려 한다면, 그 부분들 가운데서 혹은 그 부분들과 분리된 데서 찾을 수 있을까요? 모든 것은 고유 성질을 가지고 있나요, 아니면 그것은 단지 허상에 불과한 현상에 투사된 이름일 뿐인가요? '현상'이라는 범주조차 인간의 생각으로 만든 것입니다. 마찬가지로 '주체'와 '객체'라는 범주와 심지어 '존재'와 '비존재'도 관념적 마음이 만든 것이고, 그것을 생각하는 우리의 마음에서 떨어져서 존재할 수 없습니다.

설령 모든 현상이 실체가 없고 공하다는 결론을 얻었더라도, 이때 '공'이라는 이름이 단어 혹은 개념 이상인지를 생각해 보세요. 경험의 세계가 형성될 때, 우리는 먼저 자기 존재에 집착합니다. 이어서 자기 존재에 근거해서 남들을 자신과 분리된 존재로 여깁니다. 이렇게 남들은 단지 우리의 인식에 비추어진 현상에 근거하여 대상을 관념적으로 확인하는 과정에 의해 존재하게 됩니다.

우리가 어떤 대상에 이름을 붙여서 그 대상과 우리의 생각을 하나로 묶은 후에는, 그 대상은 우리의 사고 과정에서 독립되어 존재하는 것처럼 보입니다. 그 후 대상의 모습이 변하고 우리가 관념적 투사를 그만두면 그 대상은 사라지는 것처럼 보입니다. 이렇게 모든 현상은 단지 의존적으로 연관된 사건으로부터 생기는 것일 뿐입니다. 따라서 신중히 살펴보면, 정말 스스로 존재하는 것은 아무것도 없음을 알게 됩니다.

게다가 우리가 잠들면, 깨어 있을 때 실재의 객관적 모습-무생물 세계와 생물들과 감각의 대상들의 모습-은 기저의 공허로 사라집니다. 그리고 잠에서 깨어나면 '내가 존재한다'는 인식이 다시 생겨나고, 이어서 자아의 나타남으로부터 무생물계와 생물계와 감각 대상을 비롯한 모든 내적·외적 현상이 기저에서 꿈이 발생하듯이 나타납니다. 그러면 우리는 이 내적·외적 현상 가운데 어떤 것을 '나'와 '나의 것'으로 동일시하고, 타자들은 그들의 본성에 의해 존재한다는 생각에 집착합니다. 이런 식으로 우리는 모든 현상에 고유 본성이 있다는 망상을 고착화합니다. 따라서 마음과 모든 현상의 공하고 빛나는 본성을 알아야만 이 망상에서 벗어날 수 있고 실재를 있는 그대로 알 수 있습니다.

20
─ 이론 ─
철학과 과학의 참여하는 세계

경험으로 이루어진 세계

    뉴턴이 확립한 고전물리학은 18세기 전반까지 대다수 서양 과학자들과 철학자들에게, 과학이 관찰 방법이나 사고방식과 상관없이 스스로 존재하는 물질세계의 본질을 꿰뚫어 보고 있다는 확신을 주었다. 그래서 신의 관점으로 우주를 관찰하고자 했던 갈릴레오를 비롯한 과학혁명의 선구자들의 초기 탐구가 성과를 얻은 것 같았다. 물리학자들은 신이 세상을 창조한 것처럼 이제 자신들이 객관적 세계의 본질을 파악하고 있다고 믿었다. 이런 철학적 관점을 '형이상학적 실재론'이라 한다.

    형이상학적 실재론에 의하면 세계는 인간의 마음에서 독립적인 대상들로 이루어져 있다. 그리고 세계를 진실하고 완전히 설명하는 길은 단

하나이며, 인간의 마음에서 독립되어 존재하는 세계와 그것에 대한 설명이 일치해야 진리라고 할 수 있다. 이에 따라 과학자들은 과학 연구의 대상은 그것에 대한 설명이나 해석과 상관없이 객관적으로 존재하고, 원칙적으로 그 자체로 설명될 수 있다고 믿었다.

형이상학적 실재론에 대해 상당히 회의적이었던 아일랜드의 철학자 죠지 버클리George Berkeley(1685-1754)는 전혀 새로운 방식으로 앎에 대한 실증주의적 개념을 발전시켰다. 36세에 신학박사가 되었고, 30년 후에는 아일랜드 교회의 주교로 임명된 버클리는 이런 의문을 가졌다. 우리의 이론이 관찰과 관념에 근거한 현상이라면, 그 이론이 우리의 관찰이나 생각에서 따로 떨어져 존재하는 실제 세계를 있는 그대로 **나타내는지를** 어떻게 알 수 있는가? 버클리의 대답은 인간의 이론과 객관적 자연 세계가 일치하는지 혹은 일치하지 않는지를 확인할 방법은 없다는 것이었다. 물리학자들은 물질적 대상이 존재하기 때문에 그것을 관찰할 수 있다고 생각하지만, 버클리는 어떤 다른 것이 그 현상을 발생시키는 것인지도 모른다고 말했다. 다시 말해서 신은 어떤 물질적 대상도 창조하지 않으면서 인간의 마음에 물질적 대상이라는 현상을 발생시킨다는 것이다. 이런 관점을 '주관적 관념론'이라고 한다.

주관적 관념론에 의하면, 예를 들어 우리가 나무를 지각할 수 있는 것은 신이 우리 마음에 나무라는 관념을 발생시켰기 때문이고, 나무는 우리가 보지 않아도 신의 전지적 마음에 계속 존재한다. 요약하면, 신의 마음은 인간이 감각적 지각을 할 수 있는 절대 객관적인 물질세계를 창조하는 게 아니라, 세계에 대한 인간의 경험을 직접 발생시킨다.

이와 같은 관념론적 실증주의에 의하면, 우리는 지각하는 대상만을 경험하고 알 수 있다. 그러므로 우리가 "실제의" 또는 "물질적인" 대상이라고 말하는 것은 우리가 지각하는 내용일 뿐이다. 즉 우리가 직접 알 수 있는 것은 "물질"이라는 독립적이고 객관적인 실체가 아니라, 오직 우리가 지각하는 감각과 대상에 대한 관념일 뿐이라는 의미이다.

"존재하는 것이란 지각되는 것이다."라는 원칙으로 요약되는 버클리 철학의 근간을 이루는 건 다음 세 주장이다. 1) 세계에 대한 지식은 직접적 지각을 통해서만 얻을 수 있다. 2) 우리가 세계를 있는 그대로 알지 못하는 이유는 지각한 것을 생각하기 때문이다. 3) 세계에 대한 지식을 정화하고 완전하게 하려면 순수한 지각에 덧붙여진 생각과 언어를 벗겨내기만 하면 된다. 따라서 버클리는 순수한 지각을 추구하면 자연 세계와 인간의 마음에 대한 가장 깊은 통찰을 얻을 수 있다고 주장했다.

이런 버클리의 주장은 과학자들과 서양철학자들에게서 냉대 받았다. 하지만 우리의 인식을 정화함으로써 세계에 대한 지식을 완전하게 할 수 있다는 생각은, 불교에서는 일반적이다. 고대 인도에서는 지식을 얻는 세 가지 길이 있다고 했다. 그것은 정통이라고 여겨지는 사람이나 문헌에 근거하는 것, 논리적 추론에 근거하는 것, 그리고 직접적 지각에 근거하는 것이었다. 붓다는 그 중 직접적 지각을 개발해야 한다고 강조했고, 실재를 있는 그대로 알기 위해서는 마음 및 감각 경험에 대한 마음의 관계를 직접 지켜보는 것이 매우 효과적인 방법이라고 했다. 불교 전통에 의하면 우리가 오류를 범하는 가장 큰 원인은 세계를 관념적으로 바라보는 것이다. 반면에 열반은 비관념적인 직접 체험에 의해 성취할 수 있다.

근대 유럽의 탁월하고 영향력 있는 철학자인 임마누엘 칸트Immanuel Kant(1724-1804)는 버클리의 주관적 관념론을 거부했지만, 우리의 지각과 관념에서 독립되어 존재하는 세계를 알 수 있다는 견해에 대해서도 상당히 회의적이었다. 성경을 문자적으로 읽으며 열렬한 기도를 강조하는 매우 독실한 기독교 가정에서 자란 칸트는 결국 당시의 종교적 규범에 대해 매우 비판적인 성향이 되었지만, 하느님에 대한 믿음을 결코 버리지 않았다.

칸트의 철학에서, 우리가 관찰하는 모든 것은 관찰 방법과 관련되어 발생하는 현상으로 이루어져 있으며, 객관적 세계에 대한 우리의 관념은 지성과 밀접히 연관되어 있어서 물질적 실체를 있는 그대로 나타내지 못한다. 이와 마찬가지로 내적 성찰을 통해 심적 상태와 심적 과정을 관찰한다면 우리는 단지 심리적 현상만을 파악할 수 있을 뿐이고, 심리적 현상의 절대 주관적 근원인 알고, 의지하고, 판단하는 주체는 파악하지 못한다. 칸트는 사물의 고유 존재가 있음을 부정하지 않았지만, 직접적 관찰이나 논리적 추론을 통해 그것을 알 수는 없다고 했다.

버클리나 칸트 같은 철학자들이 의문을 제기했음에도 불구하고, 형이상학적 실재론은 19세기 내내 과학자들의 주된 세계관이었다. 하지만 20세기 초 윌리엄 제임스가 새로운 급진석 실증주의를 개발했다. 그것은 경험의 세계를 지지하여 마음과 물질의 절대적 이원성을 거부했다. 윌리엄 제임스의 관점에 의하면 의식은 스스로 실체로서 존재하지 않고, 물질의 기능도 아니다. 그리고 물질도 스스로 실체로서 존재하지 않는다. 마음과 물질이라는 구별조차 관념에 의해 만들어진 생각이고, 마음도 아니고 물질도 아닌 순수 경험이 보다 근원적인 것이다. 제임스의 가설은 불교 명상가들이 깊은 삼매의 체험에서 얻은 결론과 매우 유사하다.

형이상학적 실재론에 대한 실증주의적 비판은 프린스턴 대학의 바스

반 프라센Bas C. van Fraassen 같은 현대철학자에 의해 계속된다. 성인이 되어 로마가톨릭으로 개종한 반 프라센은 14세기 이후 줄곧 실증주의자들과 형이상학적 실재론자들 간에 철학적 논쟁이 있었음을 지적한다. 형이상학적 실재론자들은 철학과 과학이 공동으로 인간의 관찰이나 사고와 상관없이 자연에서 실제 일어나고 있는 것을 이해하려고 애쓰고 있다고 생각한다. 반면에 실증주의자들은 이런저런 경험이 일어나는 이유에 대한 철학과 과학의 설명을 회의적으로 바라보면서, 경험의 중요성을 환기시킨다. 반 프라센의 주장에 의하면, 과학은 실증적 증거를 설명할 수 있을 뿐이지 경험과 상관없이 일어나는 것을 말하거나 설명할 수는 없다.

독실한 로마가톨릭 신자인 철학자 찰스 테일러Charles M. Taylor는 특히 인간의 정체성에 대해서 형이상학적 실재론에 비판적이다. 옥스퍼드 대학, 맥길 대학, 노스웨스턴 대학의 교수를 역임한 그는 2007년에 종교 분야에서 크게 이바지한 인물에게 수여하는 템플턴상을 수상했다. 영향력 있는 그의 책 『자아의 근원: 근대적 정체성의 구조』에서 테일러는 많은 사람들이 사실이라고 믿고 있는 과학 연구의 대상이 가진 네 가지 속성을 말한다. 1) 과학 연구의 대상은 "절대적인" 것으로 여겨져야 한다. 다시 말해 연구자를 비롯한 주체가 느끼는 의미에서가 아니라 그 자체로 "객관적인" 것이다. 2) 과학 연구의 대상은 연구자의 설명이나 해석과 상관없이 늘 그대로이다. 3) 원칙적으로 연구자는 과학 연구의 대상을 명백히 설명할 수 있다. 4) 원칙적으로 과학 연구의 대상은 주위 환경에 상관없이 설명될 수 있다.

과학혁명의 영향에 의해서, 명상을 통해 우주 질서를 이해한다는 생각은 대상을 자세히 탐구하기 위해 필요한 고된 연구를 회피하려는 건방진 시도이며 헛되고 잘못된 것으로 여겨졌다. 하지만 테일러는 과학적 연구가 우리의 세계관을 지배하게 된 결과 "세계는 영적 모습을 완전히 잃었고, 할 만한 가치가 있는 일은 없으며, 우리는 무서운 공허, 일종의 현기증 내지 세계와 신체 공간의 분열이라는 두려움마저 느낀다."고 경고한다.

또한 그는 근대 과학에 있어서 이상적인 인간의 정체성은 "주위 세계뿐 아니라 자신의 감정과 성향 그리고 두려움과 충동까지 대상화할 수 있으며, 그럼으로써 '합리적으로' 행동하기 위한 일종의 거리 두기와 냉정함을 유지할 수 있는 얽매이지 않은 자아"라고 말한다.

하지만 그런 식으로 자아를 대상화하는 것은 자아로부터 자의식을 빼앗아 버려서 우리 자신을 단순한 대리인으로 규정하게 될 위험이 있다. 그 결과, 특히 자아가 뇌의 생물학적 과정으로 축소되면 인간성을 경시하게 될 수 있다. 왜냐하면 우리가 느끼는 의미는 부분적으로 경험을 말로 나타내는 것에서 생기므로, 우리 자신과 실재의 본성을 "발견하기"는 우리가 살고 있는 세계를 "만들어 내기"에 의존하고, 긴밀히 연관되어 있기 때문이다.

하버드 대학의 철학자 힐러리 퍼트넘Hilary Putnam은 우리가 살고 있는 우주를 공동창조하는 데 있어서 우리의 참여 역할을 깊이 숙고하는 저명한 현대 사상가이다. 유대교인으로서 퍼트넘은 자신의 종교가 신과 연관되어 있음의 체험을 전하는 길이라고-유일한 길은 아니지만-생각한다. 하지만 또한 그는 유대교의 종교적·도덕적 성취를 축하하기 위해 다른 종교들과 사람들의 그런 성취를 부정할 필요는 없다고 말한다.

퍼트넘은 윌리엄 제임스처럼, 철학이 일반적 경험으로 돌아와야 한다는 생각을 종교적 경험에의 관심과 연관시킨다. 그리고 다음과 같은 점에서 찰스 테일러와 의견을 같이한다. 우리는 욕망과 믿음 같은 주관적 인과요인을 무시하고 객관적이고 무의식적인 뇌 과정에만 관심을 기울임으로써 인간의 본성과 마음에 대한 지식을 제한하고 있다는 것이다.

과학철학에 대한 퍼트넘의 저술은 불교의 관점과 매우 유사하다. 하지만 그는 동양의 명상 전통에서 영향 받지 않고 자신의 철학을 정립한 것 같다. 퍼트넘에 의하면, 언어와 관념이 "실재"에 대한 경험에 깊은 영향을 주기 때문에, 우리는 우주를 우리의 관념체계와 상관없이 존재하는 그대로 관찰하고 묘사할 수 없다. 하지만 세계를 이해하기 위한 언어와 관념체계를 선택한 후에는, 단순히 상상의 허구나 관찰 방법에 의한 오류가 아닌 사실을 발견할 수 있다. 다시 말해 세계를 관찰하기 위해 선택하는 방법과 관찰한 내용을 이해하려고 선택하는 관념은 우리가 실재에 대해 알 수 있는 바를 제한하지만, 그렇다고 우리의 물음에 대한 답을 미리 결정하지는 않는다.

예를 들어 별은 우리가 만든 것이 아니므로 인과적으로 우리의 마음과 상관없는 것이지만, 우리는 기술 도구를 이용해서 감각을 통해 별을 관찰하고, 관념을 통해 별을 이해한다. 이와 같이 언어와 관념을 떠나서는 아무것도 사실인지 아닌지 말할 수 없기 때문에, 언어 사용자들은 **우리가 알고 있는** 실재를 형성하는 데 있어서 창조적 역할을 하고, 그러한 경험에 의해 세계에 대한 지식이 늘어간다.

따라서 세계에 대한 우리의 지각은 우리의 생각과 추측에 의해 상당히 제한되므로, 오류가 있을 수 있다. 이에 대해 붓다는, 잘못된 견해는 추측에 근거한 사고에 의해서 뿐 아니라 명상 경험에 무비판적으로 의존할 때도 생길 수 있다고 말했다. 또한 일반적으로 직접적 경험은 우리의 전제와 기대에 따라 이루어지기 때문에, 우리가 '직접적 경험'이라고 여기는 것도 오류가 있을 수 있다.

또한 퍼트넘은 관찰하기와 이론화하기를 뚜렷이 구분할 수 없음을 지적한다. 관찰은 이론에 의해 이루어지고 걸러지며, 이론은 관찰을 바탕으로 만들어지기 때문이다. 따라서 우리가 경험하고 이해하는 세계는 우리의 지각과 사고에 의해 만들어진 것이다.

이렇게 보면 우리는 자신의 이야기를 쓰고 있는 소설 속의 인물과 비슷하다. 이는 경험 이전에 존재하는 것이 없다거나, 경험과 상관없이 존재하는 것은 아무것도 없다는 의미가 아니다. 그것은 우리가 경험하는 우주는 우리의 지각 기능과 사고 기능과 상관없이 존재하는 것이 아니라는 의미이다. 경험의 세계에서 관찰자의 참여 역할이라는 이 주제는 이제 우리가 살펴볼 현대물리학의 진보에 의해 확실한 지지를 얻게 되었다.

정보로 이루어진 세계

근대 이래 과학자들은 신의 관점으로, 즉 절대 객관적 시각으로 우주의 본질을 이해하려고 노력해 왔다. 앞서 말했듯이 모두 독실한 그리스도인이었던 과학혁명의 선구자들은 절대 객관적으로 신의 창조물을 이해함으로써 창조주의 마음을 알고자 했던 것이다. 지식에 대한 이런 접근 방식은 20세기 내내 지속되었고, 많은 과학자들은 종교적 믿음을 버리기까지 했다. 알버트 아인슈타인은 그 이상을 간결하게 말했다. "물리학은 실재가 어떻게 관찰되는지에 상관없이, 어떻게 생각되는지에 따라 그것을 파악하려는 시도이다."

그리고 우주학자부터 신경학자까지 대다수 과학자들은, 세계는 근본적으로 물리적 실체들과 그것들의 창발적 속성과 관계로 이루어져 있다고 생각한다. 대개 이 관점을 지켜야 합리적이라고 인정받을 수 있고, 반대로 거기서 벗어난 관점은 "마술 같은 생각"이고 비합리적이라는 비난을 받게 된다.

그런데 우주가 전적으로 물리적 실체와 특성만으로 이루어져 있다고 믿어야 한다면, '물리적'이라는 말을 명확히 정의해야만 한다. 물리 현상이란 과학적 측정 체계에 의해 찾아낼 수 있고, 물리학의 언어와 개념으로 규정할 수 있는 것이라고 정의한다면, 의식과 심적 상태와 심적 과정은 그 정의에 맞지 않기 때문에 비물리적인 것이라고 생각해야만 한다. 또한 내적 성찰에 의해 생각, 심상, 감정 같은 심적 과정을 관찰할 때 질량, 공간적 위치, 움직임 같은 물리적 특성을 보이지 않으므로, 그것들은 물리적인 것이 아니다.

이런 증거에도 불구하고 여전히 마음과 의식이 물리적인 것이고 언젠가는 인지과학의 발전에 의해 그 사실이 밝혀지리라고 믿을 수도 있지만, 그것은 신념에 의한 믿음이지 과학적인 태도가 아니다. 게다가 현재 물리적인 개념에 부합하고 현재의 기술로 측정할 수 있는 물리적인 것만이 실재라고 믿는 것은 과도한 신념의 비약이다.

대개 과학적 유물론자들은 현재까지 알려진 물리적 실체와 물리 과정에 영향을 주고받을 수 있는 것만을 물리적인 것이라고 정의한다. 이것이 물리적 실체와 과정을 제대로 정의하지 못하는 명백히 순환논리적인 진술이라는 점은 잠시 접어 두자. 이 기계론적 관점은 폐쇄 원리closure principle가 보편적으로 유효하다는 것을 전제하고 있다. 폐쇄 원리란 오직 물리 현상만이 물리 현상에 인과적 영향을 줄 수 있다는 것이다.

그러나 양자물리학의 맥락에서는 폐쇄 원리가 절대 불변의 자연 법칙으로서 더 이상 유효하지 않기 때문에, 그것을 재고해야만 한다. 양자이론에 의하면, 에너지-시간의 불확정성의 원리는 폐쇄 원리의 위반을 허용한다. 즉 비물리적 과정이 물질에 영향을 미칠 수 있음을 인정하는 것이다. 물리학자 폴 데이비스 Paul C.W. Davies가 말했듯이 "불확정성의 원리에 의하면 물리량은 자발적이고 예측할 수 없는 요동搖動(불규칙한 양적 변화)이 있다. 따라서 에너지는 아무데도 아닌 곳에서 갑자기 생길 수 있다. 요동의 간격이 짧을수록 에너지 분출이 더 크다." 그런 요동은 우주의 형성에 결정적인 역할을 했을 수도 있고, 우주 팽창 이전에 세계를 이루는 물질뿐 아니라 공간-시간까지 만들었을지도 모른다.

고전물리학에서는 원자가 거의 대부분 빈 공간으로 이루어져 있고, 원자핵은 아주 작은 부분을 차지하고 있을 뿐이다. 하지만 양자장론 quantum field theory은 이 단순한 모델을 훨씬 넘어선다. 양자물리학과 아인슈타인의 특수상대성이론을 결합한 양자장론에서는 모든 질량과 에너지의 구성이 빈 공간에서 출현하는 수학적 추상으로 환원된다. 연못의 물결이 물의 들뜸으로 인한 것이듯, 모든 물리 과정은 빈 공간의 미약한 '들뜸'으로 이루어져 있다. 빈 공간은 형태가 없지만 물리적 형태로 발현됨으로써 우리에게 "현실 세계"로 보이는 것을 이룬다. 이것은 물질이란 실제 사물의 덩어리로 이루어져 있고 절대적 공간과 시간 안에서 이리저리 움직이는 것이라는 19세기의 물질 개념과는 상당히 다르다.

현상에 대한 불교의 관점과 현대물리학의 관점은 상당히 유사해 보인다. 현대물리학과 불교에서는, 모든 현상은 공간에서 생기고 공간의 발현으로 이루어진 허상에 불과한 모습이라고 말한다. 그러므로 모든 현상은 그 공간과 별개인 진정한 실체적 존재가 "공"한 것이다. 그러나 대다수 과학자들은 여전히 공간을 순수히 객관적이고 관찰자의 마음에서 독립적인 것으로 간주하고 있다. 이와 대조적으로 불교적 개념에서 모든 현상은 기저라는 주관적 공간에서 생긴다.

이어지는 장들에서 과학과 불교의 공간 개념에 있어서 공통된 기반을 더 깊이 탐구할 것이다. 과학과 불교는 공간을 이해하는 방식이 다르지만, 모든 현상이 공간으로부터 생긴다고 주장하는 점은 같다. 불교의 관점에서 공간 개념은 공간을 생각하는 마음과 관련해서만 존재한다. 이는 물리적 세계에 대한 과학자들의 이해에 깊은 영향을 미치며, 동시에 '지혜의 완성'의 가르침에서 말하는 것처럼 자연계에서 인간의 위치에 대한 관점에 깊은 영향을 준다.

양자물리학의 토대에 대한 연구를 이끌고 있는 오스트리아의 물리학자 안톤 짜일링거Anton Zeilinger는 실증적 연구에 의해 우주가 근본적으로 물리적 실체와 과정으로 이루어져 있다는 전제에 도전하게 되었다. 고전 물리학에서는 하나의 계system의 물리적 속성이 일차적인 것이며, 그것은 관찰되기 전부터 관찰자에서 독립되어 존재하는 것으로 여겨진다. 그리고 과학적 관찰에 근거한 정보는 이차적인 것으로 생각되는데, 그 이유는 물리적 속성이 이미 존재하고 있기에 관찰자가 그것에 대한 정보를 얻을 수 있기 때문이다.

하지만 양자물리학에서는 상황이 뒤바뀌어서, 우리가 연구하는 계의 정보가 일차적인 것이다. 정보는 특정한 관찰에서 독립되어 존재하기 때문이다. 그리고 계의 물리적 속성은 관찰 행위에 의해 만들어진 계의 정보가 표현된 것일 뿐이므로 이차적인 것으로 간주된다.

짜일링거는 실험의 주체와 대상을 절대적으로 구분하는 것은 더 이상 타당하지 않다고 주장한다. 양자 수준에서 우주는 데카르트의 생각처럼 자체의 법칙만으로 움직이는 기계가 아니다. 사실 과학자들은 자연에 대한 그들의 물음과 그들이 설계하는 실험과 그들이 만든 측정 체계에 의존해서 무언가를 발견하게 된다. 따라서 과학자들은 필연적으로 그 모든 과정을 통해 그들이 관찰하는 것을 발생시키는 데 관여하는 것이다.

짜일링거는 자연 세계를 이해하는 이 혁명적인 태도에 대해 이렇게 말한다.

> 우리는 자연과 외부 세계에 대해 질문할 때마다 우리가 말할 수 있는 것에서 독립적으로 존재하는 실재가 있다고 생각하도록 유혹 받을 수 있다. 하지만 이제 우리는 그런 입장이 아무런 의미도 없다고 주장하려 한다. 분명히 "외부"에 있는 실재의 속성이나 특징은 항상 오직 우리가 얻는 정보에 근거할 수밖에 없으므로, 그 정보에 근거하지 않고서는 세계나 실재에 대해 어떤 말도 할 수 없다. 따라서 실재의 특징에 대한 정보를 얻기 위해 적어도 원칙적으로 실재에 대해 말할 능력이 없다면, 그런 실재에 대한 관념은 확인하거나 증명할 가능성이 없다. 이는 정보와 실재의 구분이 아무런 의미가 없음을 뜻한다.

코페르니쿠스 시대부터 과학자들은 세계가 실제로 존재하는 그대로 신의 관점에서, 다시 말해 인간의 관찰에서 독립적으로 세계를 이해하려고 했다. 아인슈타인이 말했듯이, 이것이 고전물리학의 전제이다.

그러나 짜일링거가 말하듯이 양자물리학은 그런 연구의 유효성에 도전한다. 과학자든 일반인이든 우리가 관찰하는 모든 것은 관찰 방법과 관련해서만 존재하고, 우리가 생각하는 모든 것은 우리의 사고방식과 관련되어서만 존재한다. 우리는 관찰 혹은 개념을 통해 절대 객관적인 실재를 접할 수 없으므로, 만약 절대 객관적인 세계에 존재하는 것에 대해 주장한다 해도 그것을 확인하거나 부인할 방법이 없다. 짜일링거에 의하면, 이는 절대 객관적인 세계에 대한 주장은 의미가 없다는 뜻이다.

불교, 심리학, 신경과학에 의하면 어떤 현상이 관찰 방법이나 측정 방법에서 독립되어 존재한다고 말하는 것은 타당하지 못하다. 마찬가지로 불교와 양자물리학에 의하면 소립자나 확률파동 같은 이론적 실체가 그것을 생각하는 마음에서 독립되어 존재한다고 말하는 것은 이치에 맞지 않는다.

우주가 근본적으로 물질 입자나 장場이 아니라 정보로 이루어져 있다고 보는 이 혁명적인 관점에 의하면, 물리적 실체가 관찰 방법과 관념 체계에서 독립되어 '외부에' 존재한다는 전제는 근거가 없다. 이는 인간의 관찰이나 관념에 의존해야만 우주가 존재할 수 있다는 의미가 아니다. 설령 인류가 존재하지 않는다 해도 지구, 태양계, 은하수, 모든 은하계는 사라지지 않고, 동물이나 외계인을 비롯한 다른 의식 있는 존재들이 여전히 그것들을 지각하고 생각하므로 계속 존재할 것이다. 이런 식으로 지구와 광대한 우주에 있을 많은 존재들과 관련해서 다수의 세계가 생긴다. 양자물리학에 의하면 의식 있는 관찰자의 관찰과 관념에서 독립되어 존재하는 우주에 대해 말하는 것은 의미가 없다.

오늘날 많은 물리학자들이 우주의 숨겨진 차원에 대해서 매혹적인 추측을 하고 있지만, 대개 그들의 가설은 '물리적'인 것에 대한 생각에 들어맞는 실재에 국한되어 있다. 앞서 말한 양자물리학의 통찰에 비추어 보면, 앞으로의 연구를 과거나 현재의 물리성에 대한 개념에만 한정하는 것은 타당하지 못한 것 같다. 과학자들은 지금까지 외부의 객관적 세계에만 관심을 기울였고 '내적으로' 관찰할 수 있는 공간인 기저를 무시했다. 우리는 심적 과정이 일어나는 물리적 공간이 뇌인지 혹은 다른 곳인지 알지 못한다. 그러므로 우리의 경험에 의하면 통상적인 공간-시간의 네 차원에 적어도 한 차원을 추가해야만 한다. 그것은 모든 심적 사건이 생기고 사라지는 곳인 마음의 공간이다. 또한 그런 심적 과정은 본질적으로 존재하는 "심적 물질"이 아니라 정보로 이루어져 있다고 볼 수 있을 것이다.

불교 명상가들은 심적 사건은 물리적 사건과 마찬가지로 고유 성질이 공하다는 것, 그리고 '정보'에도 고유한 존재가 없다는 것을 알았다. 그런 심적·물리적·정보적 사건은 의존적으로 발생하고, 오직 그 사건이 관찰되고 생각되는 수단과 관련해서만 존재한다. 마찬가지로 관찰 방법을 비롯한 대상을 측정하는 체계는 그것이 측정하고 관찰하는 대상과 관련해서 존재한다. 그리고 과학과 불교의 이론적 개념을 비롯한 모든 이론적 개념은 그것을 생각하는 마음과 관련해서 존재한다. 실재는 정보로 이루어진 세계라는 새로운 관점에 의하면 관찰자들은 그들이 실제라고 여기는 우주를 형성하는 데 핵심 역할을 한다. 세계가 우리를 창조하는 데 중요한 역할을 하듯이, 우리도 세계를 창조하는 데 중요한 역할을 한다.

의미로 이루어진 세계

정보가 우주의 비물리적 속성으로서 존재한다는 결론에 이르는 물리학자들이 점점 더 많아지고 있다. 하지만 '정보'가 무엇을 의미하는지에 대해서는 의견이 다양하다. 정보를 관찰자와 상관없는 순수히 객관적인 것으로 정의하는 사람들도 있지만, 저명한 이론물리학자 존 아치볼드 휠러John Archibald Wheeler를 비롯한 다른 물리학자들은 틀림없이 정보는 의식 있는 주체에게만 의미 있다고 주장한다. 물리 세계를 관찰하기 위해서는 물리 과정과 측정 체계 간에 의식 없는 상호작용 이상의 무언가가 반드시 있어야만 한다는 것이다. 그것은 바로 측정 체계를 설계하고, 측정하는 주체와 측정되는 대상을 구별하는 연구자의 마음이다. 어쨌든 관찰 행위는 '의미 있는 정보'를 전해 주는 것이 틀림없는데, 이는 의식 없는 사건의 영역으로부터 앎의 영역으로의 전환을 의미한다. 예를 들어 양자역학에서의 상호작용은 오직 누군가에게 의미가 있을 때만 진정한 측정이 된다.

우주에서 정보의 본질과 의의에 대한 휠러의 가설은 마음-뇌의 문제와 밀접한 관련이 있다. 그는 의미 곧 의미론적 정보가 의식 없는 원자나 양자 과정으로부터 생긴다고 주장하는 것은 타당하지 않다고 말한다. 그것은 마치 의식 없는 뉴런으로부터 의미가 발생한다는 주장처럼 믿기 어렵다는 것이다. 물리학자 로저 펜로스Roger Penrose가 말하듯이 "세상에서 일어나고 있음을 우리가 실제로 지각하는 물리학을 설명하기 위해서는 사실상 의식의 이론이 필요하다." 마찬가지로 뉴런의 기능과 심적 과정의 관계를 설명하기 위해서는 의식의 이론이 필요하다. 하지만 물리 과정만을 연구하는 물리학자나 신경과학자는 설득력 있고 경험적으로 근거가 있는 의식의 이론을 만들지 못할 것 같다. 포괄적 의식 이론이라면, 단지 일상적인 심적 과정이 행동이나 뉴런과 이루는 상관관계만이 아니라, 가능한 넓은 범위의 의식 상태를 엄격히 관찰하는 것에 근거해야만 하기 때문이다.

오늘날 대다수 생물학자들은 수백만 년의 진화 과정에서 의식은 전적으로 유기체의 생존과 생식을 돕는 적응 특성인 물리적 과정으로부터 생겼다고 믿고 있다. 그렇다면 단순히 의식을 발생시키는 신경적 과정을 조사하기만 하면 의식을 이해할 수 있을 것이다. 하지만 이 결론으로 도약하기 전에 자연과학이 진화해 온 순서를 살펴보는 것이 중요하다.

먼저 코페르니쿠스, 케플러, 갈릴레오, 뉴턴의 발견으로 물리학이 혁신되었다. 그 후 진화론과 유전학에서 다윈과 멘델의 위대한 생물학적 발견이 이루어졌다. 그리고 마지막으로 윌리엄 제임스, 지그문트 프로이트, 칼 융 같은 선구자들의 업적에 의해 인지과학이 도래했다. 이처럼 인간 지식은 분명히 물리학으로부터 생물학으로, 이어서 심리학으로 진화되었다.

그리고 많은 과학자들은 우주의 진화가 정확히 그 순서대로 일어났다고 믿고 있다. 즉, 생명 없는 물체가 가장 먼저 생기고, 그 후 살아있는 유기체가 발생하고, 이어서 의식 있는 존재가 나타났다는 것이다. 이 유사함은 단순히 우연의 일치일까? 아니면 자연 세계에 대한 과학적 탐구의 진화 과정이 우주의 진화에 대한 우리의 관점에 반영된 것은 아닐까?

사실 첫 번째 위대한 과학자들이 반드시 천문학자나 물리학자여야만 할 필요는 없었고, 생물학자나 인지과학자일 수도 있었다. 다윈과 멘델의 발견은 그보다 앞선 물리학의 진보에 의존하지 않았고, 윌리엄 제임스와 프로이트의 혁신적 이론들은 물리학이나 생물학의 발전에 그다지 의존하지 않았다. 만약 과학혁명의 선구자가 생물학자였다면 오늘날의 과학은 기계적 우주 모델이 아니라 유기적 우주 모델에 근거하지 않았을까? 또 만약 심리학자가 과학혁명을 선도했다면 오늘날 과학자들이 자연 세계에 있어서 의식의 역할에 대해 근본적으로 다른 관점을 가지지 않았을까?

그런 추측에는 정답이 없지만, 적어도 과학의 진보와 우주 진화에 대한 과학의 관점의 진보가 유사한 것을 당연하게 보지 않고 의문을 제기할 수 있다. 살아있는 유기체의 인지 과정은 분명히 뇌와 신경계에 의존해서 발생하지만, 과학자들은 의식을 발생시키기 위해 필요충분한 원인을 아직 발견하지 못했다. 또한 과학자들은 특정한 곳에 의식이 있는지 없는지 알아낼 수도 없다. 이것은 진화 과정에 영향을 미치는 의식이 자연 세계에 있다 해도 과학자들이 의식을 측정하거나 의식이 있는지 여부조차 알 수 없다는 의미이다. 그러므로 의식은 오직 물리적 과정으로부터 생긴다는 주장은 과학적으로 입증되지 못한 유물론적 추론일 뿐이며, 물리 과정 밖에 측정할 수 없는 과학적 탐구 방법의 한계를 반영할 뿐이다.

오늘날 일부 물리학자들은 더 근본적으로 우주의 역사에 대한 상식적인 전제에 도전한다. 캠브리지 대학의 스티븐 호킹Stephen Hawking과 유럽 입자물리연구소(CERN)의 토마스 허토그Thomas Hertog는 자연 전체에 양자물리학 원리를 적용하는 연구를 한 후, 측정 체계나 연구 방법과 상관없이 존재하는 절대 객관적인 우주의 역사는 없으며, 많은 우주의 역사가 있을 수 있다고 말했다. 과학자들은 특정한 연구 방법에 따라 그 중 하나 또는 여럿을 선택한다는 것이다.

근대 과학의 여명 이래로 물리학자들은 "시간 순"으로, 즉 우주 탄생의 "최초" 상태부터 시작해서 우주의 진화를 알아내려고 노력하고 있다. 그에 따라 오늘날 우주는 빅뱅에 의해 시작된 것으로 생각되고 있다. 그러나 호킹과 허토그는 그 탐구 방법에 전적으로 도전한다. 구의 표면처럼 우주에는 분명한 출발점이나 확실한 최초 상태가 없다는 것이다. 그러므로 우주의 최초 상태를 알 수 없다면 "최초"부터 "시간 순"으로 연구할 수 없다. 유일한 대안은 "역시간 순"으로, 다시 말해 현재의 관찰로부터 시작해서 과거로 거슬러 가면서 연구하는 것이다. 하지만 실제로 어떻게 역시간 순으로 연구하느냐는 우리가 제기하는 물음과 현재 도입하는 연구법에 전적으로 달려 있다.

휠러와 짜일링거도 지지하듯이 양자물리학의 원칙을 전 우주에 적용하면 전체 자연은 무한한 가능성으로 이루어진 양자 중첩 상태로 존재한다. 호킹에 의하면 그 양자 중첩에는 단일 우주의 모든 가능한 판본들이 동시에 존재한다. 이때 우리가 무언가를 측정하기로 선택하는 것은, 곧 그 가능성 안에서 우리가 측정하려는 특성을 공유한 역사들 중 하나를 선택하는 것이다. 다시 말해서 우리가 생각하는 우주의 역사는 그 역사들의 집합으로부터 나온다. 즉, 우리가 우리의 과거를 선택하는 것이다.

이 장에서 언급한 선구적인 물리학자들에 의하면, 물리적 우주를 이해하려면 자연에 대한 이해와 더불어 자연 세계에서 의식의 역할에 대한 이해가 필수적이라는 점이 더욱더 명백해지고 있다. 물리학자, 생물학자, 심리학자들은 의식이 진화 과정 중 언제 최초로 생겼는지, 그리고 태아의 형성 과정에서 언제 처음 발생하는지 알지 못한다. 그러므로 우주의 최초 상태를 알지 못하면서 "시간 순"으로 우주의 역사를 설명하는 것이 불가능한 것과 마찬가지로, 의식의 필요충분한 원인을 알지 못하면서 "시간 순"으로 의식의 기원을 설명하는 것은 불가능하다. 호킹과 그의 동료들 같은 논리를 따른다면, 의식의 기원에 대한 연구는 현재의 의식의 본질을 관찰하는 것부터 시작해서 "역시간 순"으로 진행되어야만 한다. 동서양의 명상가들은 이미 오래전부터 그렇게 탐구해 왔지만, 마음을 탐구하는 과학자들은 아직도 그렇게 연구하지 않고 있다.

21

― 수행 ―

시작도 끝도 없는 의식에 머물기

　이번에도 몸과 말과 마음을 자연스러운 상태에 머물게 함으로써 명상을 시작합니다. 경험을 통해 마음에 나타나는 대상의 공한 본성, 마음 자체의 공한 본성, 그리고 개관적 현상과 주관적 인식의 이원성의 공한 본성에 대한 통찰을 얻었다면, 이제 어떤 대상이나 주체에도 집착하지 말고 그저 인식을 쉬게 하세요. 이때 아무것에 대해서도 명상하지 않고 있으므로, 이 수행을 "비非명상"이라고도 합니다. 그저 인식을 눈앞의 공간에 두고, 아무것도 명상하지 않은 채로 확고한 마음챙김을 유지하세요.

　이 "하지 않기" 수행에서는 단지 깊은 내면의 고요를 체험합니다. 또 내면의 고요를 넘어 심리를 돌파할 수 있고, 더 나아가 기저의식을 초월할 수도 있습니다. 그리고 인식은 그 궁극적 근거인 근원 의식(즈냐나

jñana)에 머뭅니다. 이때 관념으로 이루어진 생각을 넘어선, 인식의 본성인 한결같고 빛나는 공을 불이적不二的으로 깨달을 수도 있습니다. 그러면 현상과 마음이 합쳐지고, 그 결과 더 이상 '안'과 '밖'의 구분이 없고, 모든 실재의 '한 가지 맛一味'이라는 가장 깊은 평등심을 체험할 것입니다.

이 공의 광채는 그침 없고, 명료하고, 티 없이 깨끗하고, 위안이 되고, 빛납니다. 그것은 본래적 자각의 "빛나는 본성"이라 하고, 그 핵심은 순수한 공의 불가분성, 무엇으로도 굳어지지 않음, 그침 없고 눈부시고 생생한 광채입니다. 그 깨달음을 얻기 위해서 수년 간의 고된 명상 수행이 필요한 사람들도 있고, 매우 빨리 깨닫는 이들도 있습니다. 그것은 각 사람의 영적 성숙 정도에 달려 있습니다.

명상을 마칠 때는 집착하지 말고, 모든 현상을 유령이나 꿈속의 모습처럼 명료하고 공한 것으로 보세요. 그것은 명상할 때와 명상하지 않을 때 세계를 보는 방식을 구별하지 않게 하는 데 도움을 줍니다. 그렇게 하면 생각과 감각적 세계가 모두 명상에 도움이 될 수 있습니다. 어떤 생각이 떠올라도 그것에 주의를 집중하세요. 그러면 햇빛의 따스함에 의해 안개가 사라지듯이, 생각이 흔적도 없이 사라질 것입니다. 생각에 고유 실재가 없음을 알면, 더 이상 생각 때문에 괴로움을 겪지 않게 됩니다. 무엇을 하든지 이전처럼 인식하는 대상에 집착하는 습성에 빠지지 말고, 큰 강물처럼 계속 이어지는 확고한 마음챙김을 유지하세요.

22

---- 이론 ----

본래적 자각의 빛나는 공간

하느님나라

특히 종교개혁 이래 그리스도교 교회는, 인간은 타락한 본성을 지닌 사악한 죄인이므로 하느님의 은총에 의해서만 구원 받을 수 있다고 생각했다. 인간의 본성에 대한 이런 우울한 관점을 지지하는 사람들은 확실히 성경에서 그들의 믿음의 근거를 찾을 수 있다. 하지만 우리는 성경에서 보다 희망적인 관점을 말하는 구절들도 볼 수 있다. 예를 들어 창세기는 "하느님이 당신의 형상대로 사람을 창조하셨으니, 곧 하느님의 형상대로 사람을 창조하셨다. 하느님이 그들을 남자와 여자로 창조하셨다."라고 선포한다. 또 신약성경에서도 인간은 하느님과 닮았고, 예수뿐 아니라 모든 사람이 "하느님의 형상과 영광"을 반영한다고 말한다.

그리고 인간의 타락한 본성을 강조하는 그리스도인들은 사람들이 예수를 구원자로 받아들이고, 세례를 받고, 교회에 대한 믿음을 지키면 구원 받을 수 있다고 믿는다. 하지만 예수는 이렇게 말했다. "나더러 '주님, 주님' 하는 사람이라고 해서, 다 하늘나라에 들어가는 것이 아니다. 하늘에 계신 내 아버지의 뜻을 행하는 사람이라야 들어간다." 이런 예수의 경고를 상기할 때, 그들의 구원에 대한 확신과 그 기준에 미치지 못하는 사람들에게 내리는 저주에 대한 확신은 의심스럽게 된다.

누군가 모든 계명 중에서 무엇이 가장 중요한지 물었을 때, 예수는 이렇게 대답했다. "첫째는 이것이다. '이스라엘아, 들어라. 우리 하느님이신 주님은 오직 한 분이신 주님이시다. 네 마음을 다하고, 네 목숨을 다하고, 네 뜻을 다하고, 네 힘을 다하여, 너의 하느님이신 주님을 사랑하여라.' 둘째는 이것이다. '네 이웃을 네 몸같이 사랑하여라.' 이 계명보다 더 큰 계명은 없다."

성 어거스틴에 의하면 이 두 계명은 밀접히 연관되어 있다. 하느님을 사랑하는 것은 단순히 깊은 경외감, 헌신, 감사만이 아니라 하느님과 합일되려는 열렬한 소망이기도 하다. 그리고 자기 자신처럼 이웃을 사랑하는 것은 하느님에 대한 사랑을 모든 사람들과 나눔으로써 그들과 일체감을 느끼는 것을 말한다.

하느님의 뜻에 따라 목숨을 다하고, 뜻을 다하고, 힘을 다하여 하느님과의 합일을 추구해야 하는 의무는 "그러므로 하늘에 계신 너희 아버지께서 완전하신 것같이, 너희도 완전하여라."라는 예수의 명령과 일치한다. 이 명령은 인간 영혼의 한계와 타락을 초월하는 인간 존재의 다른 차원이 있음을 의미한다. 예수는 종종 그 신적 순수함을 하느님나라 혹은 하늘나라라고 말했고, 그것은 객관적 세계가 아니라 모든 사람들의 내면에 존재한다고 말했다.

하지만 우리가 일상적인 개인적 자의식이나 마음에 집착하고 세속적 생각이나 열망을 가지고 있는 한 그런 내적 완전함은 가려져 있다. 그러므로 하느님나라를 발견하려면 일상적 자의식을 버려야만 하고, 우리가 몸이나 마음과 같은 존재라는 생각을 버려야만 한다. 그래야만 "거듭날" 수 있고 우리의 깊은 본성을 깨달을 수 있기 때문이다.

바오로 성인은 "나는 그리스도와 함께 십자가에 못박혔습니다. 이제 살고 있는 것은 내가 아닙니다. 그리스도께서 내 안에서 살고 계십니다." 라고 말함으로써 영적으로 거듭났음을 선포했다. 바오로는 몸으로는 여전히 그리스도와 따로 떨어져 있었지만, 자각에 있어서는 그런 분리가 모두 사라져 버렸다. 그러므로 그는 내면을 볼 때 더 이상 그리스도를 인식의 대상으로 볼 수 없었다. 바오로는 더 직접적이고 밀접하며, 인식의 궁극적 근거에 관련된 것을 말하고 있었던 것이다. 그런데 모든 개인들과 공동체를 통합하는 근거인 만물의 근거를 깨달으려면 일상적 마음을 돌파해야만 한다.

그리스도교 신학자 마틴 레어드Martin Laird는 그것을 이렇게 말한다. "우리는 이 광대하고 흐르는 전체를 보는 것이 또한 전체임을 깨닫는다. 우리는 우리를 괴롭히고, 시야를 가리고, 유혹하고, 때론 즐겁게 했던 생각과 느낌이 실체가 없음을 안다. 그 생각과 느낌은 또한 그것들이 나타나는 광대함의 한 표현이다. 바오로 성인은 그 광대함을 단순히 그리스도의 평화, 그리스도 안에 있음의 세례적 사실을 깨닫는 것이라고 말했을 것이다."

예수는 하느님나라에 대해서 여러 가지 우화 형식으로 말했다. 그는 하느님나라를 겨자씨에 비유했다. 겨자씨는 세상의 어떤 씨앗보다도 더 작지만, 땅에 심으면 자라서 어떤 풀보다 더 큰 가지들을 뻗어, 공중의 새들이 그늘에 깃들일 수 있게 된다. 또 이와 유사한 성장의 비유로서, 하느님나라는 밀가루 속에 들어가 반죽을 온통 부풀어 오르게 하는 누룩과 같다고 말했다. 예수는 이 우화들을 통해 하느님나라의 내적 완전함은 우리가 일상적 생각이나 자의식에 집착하고 있을 때조차 미묘하지만 이미 존재하고 있다는 걸 말하고 있다.

따라서 우리가 습관적으로 붙들고 있는 자의식을 놓아버리고 더 깊은 본성을 추구하면, 하느님나라는 우리의 온 존재를 충만하게 하는 내면의 피난처임이 드러난다. 이런 면에서 하느님나라는 '나'라는 습관적 자의식의 밭에 숨겨져 있는 보물과 같다. 진리를 추구하는 사람은 하느님나라를 발견하면, 그 보물을 얻는 대가로 습관적인 개인적 자의식이라는 밭을 기꺼이 포기한다. 마치 값비싼 진주를 발견하고서 그것을 얻기 위해 모든 재산을 기꺼이 팔아 버리는 사람처럼.

또 신약성경의 많은 구절들은 예수를 세상의 빛이며 생명의 빛이라고 부른다. 지난 2천 년 동안 그리스도교 관상가들은 깊은 영적 깨달음을 나타내기 위해 빛의 비유를 가장 많이 사용했다. 하느님나라의 내면의 빛은 일상의 마음 상태에서는 보이지 않지만, 선한 삶을 살려고 하고 관상적 능력을 일깨운 사람들에게는 점점 더 명확히 나타난다.

니싸의 성 그레고리는 그것을 "빛나는 어둠"이라고 불렀고, 성 디아도코스는 "마음의 빛"이라고 말했으며, 십자가의 성 요한은 하느님에 대해 "당신은 나의 지성의 신성한 빛이시며 그것에 의해 나는 당신을 바라

볼 수 있습니다."라고 말했다. 앞서 말한 오리게네스를 따랐던 사막의 교부 에바그리우스에 의하면, 자각의 빛나는 차원을 발견하게 되면 평범한 일상생활 가운데서도 비범한 고요가 지속되는 경험을 할 수 있다.

성 그레고리 팔라마스 St. Gregory Palamas는 그런 관상적 깨달음에 대해 이렇게 말한다.

> 자연에만 한정한다면, 우리는 신성화가 어떻게 그 사람을 자신 밖으로 또는 자신을 넘어 신성화할 수 있는지를 도무지 알 수 없다. … 은총을 통해 하느님이 모든 성인들에 완전히 스며들고, 모든 성인들은 하느님에게 완전히 스며들어서, 그들 자신을 하느님 전부와 바꾼다. 그리고 성인은 하느님을 향해 상승한 보답으로 오직 하느님만을 얻는다. 영혼이 몸을 포용하듯 하느님은 성인을 포용하고, 성인이 하느님의 일부로서 그분 안에 있을 수 있게 하기 때문이다. … 지성은 세속적인 걱정거리로부터 자유롭기 때문에 활발히 작용할 수 있고 형언할 수 없는 하느님의 선하심을 지각할 수 있게 된다. 그 후 지성은 진보함에 따라 그 기쁨을 몸과 소통한다. 이때 영혼과 몸을 총민하게 하는 기쁨은 불멸의 삶을 진정으로 상기시킨다.

그리스도교의 관상 전통은 종교개혁과 과학혁명이 일어난 후 급격히 쇠퇴했다. 쿠사의 니콜라스 Nicholas of Cusa(1401-1464)는 이탈리아 르네상스 시기에 그리스도교 관상의 마지막 위대한 옹호자 중 하나였다. 독일에서 태어난 니콜라스는 이탈리아로 가서 고등교육을 받고, 1423년 파두아 대학에서 교회법 박사학위를 받았다. 그리고 1437년부터 콘스탄티노플의 동방교회에서 교황 유진 4세의 특사로서 여러 번 봉직하면서 임무를 훌륭하게 수행했으므로 추기경에 임명되었다.

중세의 스콜라철학을 거부한 니콜라스는 법률, 신학, 철학, 수학, 천문학, 신비주의 분야에 중요한 기여를 해서 15세기의 천재들 중의 하나라는 명성을 얻었다. 그는 미적분과 상대 운동의 개념을 개발하여 수학에 공헌했고, 그의 저작들은 라이프니쯔와 뉴턴이 미적분학을 발견하고 칸토어Cantor가 무한을 연구하는 데 꼭 필요한 도움을 주었다.

또 그는 코페르니쿠스보다 오래전에 지구가 거의 원형이며 우주의 중심이 아니고 태양의 주위를 공전한다는 것과, 별들은 지구의 일부가 아니라는 것을 주장했다. 또 천체들은 완전한 구형이 아니고 그 궤도 역시 원형이 아니라고 주장했다. 그는 천체의 실제 움직임이 이론과 다른 이유는 상대 운동에 의해 설명할 수 있다고 말했다. 코페르니쿠스와 갈릴레오는 니콜라스의 저작들을 알고 있었고, 케플러는 처음 출판된 자신의 책 첫 단락에 니콜라스는 "신에게서 영감을 받은" 사람이라고 썼다.

니콜라스는 콘스탄티노플에 파견되어 임박한 성전聖戰을 막는 임무를 마치고 돌아가던 중에 신비 체험을 하고 나서 철학과 관상 생활에 관한 많은 책을 썼다. 그것은 성 어거스틴과 신플라톤주의에서 깊은 영감을 받은 것이었다. 그는 인간의 지식이 세 단계로 이루어진 집합적·통합적 활동이라고 생각했다. 첫째, 지식은 감각을 통해 얻는 것이다. 그는 감각적 지식이 우리의 오감五感에 생기는 많은 현상을 세계의 통일된 표상으로 통합한다고 믿었다.

둘째, 지식은 추상적·보편적 관념을 발생시키는 능력인 이성이다. 그런데 이성에 의한 지식은 '하나-다수' 혹은 '존재-비존재' 같은 이원성의 개념 체계에 걸려든다. 따라서 이성은 실재에 대한 충분한 지식을 주지 못하기 때문에, 신과의 완전한 합일에 이를 수 없다.

셋째, 지식인 궁극적 앎은 이성과 논리를 초월한 이해를 수반한다. 그것은 합리적 정신에 의해 생각할 수 있는 모든 차이와 다양성을 통찰할 수 있는 신비적 직관이다. 우리는 오직 이와 같은 기능에 의해서만 완전한 합일인 하느님을 알 수 있다. 그 합일에서는 모든 차이들이 무한한 생명으로 화합하고, 모든 대립되는 것들이 수렴되어 '일치'하게 된다.

쿠사의 니콜라스는 체험을 통해 신적 합일, "하느님의 얼굴"을 깨닫기 위해서는 "나는 구름 속으로 들어가야 하고, 이성의 능력을 넘어서, 대립되는 것들의 일치를 인정해야 하며, 불가능을 직면하는 곳에서 진리를 추구해야 합니다. 그리고 이성 너머에, 심지어 어떤 지성인도 알지 못하고, 모든 지성인이 진리와 전혀 동떨어져 있다고 판단하는 것에 내가 도달하게 될 때의 가장 뛰어난 지성 너머에, 나의 하느님, 절대 필요인 당신은 거기에 계십니다."라고 썼다.

하느님의 얼굴을 보는 사람은 아무것도 숨김없이 모든 것을 개방적으로 본다. 그런 지식은 신적인 '절대 시력'을 통해 얻어지고, 그것이 없다면 인간적인 '좁은 시력'조차 있을 수 없다. 실재를 볼 수 있는 관상적 신의 관점을 얻으려면 사물을 보는 모든 방식을 포용해야 한다. 쿠사의 니콜라스는 내면의 하느님나라로부터 우리를 막고 있는 "낙원의 장벽"에 있는 문을 "최고의 이성의 영이 지키고 있는데, 그것을 제압하지 않으면 안으로 들어가는 길은 열리지 않습니다."라고 말했다. 따라서 "모든 지식은 하느님의 빛 안에 있습니다. 따라서 우리 자신이 아는 것이 아니라 우리 안에서 하느님이 아시는 것입니다."

쿠사의 니콜라스는 이전의 많은 관상가들과 마찬가지로 자신 안에서 하느님을 추구하는 길, 곧 한계를 넘어서는 길을 제시했다. 그 내면 탐구의 과정에서 "우리는 자신 안에서 하느님을 닮은 것을 아무것도 찾을 수 없습니다. 하느님은 우리의 지적 영혼의 원인, 시작, 빛으로서 그 모든 것 너머에 있음을 우리는 긍정하게 됩니다. … 우리는 우리의 내면성을 초월하는 선의 근원이시며, 우리의 모든 것이 그분으로부터 유출되는 하느님을 발견하는 기쁨을 누릴 것입니다. 우리는 매일 내면으로 더 깊이 들어가고 외부의 모든 것을 버려서 하느님에게 의지함으로써 하느님을 만나는 길을 발견할 수 있습니다. 그러면 하느님을 진실로 이해할 수 있습니다."

또 니콜라스는 "하느님을 추구하고 발견하는 놀라운 길"인 외부 세계를 향해 절대 시각을 돌림으로써 그런 신적 관점을 얻을 수 있다고 말했다. 불 같은 원소나 나무, 돌, 씨앗 같은 물체의 본성과 상태를 살펴봄으로써 신적 관점을 얻을 수 있는 것이다. 피타고라스학파가 말했듯이, 그렇게 함으로써 우리는 원소와 물체에서 기하학적 형태를 발견하게 되고, 원소와 물체를 발생시키는 근본적 힘으로 그것들을 환원시키게 된다.

만약 과학혁명의 선구자들이 감각적 관찰에 의한 합리적 접근법과 아울러 이런 지식 추구 방식을 받아들였다면, 자연과학은 주관적·객관적 연구 방법을 통합하여 훨씬 더 균형 있게 진보했을지도 모른다. 니콜라스의 수학적·천문학적 통찰은 근대 과학으로 조용히 흡수된 반면에, 그의 지식에 대한 삼단계 접근법은 근대 과학자들에 의해 배척당했고, 관상에 대한 저작들은 대개 무시되었다. 근대 그리스도교는 대체로 관상적 탐구의 길을 외면했지만, 니콜라스의 통찰과 불교 명상가들의 통찰은 현저하게 유사한 점들이 많이 있다. 이제 그것을 살펴보자.

밝게 빛나는 마음

붓다의 가르침은 괴로움의 근본 원인인 갈망, 적대감, 망상과 같은 번뇌를 세심하게 분석함으로써 괴로움의 실재를 매우 강조하지만, 또한 '밝게 빛나는 마음'에 대해서도 많은 것을 말한다. 밝게 빛나는 마음이란 특별히 유연하고 부드러운 의식 차원이다. 일상적 마음에서는 번뇌에 물들어 있지만, 밝게 빛나는 마음은 번뇌에 의해 일시적이고 "우발적으로" 가려져 있을 뿐이며, 번뇌가 제거되면 그 빛나는 자각이 온전히 찬란하게 드러난다.

또 자애심을 특성으로 하는 밝게 빛나는 마음은 우리에게 영감을 주어서 마음을 개발하고 해탈을 추구하게 한다. 붓다는 마음이 번뇌에 물든 상태를 불순물이 섞여 있는 금광석에 비유했다. 불순물과 섞여 있는 금이 본래 광채를 발하지 못하듯이, 번뇌로 가려져 있는 마음도 고유 광채를 명확히 드러낼 수 없다. 따라서 명상으로 마음을 개발하는 과정은 금을 정련하는 것과 비슷하다. 마음의 빛나는 본성을 발견하는 것은 불교 수행에서 의식의 숨겨진 자원을 드러내는 데 매우 중요하다. 이는 마치 내면의 하느님나라를 발견하는 것이 그리스도교 관상의 핵심인 것과 같다.

상좌부 불교의 주석자들은 밝게 빛나는 마음을 바왕가*bhavanga*, 즉 생성의 근거와 같은 것으로 본다(12장 참고). 바왕가는 꿈 없는 잠을 잘 때와 죽을 때 저절로 나타난다. 감각적·정신적 현상을 비추는 일상적 의식은 감각이나 뇌가 손상을 받으면 약해지거나 꺼질 수 있지만, 바왕가의 본래 광채는 설령 정신적·육체적 영향에 의해 가려진다 해도 항상 그대로이다.

하지만 붓다는 이와 같이 온당한 해석을 넘어서, 열반을 성취한 사람이 경험하는 궁극적 자각에 대해 말했다. 일상적 지각으로는 궁극적 자각을 감지할 수 없기 때문에, 붓다는 그것을 "특성 없는 의식"이라고 불렀다. 우리는 궁극적 자각을 불이적으로 그 자체에 의해서만 알 수 있다. 우리는 밝게 빛나는 마음의 자각 상태에서 육신의 몸으로부터 완전히 자유롭다. 즉 일상적 마음과 몸은 초월되고 사라져 아무 흔적도 남지 않는다.

무조건적이고 영원하며 변치 않는 지복으로 충만한 그 의식은 열반을 성취한 아라한이 죽은 후에도 소멸되지 않는다. 붓다는 아라한이 죽으면 육체의 기반이 없으므로 의식은 "지지되지 않는다"고 말했지만, 이는 아라한이 죽으면 의식도 없어진다는 의미가 아니다. 붓다는 그때의 의식은 마치 물체와 접촉하지 않아서 '빛나지' 않는 햇빛과 유사한 상태라고 말했다. 그리고 그런 의식은 선악을 비롯한 모든 이원성을 초월한다.

붓다는 밝게 빛나는 마음이 이와 같은 비현시적 의식이 된다고 했으며, 그의 가르침은 밝게 빛나는 마음이 아라한의 '자궁'이라는 생각을 뒷받침한다. 앞서 말했듯이 상좌부 불자들이 생성의 근거와 같다고 여기는 밝게 빛나는 마음은 너무 미세해서 일상적인 삶에서는 사실상 알아볼 새 없이 지나가 버린다. 그렇지만 밝게 빛나는 마음을 기르고 개발하면, 예수의 우화에서처럼 그것은 겨자씨처럼 크게 자랄 수 있고, 밀가루 반죽에 들어가서 부풀게 하는 누룩과 같은 일을 할 수 있다.

하지만 궁극적으로 바왕가(생성의 근거)는 매순간 변하기 때문에, 어떻게 변화를 멈추어서 움직임이 없고 제약 없는 비현시적인 의식이 될 수 있는지를 알기는 어렵다. 게다가 밝게 빛나는 마음이 영원하여 변화를 초월한 것이라면, 아라한이 죽기 전에 이미 존재하고 있음에 틀림없다. 밝게 빛나는 마음은 태어나지 않으므로 아라한이 죽을 때 새로 만들어질 수도 없다. 사실 그것은 명확히 드러나 있지는 않지만 아라한이 열반을 성취하기 전부터 이미 존재하고 있음에 틀림없다. 따라서 밝게 빛나는 마음은 번뇌에 의해 가려져 있을지라도 분명히 모든 의식 있는 존재들 안에 이미 있다.

붓다는 태어나지 않고, 존재하게 되지 않고, 만들어지지 않고, 제약이 없는 존재의 차원이 중요하다고 강조했다. 그것이 없다면 우리는 태어나고, 존재하고, 만들어지고, 제약된 세계에 환생하는 굴레에서 해방될 가능성이 없기 때문이다. 밝게 빛나는 마음은 상대적 차원에서는 바왕가와 동일시될 수도 있지만, 그 궁극적 본성은 오직 우리가 해탈의 비현시적 의식을 온전히 발견했을 때만 드러난다.

따라서 밝게 빛나는 마음은 일상적 마음의 밭에 숨겨진 보물처럼 늘 있다. 우리는 그것을 발견하자마자 그 귀중한 보물을 가지는 대가로 기꺼이 일상적 마음이라는 밭을 포기한다. 즉, 영적으로 죽고 거듭나는 것이다. 그것은 값비싼 진주를 발견한 사람이 진주를 얻기 위해 기꺼이 모든 것을 팔아버리는 것과 같다. 그리스도교와 불교는 중요한 교리의 차이가 있지만, 내면의 하느님나라와 밝게 빛나는 마음은 현저하게 닮았다.

불성

초기 불교에서 매우 중요한 주제인 밝게 빛나는 마음은 대승불교의 설법들에서 훨씬 더 깊이 논의된다. 대승불교에서는 밝게 빛나는 마음을 불성*buddhadhatu* 혹은 여래의 자궁*tathagata-garbha*이라고 한다. 여래*tathagata*는 '궁극적 실재에 도달한 자'라는 의미이고, 붓다 곧 '깨달은 자'와 동의어이다.

우리 자신의 경험으로 알 수 있듯이, 보통 사람들의 경우에 불성은 태어남과 죽음의 순환을 겪고, 갈망과 적대감과 망상 같은 번뇌로 짙게 가려진 마음으로 나타난다. 바로 이 불성이 우리로 하여금 일상적 존재에 대한 환멸감을 느끼게 하고, 우리 자신뿐 아니라 남들의 행복을 위해 완전한 깨달음을 얻도록 각성시키는 것이다.

보살이 그 높은 이상을 실현하려고 헌신하는 근본 동기와 열망이 바로 보리심*bodhichitta*이다. 우리가 영적으로 진화할 때, 밝게 빛나는 마음 혹은 불성이 보리심으로 나타난다. 보리심은 자애와 자비의 본성을 드러내며, 불성은 그것을 가리고 있는 번뇌를 완전히 제거하면 완벽한 깨달음의 전지적 마음, 곧 붓다의 마음으로서 나타난다.

보살은 모든 의식 있는 존재들을 위한 자애심과 자비심을 기르며, 그들 하나하나를 자기 자신처럼 사랑한다. 그러므로 불자의 관점에서는, 우리가 우리 자신만큼 사랑해야 하는 '이웃'에는 단지 인간뿐 아니라 괴로움에서 벗어나고 행복하기를 원하는 모든 의식 있는 존재들이 포함된다.

보살은 '마음을 다하고 목숨을 다하고 뜻을 다하여' 붓다의 완전한 깨달음을 성취하려고 애쓴다. 그 까닭은 완벽한 지혜와 자비를 얻어야만 모든 존재들을 가장 효과적으로 도와서 괴로움에서 벗어나고 영적 깨달음을 얻게 할 수 있기 때문이다. 그러므로 보살이 완전을 성취하려는 목적은 단지 자신의 깨달음을 얻으려는 것만이 아니라 모든 존재들의 가장 깊은 바람에 도움을 주기 위해서이다.

이 점에서 7세기 인도의 보살 샨티데바Shantideva의 말이 자주 인용된다. "우주가 있는 한, 의식 있는 존재들이 있는 한, 세상의 모든 고통을 덜

어주기 위해 나도 세상에 남아 있기를 기원합니다." 현대의 많은 불자들이 볼 때, 살아있는 그리스도 예수는 모든 존재들을 영적 구원과 깨달음으로 이끌어 주기 위해 세상에 계속 현현하는 깨달은 존재인 보살의 뛰어난 본보기이다.

불성은 시작도 없고 끝도 없으며, 더없이 행복하고 불변하며, 모든 의식 있는 존재들의 진정한 정체성이다. 불성은 본래 순수하지만, 번뇌가 불성을 가리면 우리는 우리의 실수나 한계가 우리의 본성이라고 오해하게 된다. 밝게 빛나는 마음인 불성은 특히 다섯 가지 미혹에 의해 가려진다. 그것은 감각적 욕망, 악의, 방심과 둔함, 동요, 의심이다. 이것은 10장에서 말한 초선을 성취하는 데 방해가 되는 다섯 장애와 같다. 여기서는 다섯 장애가 또한 열반과 깨달음을 얻게 해 주는 밝게 빛나는 마음을 가린다는 것을 주목하라.

초기 불경인 『법구경』은 이런 구절로 시작된다. "마음이 모든 것보다 먼저 있고, 모든 것은 마음에서 생기며, 모든 것은 마음으로 이루어져 있다." 대승불교에서는 모든 현상보다 먼저 있는 마음이 불성이라고 한다. 왜냐하면 만물은 불성 곧 본래 순수한 인식으로부터 나타나며, 불성은 존재하는 모든 것의 본성이기 때문이다. 불성은 모든 의식 있는 존재들과 전 우주의 하나의 본성이고, 현상의 절대공간法界 *dharmadhatu*에서 분리할 수 없다. 그리고 현상의 절대공간으로부터 공간과 시간, 질량과 에너지, 정신과 물질이라는 상대적 이원성이 나타난다.

실재의 궁극적 근거인 불성은 선악의 원인을 가지고 있고, 마치 배우처럼 여러 가지 모습으로 나타난다. 불성은 영원하고, 안정적이고, 불변하므로 태어남과 죽음을 넘어서 있다. 그리고 우리의 본성은 모든 번뇌와 미혹으로부터 영원히 자유롭고 완전한 선으로 가득 차 있는 붓다의 전지적 의식과 다르지 않다. 하지만 보통 사람들은 자신에게 불성이 있음을 알지 못하기 때문에, 일시적인 몸과 마음이 곧 자신이라고 생각하면서 태어남과 죽음의 현상에 매달린다. 그러므로 본래 순수한 밝게 빛나는 마음을 드러내려면 번뇌를 제거해야만 한다.

현상의 절대공간에서 분리될 수 없는 불성은 궁극적으로 선악을 비롯한 모든 이원성을 초월한다. 우리는 심적·물질적 사건이 생기고 사라지는 것에 신중히 주의를 기울여서 직접적 지각을 통해 무상, 괴로움, 무아에 대한 불교의 상대적 가르침을 깨달을 수 있다. 먼저 추론을 통해 모든 현상의 본성이 공하다는 궁극적 가르침을 이해할 수 있고, 그 후 지각에 의한 직접적 통찰을 얻어야 한다. 불성에 대한 초월적 가르침은 처음에는 신앙에 의해서만 짐작할 수 있지만, 부지런한 수행을 하게 되면 마침내 직접적·불이적 깨달음으로 깊어질 수 있다.

붓다의 그런 설법은 우리의 가장 깊은 내면에 직접 전해지므로, 그것을 뒷받침하는 실증적 증거나 논리적 주장 없이도 우리는 밝게 빛나는 마음의 직관적 깊이로부터 붓다의 가르침을 받아들일 수 있다. 우리의 불성은 붓다의 마음과 구별할 수 없으므로, 붓다의 마음에서 우리의 불성으로 전해지는 그 가르침은 우리의 진아眞我가 자신에게 표현하는 것과 같다.

대원만

공과 불성에 대한 대승불교의 가르침은 불교의 대원만(족첸) 전통으로 완전히 통합되었다. 많은 티베트 불자들은 대원만을 불교 이론과 수행의 정점으로 여긴다. 대원만을 처음으로 가르친 불교 명상가 쁘라헤바즈라Prahevajra는 보드가야(붓다가 깨달음을 성취한 곳)에서 서쪽으로 13개월을 걸어가야 하는 곳에서 왕실 여인의 무염수태를 통해 성육신으로 태어났다. 그는 이미 일곱 살 때 영적 영재로 알려져서 왕실에 초청되어 오백 명의 종교학자들을 만났다. 당시 매우 회의적이었던 학자들은 그에게 광범위한 영적 문제들을 자세히 질문해서 그의 심오한 통찰을 확인한 후에야 그를 경외하게 되었다.

성인이 되었을 때 쁘라헤바즈라는 32년 동안 깊은 삼매에 들어서, 나팔을 귀에 대고 불거나 막대기로 찔러도 명상에서 깨어나지 않았다. 그는 명상 수행을 마치고 돌아와서 대원만의 가르침을 계시했다. 드물게 장수를 누린 그는 생의 마지막 순간에 '핵심을 말하는 세 진술'이라는 가르침을 가까운 제자인 만주쉬리미트라Mañjushrimitra에게 전했다. 세상을 떠날 때 쁘라헤바즈라의 몸은 구형의 빛 속으로 사라졌다. 같은 시대에 살았던 쁘라헤바즈라와 예수의 삶에 관한 이야기에는 상당히 유사한 점들이 많다.

대원만 수행은 열반까지 포함해서 우주 만물은 본성이 공하다는 깨달음에 근거를 두고 있다. 만물은 자체의 본성에 따라 존재하는 것처럼 보이지만, 사실 모든 현상은 불성을 떠나서는 존재할 수 없다. 그리고 불성과 '현상의 절대공간'은 분리할 수 없다. 모든 현상은 수면에 비치는 달이나 하늘에 떠있는 무지개와 비슷하다. 물 위에 비친 달은 물을 떠나서는 있을 수 없고 무지개도 하늘을 떠나서는 존재하지 않는 것처럼, 모든 현상은 현상의 절대공간의 현현이다. 그리고 현상의 절대 공간은 근본적으로 순수하고 실재의 모든 면에 한결같이 존재한다.

대원만 전통에서는 불성을 근원 의식이라고 한다. 근원 의식은 현상의 절대공간의 "자연스러운 광휘"이고, 동트는 새벽처럼 투명하고 명료히 나타난다. 뒤좀 링빠는 근원 의식을 이렇게 설명한다.

> 근원 의식은 아무것도 모르는 끝없는 어둠처럼 비어 있지 않다. 모든 현상은 생기거나 사라지지 않고 자연스럽게 존재한다. 불의 본성에 열이 있고, 물의 본성에 습기가 있고, 바람의 본성에 서늘함이 있듯이, 근원 의식의 본성이 가진 끝없는 능력으로 인해 대상과 합쳐지거나 대상에 들어가지 않는, 모든 현상에 대한 완전한 앎과 완전한 자각이 있다. 근원 의식은 스스로 생기고, 본래 명료하며, 내적·외적 미혹이 없다. 또 그것은 만물에 깃들어 있고 빛을 발하는 선명한 무한 공간이며, 더럽혀지지 않는다.

붓다의 마음인 근원 의식을 깨닫는 것은 우리의 본성, 즉 대원만 전통에서 '명료하고 밝은 자각'이라고 하는 '밝게 빛나는 마음'을 깨닫는 것이다. 그런 본래적 자각은 결코 선하거나 악하게 되지 않는다. 왜냐하면 본래적 자각은 불변하고, 본래 순수하고, 만물에 깃든 모든 실재의 절대 공간이므로 모든 이원성과 관념을 초월하기 때문이다. 이 궁극적 근거는 일상적인 시간을 초월하므로, 과거와 현재 그리고 미래를 초월하는 "넷째 시간"에 관련되어 있다.

대원만의 나눌 수 없는 세 측면은 근원 의식(즈냐나 *jñana*), 현상의 절대공간, 근원 의식의 에너지(즈냐나-바유 *jñana-vayu*)이다. 전 우주에 스며 있는 생명력인 근원 의식의 에너지는 식물을 비롯한 모든 생물에서 가장 명백히 나타나는 데 비해, 모든 의식 있는 존재들의 인식은 근원 의식에서 비롯된다. 또한 모든 형태의 물질과 에너지(열에너지, 전자기에너지 등)는 근원 의식의 에너지에서 파생된 것이고, 마찬가지로 동물과 인간의 의식은 근원 의식에서 파생된 것이다. 한편 우주에서 시공간의 모든 상대적 현현은 현상의 절대공간이 표현된 것이다.

쿠사의 니콜라스는 하느님은 모든 대립을 초월하는 절대 합일이라고 묘사했고, 하느님이 세계의 수많은 것들로 유출되어서 "축소"되었다고 말했다. 그러므로 만물의 본질인 하느님의 무한한 잠재력은 전 우주에 스며 있고, 하느님 밖에 있거나 하느님 아닌 것은 아무것도 존재하지 않는다. 이와 유사하게 대원만 전통에 따르면 전 우주는 근원 의식에서 분리할 수 없는, 현상의 절대공간의 현현으로 이루어져 있다. 그리고 수면에 비친 달이 물과 따로 존재할 수 없고, 하늘의 무지개가 하늘에서 분리되어 존재하지 못하는 것처럼, 아무것도 이 궁극적 근거와 떨어져서 존재할 수 없다. 이것에 대해 달라이 라마는 다음과 같이 말한다.

> 모든 의식 상태에는 근원 의식의 선명한 빛이 스며 있습니다. 얼음은 아무리 단단해도 물이라는 본성을 결코 잃지 않지요. 마찬가지로 아무리 명백한 관념이라 해도 그들의 '자리', 소위 그들이 최종적으로 머무는 자리는 광활한 근원 의식을 벗어나지 못합니다. 그들은 광활한 근원 의식 안에서 생기고, 또 바로 거기로 사라집니다.

뒤좀 링빠는 모든 의식 있는 존재들의 마음의 흐름에는 근원 의식의 선명한 빛과 분리될 수 없는 현상의 절대공간이 존재하지만, 이원적 집착 때문에 심하게 수축되거나 "얼어" 있다고 설명한다. 그는 이것이 "본래 액체 상태인 물이 얼어 있는 것과 비슷하다. 우리가 주체와 대상의 이원성에 집착하기 때문에 본래 자유로운 근거가 이렇게 사물의 모습으로 어는 것이다."라고 말한다. 우리가 세계의 관찰자-참여자로서, 대상이 본래 실재하고 우리의 인식에서 분리된 것이라 여기고 집착하면, 대상은 외부에 있는 견고하고 굳은 것으로 보이게 되는 것이다.

대원만의 세 측면의 희미한 전조는 기저, 기저의식, 생명력(지바 *jiva*)을 초기에 경험할 때 발견할 수 있다. 기저는 '현상의 절대공간'의 상대적 현현과 유사하다. 기저의식은 무한히 깊은 의식 상태인 '근원 의식'과 유사해서, 혼동되는 일이 많다. 그리고 생명력은 '근원 의식의 에너지'의 희미한 반영이다. 이 세 상대적 현상은 각각 발현되는데, 기저는 기저의식의 대상으로서 나타나고, 생명력은 그 기저에 스며든다.

하지만 대원만의 체험에서는 현상의 절대공간, 근원 의식, 근원 의식의 에너지는 서로 구별할 수 없으며 모든 관념적 구분을 초월한다. 이와 유사하고 연관된 상대주의를 깨달음의 단계들에서 발견할 수 있다. 먼저, 어느 수행자가 사마타를 성취한 후 기저의식에 머물러 만족하고 있다면, 아라한이 보기에 그는 고요의 극단에 빠진 것이다. 왜냐하면 그 수행자는 열반의 완전한 자유와 궁극적 평안을 얻기 위해 마음에서 번뇌를 완전히 정화하려고 하지 않기 때문이다. 하지만 대승불교의 관점에서는 열반에 머물러 만족하고 있는 아라한도 마찬가지로 고요의 극단에 빠져 있는 것이다. 왜냐하면 아라한은 다른 모든 의식 있는 존재들을 평안하게 해 주기 위해 붓다의 완전한 깨달음을 얻으려고 마음에서 미세한 미혹을 완전히 정화하는 노력을 하지 않기 때문이다.

밝게 빛나는 마음은 초기 불교 문헌에서는 열반을 성취한 아라한의 자궁의 특성이라 하고, 대승 불교 문헌에서는 여래(붓다)의 자궁이라고 한다. 열반과 완전한 깨달음을 실현하는 근원은 대원만이다. 아라한은 열반이 공임을 깨닫는데, 일반적으로 공은 현상의 절대공간과 같은 것으로 여겨진다. 공은 절대 고요하고, 활동이 없고, 행복이 가득하고, 변치 않는다. 그런데 그것은 붓다의 가장 초기 가르침에서 말하는 열반의 특성이다. 아라한이 최종적 열반을 성취하면 현상의 절대공간의 비관념적, 근원적 고요에 대한 불이적 깨달음을 얻게 된다. 그러나 아라한은 전지적 근원 의식의 완전한 빛남 혹은 근원 의식의 에너지의 창조적 잠재력을 완전히 깨닫지는 못한 것으로 보인다. 반면 붓다의 완전한 영적 깨달음을 성취한 사람은 대원만의 세 측면을 완전히 깨닫는다.

대원만에서 명상은 처음에 공에 대한 부분적 깨달음으로 시작된다. 그것은 마치 처음으로 자각몽을 꾸는 것과 유사한데, 우리는 자각몽에서 마음에 나타나는 어떤 것도 자체의 본성에 의해 존재하거나, 그것에 대한 우리의 인식에서 독립되어 존재할 수 없음을 안다. 우리는 이 첫째 통찰을 기반으로, 만물의 자성自性이 공함을 깨달을 때까지 온갖 현상의 본성을 계속 탐구한다.

이 탐구 과정의 정점은 "위대한 공의 한 가지 맛"을 인식하는 것, 즉 만물은 광활한 현상의 절대공간에서 자연스럽게 생기고, 그 궁극적 근거와 따로 떨어져 존재하지 않음을 인식하는 것이다. 그것을 깨달은 후에는, 그 인식을 철저히 이해해서 명상할 때나 명상하지 않을 때나 결코 놓치지 말아야 한다. 그러면 "깨달음의 확신"을 얻었다고 말할 수 있고, 대원만의 관점을 깨달은 것이며, 그런 깨달음의 정점에 있을 때 우리는 현상의 세계보다 궁극적 실재를 더 좋아하는 것을 초월한 것이다. 그때는 모든 것이 "한 가지 맛"으로 보이고, 만물에 근원적 순수와 평등이 가득한 것을 보게 된다.

밝게 빛나는 마음이 곧 붓다의 마음임을 알게 되면, 개인의 의식이 바로 근원 의식의 표현임을 알게 된다. 이전에는 일상적인 자의식에 집착했기 때문에 개인의 의식이 가면처럼 근원 의식을 가리고 있었던 것이다. 뒤좀 링빠는 그것을 이렇게 설명한다.

> 개인의 의식이 근원 의식으로 변화하는 것은 마치 허수아비를 사람으로 착각하지 않고 있는 그대로 아는 것과 같다. 이런 식으로 우리의 의식이 어떻게 존재하는지를 바르게 깨달음으로써 개인의 의식을 근원 의식으로 변화시키게 된다. 의식이 절대 공간으로 사라지고 근원 의식이 다른 곳에서 생겨야만 하는 것은 아니다. 의식이 그렇게 보이는 까닭은 단지 자아에 대한 집착과 정체성 없음의 기능 때문임을 알아야 한다. 마치 바닷물에 별들의 모습이 나타나는 것처럼, 처음으로 대상에 대한 앎이 생기게 하는 것이 의식이다. 그렇게 발생한 것은 관념적 의식에 의해 단단히 유지되고 물상화에 의해 묶여 있으므로, 우리는 망상에 빠지게 된다. 하지만 그 이유를 알게 되면 우리는 근원 의식에 이를 수 있다.

나의 마음은 붓다의 근원 의식과 결코 떨어져 있지 않지만, 전혀 다른 것으로 보인다. 그 이유는 나의 지각, 생각, 감정을 나의 것으로 여기고 집착하기 때문이다. 실제로 나의 지각, 생각, 감정은 정체성이 없다. 마음에는 마음을 본질적으로 '나' 또는 '내 것'으로 만드는 것이 없기 때문이다. 하지만 일상적 의식으로 보면, 현상은 나와 따로 떨어져 있는 외부의 대상인 것처럼 보인다. 그러면 나는 현상을 물상화해서 현상이 본질적으로 독립적인 실재라고 여기고 집착하는 것이다. 이런 식으로 나는 망상에 빠지고, 나의 자각의 본성은 가려진다. 하지만 그런 망상이 어떻게 생기는지 알게 되면 근원 의식을 깨달을 수 있다.

대원만 전통에서는 여러 우화를 통해 궁극적 실재인 근원 의식을 묘사한다. 어떤 우화는 하느님나라에 대한 예수의 이야기를 연상시킨다. 이미 자신에게 불성이 있음을 모르는 사람은 왕이 없는 왕국과 같다. 반면 자신의 근원 의식을 알게 되는 것은 아무 지위도 없는 가난한 사람이 왕이 되어 특권을 누리게 되는 것과 비슷하다. 자신의 진정한 정체성을 모르는 사람은 자신의 병을 치료할 수 있는 약을 침대 바로 밑에 두고도 계속 고통 받는 사람과 같다. 그런 무지는 매일 금으로 채워진 베개를 베고 자면서도 가난해서 굶어 죽는 사람과 마찬가지다.

대원만 전통에 따르면 붓다와 깨닫지 못한 이들의 근본적 차이는, 붓다는 자신이 누구인지 알고 있는 반면에 깨닫지 못한 이들은 자신이 누구인지 모른다는 것이다. 그러므로 괴로움의 원인은 '나'와 '내 것'이 아닌 것을 '나'와 '내 것'이라고 집착하며 자신이 진정 누구인지 알지 못하는 것이다.

대원만 수행의 정점은 칠채화신rainbow body을 실현하는 것이다. 칠채화신이란 사람이 죽을 때 몸이 일렁이는 여러 색의 빛으로 사라지는 현상이다. 성육신 이론이 과학적 상상력을 왜곡하는 것이라면, 불교에서 말하는 칠채화신도 현대인들에게 거의 믿을 수 없는 것이다. 직접 목격한 많은 사람들의 진술에 근거한 것으로 알려진 칠채화신에 대한 주장이 사실이라면, 그것은 마음과 물질의 본성에 대한 가장 근본적인 과학의 전제들을 뿌리까지 흔들 것이다.

학문으로서 심리학이 시작된 이래 과학자들은 마음이란 뇌의 기능일 뿐이고, 마음은 뇌기능을 통해서만 물질세계에 영향을 줄 수 있다고 생각해 왔다. 중세 스콜라철학자들은 관념이 모든 실재보다 더 우월하다고 주장했다. 그래서 갈릴레오는 자연철학자들에게 실증적 관찰에 의해 객관적·물질적 현상을 발견할 권한이 주어져야 한다고 주장했을 때, 격렬한 저항에 부딪혔다. 스콜라철학자들에 의하면 모든 것을 망라하는 그들의 신학적 세계관과 일치하는 관찰만이 실증적으로 타당한 관찰이었다. 그래서 갈릴레오를 비롯한 누구라도 스콜라철학의 전제와 양립할 수 없는 것을 관찰했다고 주장하면 묵살 당했다.

스콜라철학자들과 마찬가지로 현대의 과학적 유물론자들은 오직 과학자들만이 실재에 대한 실행 가능한 연구 방법과 권위 있는 지식을 가지고 있다고 주장한다. 따라서 그들은 유물론적 관점으로 설명할 수 없는 것을 관찰했다는 주장은 모두 근거 없고 진지하게 고려할 가치가 없다고 여긴다. 반면에 갈릴레오가 스콜라철학의 헤게모니에 도전했던 것과 똑같이 명상가들은 그런 유물론의 이념적 헤게모니에 도전한다. 하지만 오늘날도 17세기만큼이나 그런 대안적 연구 방법에 대한 저항은 완강하다.

칠채화신 이야기는 깊은 명상 수행을 통해 현대 과학자들이 상상할 수 없는 방식으로 마음뿐 아니라 몸까지 변화시킬 수 있다는 티베트불교의 관점을 보여 준다. 이런 불교의 주장이 사실인지 아닌지는 의식의 본질과 한계에 대한 환상 같은 지식에 의지해서가 아니라, 경험에 의해, 즉 그에 해당하는 명상을 수행함으로써 검토해야 한다.

쁘라헤바즈라Prahevajra는 세상을 떠날 때 몸이 구형의 빛으로 사라져 칠채화신을 나타냈다고 한다. 완전한 깨달음을 성취한 사람의 마음은 이미 근원 의식으로 사라졌고, 그가 죽을 때 물질적으로 몸을 구성하는 요소들은 현상의 절대공간으로 사라지게 된다. 한편 그의 생명력은 근원 의식의 에너지로 사라진다. 드문 경우이긴 하지만, 깨달음을 성취한 사람이 살아있는 동안 절대적 근거로의 완전한 전이가 일어나기도 한다.

'칠채화신의 위대한 전이'를 성취한 사람의 마음은 마치 물이 물과 합쳐지거나 공간이 공간과 합쳐지듯이 모든 것에 스며 있는 근원 의식으로 무한히 확장된다. 몸의 모든 원자들은 현상의 절대공간으로 사라지지만, 다른 사람들이 보고 만질 수 있는 육체적 몸의 형태는 여전히 유지된다. 이때 죽을 수 있는 몸이나 마음은 없다. 즉, 깨달은 이들은 타인을 위해 자신의 몸을 단순히 나타내거나 사라지게 하지만, 더 이상 삶과 죽음의 지배를 받지 않는다.

티베트에 불교를 전하는 데 큰 역할을 했던 18세기의 위대한 명상가들인 빠드마삼바바Padmasambhava와 비말라미트라Vimalamitra는 칠채화신의 위대한 전이를 나타냈다고 전해진다. 그 후 체쥰 셍게 왕축(11-12세기), 녠웬 띵신 상뽀, 체쥰 셍게 소라 같은 라마들이 칠채화신의 위대한 전이를 성취했다고 전해지지만, 그것은 매우 드문 일이다.

쁘라헤바즈라가 나타낸 '위대한 칠채화신'을 실현하는 것은 칠채화신의 위대한 전이보다 흔한데, 죽은 사람의 몸이 마치 하늘에서 무지개가 사라지듯이 사라진다. 티베트인들에 따르면 '작은 칠채화신'을 실현하는 것은 그보다 더 흔하다. 작은 칠채화신이 일어날 때는, 절대 근거의 명료하고 밝은 자각이 생기고, 이 절대공간으로부터 무지개색이 흘러나오고, 명상가의 몸은 크기가 작아져서, 결국 몸과 마음이 흔적도 없이 사라지게 된다. 이와 달리 어느 능숙한 명상가는 죽으면서 절대 근거의 명료한 빛이 생겨날 때 몸이 7일 동안 작아져서 마지막에는 머리카락과 손톱만 남기도 한다.

뒤좀 링빠의 제자들 중 열세 명이 사망할 때 칠채화신을 나타냈다고 하는데, 이것은 그가 위대한 스승이었음을 보여 준다. 더 최근에는 내가 티베트불교 닝마파의 전임 수장이었던 페노르 린뽀체의 통역자로 일했던 2000년에 그에게서 들은 이야기가 있다. 사망하면서 칠채화신을 나타낸 티베트 명상가들을 그는 개인적으로 여섯 명 알고 있다고 말했다. 그 일들은 모두 티베트에서 일어났다.

나는 지난 수십 년 동안 티베트의 몇몇 숙련된 명상가들이 죽을 때 몸의 형태는 유지하면서 크기가 2~3인치까지 작아졌다는 이야기를 들었다. 그 중에는 드레풍 왕조 때 라싸에 살았던 빤첸 라마인 게쉐 람림빠와 짬탕 왕조 때 티베트 동부에 살았던 다른 한 명의 라마가 있다. 티베트 외부에서 이런 칠채화신을 나타낸 네 번째 라마는 네팔의 카트만두에 살았던 툴쿠 우리엔 린뽀체이다. 이 모든 경우들에서 목격자들은 이 라마들이 죽을 때 몸이 형태를 유지한 채 크기만 어린애만큼 작아졌다고 말했다.

티베트 불자들이 말하는 칠채화신의 위대한 전이는 예수의 부활 이야기를 연상시킨다. 신약성경에는 막달라 마리아와 예수의 어머니 마리아가 예수가 죽은 지 삼 일 후에 그의 무덤을 막은 돌이 치워지고 무덤이 비어 있는 것을 발견했다고 쓰여 있다. 얼마 후 예수는 막달라 마리아에게 나타났고, 그녀는 이것을 사도들에게 말했지만, 그들은 그것을 믿지 않았다. 하지만 부활한 예수는 사도들에게 갑자기 나타나서, 자신이 유령이 아니라는 걸 알도록 그들에게 자신의 손과 발을 만지게 하고 그들과 함께 식사했다. 그리고 베다니 근처로 사도들을 데리고 가서 손을 들어 그들을 축복했고, 마침내 하늘로 들려 올라갔다.

베네딕트 수도회의 수사 데이빗 쉬타인들-라스트 David Steindl-Rast는 예수의 부활과 불교의 칠채화신이 어떤 관련이 있을 수 있다는 점에 관심을 가진 그리스도인들 중의 하나이다. 그는 "만약 예수의 부활에 묘사된 일이 다른 사람에게도 일어났을 뿐 아니라 오늘날에도 일어나고 있다는 인류학적 사실을 밝힐 수 있다면, 그것은 인간의 잠재력에 대한 관점을 완전히 새롭게 조명하게 될 것이다."라고 말했다. 데이빗 수사는, 로마가톨릭 사제이며 티베트어와 문화를 연구했던 동료 프랜시스 티소 Francis Tiso에게 이 문제를 조사할 것을 요청했다.

티소 신부는 1998년 티베트 동부에서 사망한 후 몸이 사라진 켄포 아쵸라는 티베트 라마에 대한 이야기를 알고 있었다. 그는 켄포 아쵸가 사망한 티베트 마을로 가서 그 라마의 죽음을 목격한 사람들을 인터뷰한 후, 이렇게 보고했다. "목격자들은 모두 그 라마가 서원에 충실했고, 삶이 순결했으며, 자비심을 기르는 것이 중요하다고 자주 강조했다고 말했다. 그는 가장 거칠고 다루기 힘든 사람들조차 온화하게 하고 마음챙김을 하게 만드는 능력이 있었다. 그와 함께 있는 것만으로도 사람들은 변화될 수 있었다."

켄포 아쵸의 숨이 멎었을 때, 한 목격자는 그의 살이 분홍빛으로 변했다고 했고, 다른 사람은 빛나는 흰색이 되었다고 했으며, 모두 그의 살이 빛나기 시작했다고 말했다. 그 후 며칠 동안 동료들은 황색 예복으로 싸인 그의 몸이 줄어드는 걸 보았다. 칠 일 후 그의 몸을 쌌던 황색 예복을 벗겨냈을 때, 사람들은 그의 몸이 완전히 사라진 것을 발견했다. 켄포 아쵸는 몸이 현상의 절대공간으로 완전히 사라지는 작은 칠채화신을 나타낸 것이다.

그리스도인들은 유일하게 예수만 부활했다고 생각하지만, 예수의 부활 이야기는 티베트 불자들이 말하는 칠채화신과 매우 유사하다. 그리스도교의 부활을 불교의 방식으로 이해하는 건 전혀 불가능할지도 모르지만, 칠채화신을 경험에 의해 시험하는 것은 가능하다. 불교의 대원만 전통은 몸과 마음의 이러한 철저한 변화로 막을 내리는 단계적인 정화의 길을 제시한다. 쁘라헤바즈라의 시대로부터 이어져 온 이 전통이 인간의 본성 및 인간과 우주의 관계에 대해 주장하는 것은, 인간의 상상력을 제한하는 현대의 많은 종교적·과학적 전제들에 상당한 도전이 되고 있다.

23

―― 수행 ――

행동하면서 명상하기

　명상하지 않을 때는 모든 현상을 집착하지 말고 꿈속의 일처럼 명료하고 공한 것으로 보세요. 이 방법은 명상할 때와 명상하지 않을 때 세계를 보는 방식을 구별하지 않게 하는 데 도움을 줍니다. 이렇게 하면 모든 생각과 감각 세계의 현상이 명상에 도움이 될 수 있습니다. 어떤 생각이 일어나든지 그것에 모든 주의를 기울이세요. 그러면 마치 햇빛의 따스함 속에서 안개가 사라지듯이 모든 생각이 흔적도 없이 사라질 것입니다. 생각은 그 자체의 고유한 실재가 없음을 알아야 합니다. 그러면 더 이상 생각으로 인해 괴로움을 겪지 않게 될 것입니다. 어떤 활동을 하든지 우리의 인식이 생각에 집착하는 이전의 습성으로 다시 돌아가지 않게 하고, 큰 강물이 변치 않고 끊임없이 흘러가는 것처럼 마음챙김을 유지하세요.

행동할 때는 천천히, 차분하고, 확고하고, 결연하게 움직이세요. 걸을 때는 느긋하게 발걸음을 옮기면서 신중하게 움직이세요. 일어날 때는 갑자기 벌떡 일어나지 말고 천천히 몸을 일으키세요. 식사할 때는 마음챙김을 하면서 음식을 씹고 삼키세요. 대화할 때는 부드럽게 천천히 말하고 무의미한 잡담을 피하세요. 진실한 것을 말하고, 부드럽고 신중하게 말하며, 말투를 조심해서 남들의 마음에 혼란을 주지 않도록 하세요. 명성이나 높은 지위를 얻으려는 욕망에서 비롯된 자기자랑이나 가식을 피하세요. 무슨 일이 일어나든지 감정의 동요에 흔들리지 말고, 마음을 잔잔히 가라앉히고, 넓은 마음을 품으세요.

인생은 짧지만 귀중합니다. 따라서 높은 지위, 권력, 부귀를 추구하는 것은 의미가 없습니다. 명상할 때 우리는 때때로 지극한 행복의 안도감과 때 묻지 않은 명료함의 인식, 다시 말해 깊은 내적 고요를 경험할 수 있습니다. 하지만 이런 경험들 중 어느 것도 궁극적 깨달음으로 간주하지 마세요. 그것을 다시 경험하기를 바라거나 다시는 그 느낌을 갖지 못할까봐 안타까워하며 집착하지 말고 놓아두세요. 명상 경험의 본성을 알고 나서, 집착도, 갈망도, 거부도, 긍정도 하지 않고 그대로 놓아두면, 그 경험은 모두 사라지고 자각의 근원 의식이 명백해질 것입니다.

24
―― 이론 ――

전 우주

완벽한 대칭

천문학과 물리학에서의 큰 진보로부터 시작된 16-17세기의 과학혁명을 이끈 신구자들은 코페르니쿠스, 갈릴레오, 뉴턴 같은 그리스도인들이었다. 이들은 우주가 수천 년 전에 창조되었고, 예수가 재림하면 우주가 끝나게 될 것으로 믿었다. 성경을 문자적으로 읽었던 그들은 인간이 창조되기 전에 이미 우주가 현재의 모습으로 창조되었다고 생각했다.

그런 믿음을 가진 과학자들은 지난 사백 년간 형이상학적 실재론의 철학적 입장을 받아들였다. 형이상학적 실재론에서는 절대 객관적인 하느님이 절대 객관적인 물리적 우주를 창조했다고 보았고, 그에 따라 과학자들은 인간의 정신과 감각의 한계에 구애받지 않고 신의 관점으로 세계를 이해하려고 했다.

그 후 천문학과 생물학이 발전함에 따라 우주의 나이와 인류의 진화에 대한 창세기의 문자적 해석은 신빙성을 잃게 되었다. 그리고 20세기 초 양자물리학과 상대성이론의 발달과 함께 시작된 물리 과학의 두 번째 혁명은 형이상학적 실재론의 전제들에 도전했다.

그렇다면 의식에 대해서는 어떠했는가? 고전물리학에서는 인간의 의식은 우리가 경험하는 우주의 형성에 아무런 역할을 하지 않았다고 생각한다. 오늘날 대부분의 과학자들은 인간의 의식은 단지 뇌의 자연적 기능이나 특성이라고 믿고 있다. 그리고 많은 그리스도인들은 데카르트의 생각처럼 태아가 모태에서 수정될 때 신이 태아에게 영혼을 넣어준다고 믿고 있다. 어느 쪽이든 우주에서 의식의 출현은 그다지 의미 있는 역할을 하지 않는다고 보는 것이다.

하지만 그 전제에 도전하는 현대의 물리학자들이 점점 많아지고 있다. 예를 들어 스탠퍼드 대학의 우주학자 안드레 린데Andre Linde는 이렇게 말한다.

> 현재 많은 사람들은 우리가 일반상대성이론을 알기 전의 공간-시간처럼, 의식도 이차적·부차적 역할에 한정되며, 물질의 기능일 뿐이고, 진실로 존재하는 물질세계를 묘사하기 위한 도구에 지나지 않는다고 생각하고 있다. 하지만 세계에 대한 우리의 지식은 물질과 함께 시작되는 것이 아니라 지각과 함께 시작됨을 잊지 말자. … 우리는 우리의 느낌이라는 실재를 '독립적으로 존재하는 물질세계'라는 제법 잘 들어맞는 이론으로 대체하고 있다. 그리고 그 이론이 너무 잘 들어

맞아서 우리는 그것의 한계를 거의 전혀 고려하지 않는다.

이어서 린데는 의식도 공간-시간처럼 물질에서 독립적인 자체의 특성을 가지고 있을 수 있으며, 이런 점을 무시하게 되면 우주에 대해 기술할 때 근본적으로 불완전하고 엉뚱한 결론에 이를 수 있다고 가정한다. 그는 묻는다. "'의식 요소의 공간'을 도입하는 것이 가능한가? 그리고 양성자와 전자가 없을 때에도 중력파와 공간의 들뜸이 존재할 수 있는 것처럼, 물질이 없을 때조차 의식이 홀로 존재할 가능성을 조사하는 것이 가능한가?" 그는 과학이 더 발전하면 우주 연구와 의식 연구가 불가분하게 연관되어 있음이 밝혀질 것이고, 어느 한 분야가 진보하지 못한다면 다른 분야의 궁극적 진보도 불가능할지 모른다고 말한다.

우주에서의 의식의 역할에 현대물리학을 가장 적극적으로 적용하는 예는 양자우주론 분야에서 볼 수 있다. 1967년에 물리학자 존 휠러John Wheeler와 브라이스 드윗Bryce DeWitt은 '슈뢰딩거 파동방정식'이라는 양자물리학의 기본 방정식을 전 우주에 적용했다. 이는 유례없이 양자학 이론을 보편화한 것인데, 그것을 통해 물리학자들은 어떤 사건이 있음직하고 어떤 사건은 있음직하지 않은지를 계산할 수 있다.

이 방정식의 눈에 띄는 특성 중 하나는 시간에 의존하지 않는 것이고, 이는 관찰자로부터 독립적이고 절대 객관적인 우주는 시간에 따라 변하지 않는다는 것을 의미한다. 물리학자들은 이것을 '얼어붙은 시간의 문제' 혹은 단순히 '시간 문제'time problem라고 부른다.

린데는 시간 문제를 이렇게 설명한다. "우리가 우주를 관찰자와 우주의 두 부분으로 나눌 때만 우주는 살아있게(시간에 의존하게) 된다. 그렇게 되면 우주의 나머지 부분의 파동함수가 관찰자에 의해 측정되는 시간에 의존하게 된다. 다시 말해서 진화는 오직 관찰자의 측면에서만 가능하다. 관찰자가 없다면 우주는 죽은 것이다."

존 휠러는 그의 이론 '스스로 관찰하는 우주'에서 '관찰자'라는 단어를 '참여자'로 대체했는데, 이는 우주의 본질을 결정하는 데 관찰자인 우리가 불가분하게 연관되어 있음을 시사한다.

스티븐 호킹도 이와 비슷한 사고방식에 따라서, 18장에서 보았듯이 관찰자-참여자는 우주의 현재 본질뿐 아니라 우리가 알고 있는 우주의 역사를 결정하는 데 핵심 역할을 한다고 주장한다. 많은 물리학자들은 완벽한 대칭이지만 불안정한 진공에서 우주가 시작되었다고 믿는다. 그 진공에서 자연의 모든 힘들은 분화되지 않고 있었다. 초기 상태의 위치에너지는 산꼭대기에 있는 것과 같았고, 진정한 진공의 위치에너지는 산골짜기에 있는 것과 같았다.

그 에너지 차이가 광자와 입자와 반입자들을 만들어낼 때, 우주의 온도는 다시 매우 높이 상승했다. 우주가 더 팽창함에 따라 수차례의 대칭파괴의 상전이 과정을 거치면서 에너지 분화가 진행되어 중력, 약력, 전자기력, 강력이 나타났다. 그래서 우리가 현재 처한 최종상태의 진공은, 마치 물보다 얼음이 훨씬 덜 대칭적인 것처럼, 본래 고온의 진공보다 훨씬 덜 대칭적이다. 우주가 식어가면서 "융해 진공" 상태가 현재의 "결빙 진공"으로 상전이를 겪으면서 초기 대칭상태가 깨져 나갔다.

팽창우주론 inflationary universe에 의하면 빅뱅은 단발성 사건이라기보다는 세포 분화 같은 생물학적 과정과 더 유사했을지도 모른다고 MIT의 우주학자 앨런 구스 Alan Guth는 말한다. 그 관점에 의하면 우주는 결코 시작이 없었고, 거의 확실히 결코 멈추지도 않을 과정이다. 그렇다면 우리는 영원히 자기 복제하는 우주에 살고 있는 것이고, 현재의 우주는 먼저 존재하던 우주에서 비롯된 것이다.

마찬가지로 안드레 린데에 따르면 현재의 우주는 수없이 자기 복제하는 우주들, 즉 "거품들" 중의 하나일 뿐이고, 그 우주 하나하나마다 초기 조건이 다르며 여러 종류의 기본 입자들이 다른 방식으로 상호작용을 한다. 전 우주는 서로 달라붙어 있는 거품들에 비유될 수도 있으며, 각 우주는 진공의 요동이 격발한 팽창에 의해 생성되는 그 자체의 빅뱅으로부터 생겨난다. 하지만 물리학자 스티븐 와인버그Steven Weinberg에게는, 우리의 세계를 이렇게 보는 것이 "더 깊고 아름다운 우주의 실체를 불완전하게 해석한 것일 뿐"이다.

완전한 평형

프랭클린 머렐-울프는 피타고라스의 정신에 입각해서 자신의 수행은 철학, 수학, 요가의 결합이라고 밀했다. 10장에서 말했듯이 그는 첫 번째 깨달음 동안 주관-객관에 대한 의식의 이원성을 초월했지만, 약 33일 동안 풀리지 않는 긴장에 사로잡혀 있어서 더 높은 의식 상태를 경험할 수 없었다. 그 긴장은 두 가지 의식 상태의 대조 때문이었다.

첫째 의식 상태는 초월의 경험으로, 기쁨, 평화, 안정, 자유, 앎의 숭고한 인식을 가져왔다. 둘째 의식 상태는 일상적 세계의 공에 대한 자각이었다. 그는 육신에서의 자유로움과 몸에 묶여 있는 의식의 차이를 생생히 체험했다. 이때 그는 육신에서의 자유로 미묘하게 끌렸지만, 보살 서원을 받아들이는 것처럼, 육체에서 벗어나기를 바라는 애착을 극복했다. 대승불교의 보살 서원이란 자신이 열반을 성취했어도 다른 이들의 고통을 덜어 주려는 자비심에 의해 다시 몸을 가지고 세상에 환생하겠다는 맹세이다. 울프는 세상에서 이타적 활동을 계속하기 위해서 불이적 의식의 초월적 지복으로 물러나고 싶은 깊은 바람에 저항했다.

이러한 두 번째 깨달음에 의해 울프는 불이적 의식과 현상 세계의 긴장을 해소했다. 그 깨달음은 의식의 상대적 차원과 절대적 차원 중 어디에도 애착하지 않고 둘 사이의 완전한 평형감을 낳았다. 그 본래적 자각 상태에서 그는 더 이상 초월적·불이적 자각을 현상 세계의 경험보다 더 귀중하게 여기지 않았다. 그 둘은 궁극적으로 차이가 없음을 알았기 때문이다.

울프는 모든 대립되는 것들 사이의 긴장이 완벽하게 해소된 그 깨달음을 "고귀한 초연함"이라고 말했는데, 이는 우리가 다음에 조사할 쿠사의 니콜라스의 저작들과 매우 잘 부합되는 것이다. 그 깨달음은 초월적인 것과 상대적인 것에 대한 구별을 비롯한 모든 분별을 완전히 초월하게 했다. 이때 낮은 차원의 자아나 고귀한 초월적 자아에 대한 인식에서 개인적 자의식이 모두 없어졌다.

그 깨달음이 몇 시간 지속되는 동안 울프는 근원적인 "한없는 추상적 공간"과 "그 공간 안의 일종의 점-존재"를 가진 "주관-객관 의식과 자기분석적 의식"과의 동질감을 느꼈다. 그리고 개별적 정체성에서 벗어난 의식은 현현된 세계를 발생시키는 의식의 근거로 변화되었다. 이때 그는 보편적 기저와의 동질감을 느꼈고, 거기에서 세계의 대상들과의 합일을 통해 그것들을 안다고 느꼈으며, 지극히 행복해졌다.

울프의 이런 체험과 철학적 숙고가 신플라톤주의와 그리스도교 관상가들의 저작들과 놀랄 만큼 유사하다는 사실은, 보편적 진리는 모든 시대와 장소 및 이데올로기를 초월하여 하나로 수렴된다는 걸 말해 준다.

수렴 우주론

현대의 탁월한 유대교 신비주의 학자 중 한 명인 대니얼 매트Daniel C. Matt는 다수의 우주가 잇따라 생긴다는 과학적 가설이 옳다면, 창세기를 시작하는 문구가 "태초에"가 아니라 "한 우주의 시초에 하느님이 하늘과 땅을 창조하셨다."라고 번역되어야 할 것이라고 말했다. 실제로 그것은 히브리어 원문 Be-Reshit, 즉 '한 시초에'를 더 문자적으로 번역한 것이다.

유대교 신비주의 전통 카발라에 따르면 '신God'은 만물의 단일성을 나타내는 이름이다. 신의 이름 중 하나인 '아인 소프'Ein Sof의 문자적 의미는 '끝이 없다'이며 신의 무한한 본성을 가리킨다. 하지만 훨씬 더 깊은 의미의 이름인 히브리어 '아인'Ayin은 만물에 생명을 주고, 어디에도 한정될 수 없는 신석인 무無를 일컫는다.

물리적 우주 전체는 신적인 무로부터 생기고, 그것과 다르지 않으며, 신적 에너지가 충만해 있다. 이 에너지는 만물에 스며 있지만, 만물 안에 숨겨져 있다. 왜냐하면 그 에너지가 숨겨져 있지 않으면 개별적 존재가 있을 수 없고, 모든 것이 단일함 곧 무의 완벽한 대칭으로 다시 사라져 버리기 때문이다.

유대교 신비주의자들은 현재 우주가 "수축"에 의해 시작되었다고 말한다. 즉, 하느님이 물러나서 물리적 우주가 생겨나게 한 것이다. 그 수축에 의해 창조된 진공이 창조의 자궁이 되었는데, 그것은 정말 비어 있는 게 아니라 하느님의 빛의 흔적을 간직하고 있었다. 결국 유대교 신비주의자들은 만물 속에 신의 불꽃이 있음을 믿는다.

또 영적 도전이란 그 불꽃을 일으키는 것이고, 세계를 하느님에게로 회복시키는 것이며, 우리가 경험하는 모든 것이 하느님의 단일함의 일부임을 알게 되는 것이라고 믿는다. 우리는 영적 수행에 전념함으로써 신의 불꽃을 일으키고, 그럼으로써 깨져 있는 우주의 대칭을 회복할 수 있다.

우주의 기원과 진화에 대한 쿠사의 니콜라스의 관점은 유대교 신비주의자들의 관점과 상당히 유사하다. 그는 무한한 원주에서 직선과 곡선이 어떻게 수렴하는지를 관찰하고서, 하느님의 무한에서는 모든 대립이 사라지고 모든 분별이 희미해져 무無가 된다는 것을 긍정했다. 초기 신플라톤주의 저작들과 마찬가지로 쿠사의 니콜라스는 하느님은 절대 합일이고 모든 대립을 초월하지만, 세계의 수많은 발산으로 "수축"된다고 주장했다.

그는 오리게네스의 관점과 상당히 유사한 관점을 표현하면서 "모든 것이 유출되는 시작이시고, 우리가 움직이는 중간이시며, 모든 것이 다시 흘러 들어가는 마지막이신 하느님은 모든 것이십니다."라고 썼다. 그러므로 우주에는 하느님의 무한한 잠재성이 스며들어 있고, 그것이 만물의 본질이다. 또 니콜라스는 "당신의 밖에는 아무것도 없습니다. 하지만 당신 안에 있는 모든 것은 당신과 다르지 않습니다. 주님, 당신이 가르쳐 주시듯이, 당신 안에 있지 않은 다름은 스스로 존재하지 않으며 존재할 수도 없습니다."라고 말했다.

인도의 명상 전통으로 돌아와 보면, 유대교와 그리스도교의 명상적 우주론과 상당히 유사함을 다시 확인할 수 있다. 10장에서 말했던 힌두교의 아드바이타 베단타 학파에 따르면, 유일한 궁극 실재인 브라흐만Brahman이라는 신에게는 우리가 생각할 수 있는 특성이 없다. 그 궁극의 신성은 특성 있는 신으로 현현하고, 일련의 환상인 비실체적 현현을 통해 창조가 일어난다. 마찬가지로 단 하나의 진아眞我가 의식 있는 존재인 무수한 개별적 자아들로 발산된다.

그러므로 나타난 개별적 자아들을 구별하는 것은 환상일 뿐이다. 왜냐하면 개별적 자아들이란 마치 물결에 반사되는 햇빛처럼 단지 진아의 '모습' 혹은 '반영'으로서 나타나는 것이기 때문이다. 마찬가지로 특성 없는 순수 의식인 신은 우리가 경험하는 많은 대상들로서 나타난다. 진아는 우주와 구별될 수 없기 때문에 정말로 우주에 들어갈 수 없고, 마치 수면에 비친 햇빛이 그곳에 있는 것으로 보여서 물에 "들어가는" 것처럼, 그렇게 은유적으로 들어갈 뿐이다.

보통 사람들이 모든 현상의 신적 본질과 미혹적 본질을 알아보지 못하는 이유는 현상에 문제가 있기 때문이 아니라 사람들의 마음이 불완전하기 때문이다. 살아있는 존재들은 특히 무지로 인해서 분리되고 독립된 자신의 개별적 정체성에 집착하고, 자연스럽게 신을 아는 걸 방해받는다. 하지만 영적 수행을 통해 무지를 걷어내면 우리는 신과 동일한 우리의 본성을 인식할 수 있다.

불교의 대원만 전통은 앞서 말한 관상적 관점과 상당히 유사한 우주론을 보여 준다. 대원만 전통에 따르면, 사만따바드라Samantabhadra로 알려진 근원 붓다Primordial Buddha는 현상의 절대공간, 근원 의식, 근원 에너지의 궁극적 통일이다. 현상 세계가 나타나게 하는 이 의식의 빛나는 공간은 우리 자신의 마음의 본성과 같다. 그것은 또한 명료한 빛이기도 하다.

대원만 전통의 명상가들에 의하면, 모든 의식 있는 존재와 전 우주의 본성은 무한한 빛나는 공간이며 완전함을 갖추고 있다. 하지만 만물에 스며 있는 자각을 드러내는 모든 현상의 실재는 무지에 의해 가려진다. 그 결과 존재와 비존재, 하나와 다수, 주체와 대상 등의 관념을 비롯한 모든 말과 관념을 초월하는 근원 의식은 경험을 통해 기저 및 기저의식으로 환원된다. 그 의식 상태로부터 자의식, 곧 '나'가 생겨난다. 이어서 '나'는 '여기' 존재한다고 생각되므로, 반대로 내가 지각하는 대상은 '저편에' 있는 것으로 보이고, 그 사이의 공간이 확실히 나타나게 된다.

이것을 우주의 진화와 관련지어 보면, 무지는 처음에 우리가 타고난 근원 의식의 내면의 빛을 가리고, 그 빛이 외부로 이동하게 한다. 진화 과정이 진행됨에 따라 통일된 근원 의식은 인식의 다섯 가지 다른 측면들로 분화되고, 이어서 다섯 가지 물질적 요소인 공간, 움직임, 열, 유체성, 고체성으로 발산된다. 대원만 전통에서 영적 수행을 하는 목적은 우리 자신을 독립적 존재로 여기는 망상을 풀어 주는 것, 우리의 근원 의식의 본질을 헤아리는 것, 지혜와 자비 그리고 실재의 궁극적 차원에 있는 창조 에너지를 완전히 드러내는 것이다.

과학자들은 외부의 깊은 우주에 주의를 기울인 결과, 개념적으로 빅뱅에 이르기까지 우주의 기원과 진화를 탐구했다. 하지만 의식은 어떤 기술적 방법으로도 관찰하거나 측정할 수 없기 때문에, 과학자들의 우주관은 우주의 물리 현상에만 한정되어 있다. 반면에 명상가들은 의식의 깊은 공간에 주의를 기울임으로써 경험을 통해 우주의 기원과 진화를 탐구해서 무한한 의식과 창조적 잠재력이 가득한 신적 근원에 이르렀다.

그래서 과학자들과 명상가들은 우리가 살고 있는 현재의 세계는 일시적으로 숨겨져 있는 위대한 완성을 반영하는 것이라는 관점을 가지게 되었다. 그 가설이 과학자들에게는 여전히 애타게 하는 개념적 추상화에 머물러 있는 반면, 명상가들에게는 체험을 통해 위대한 완성의 본질을 깨닫는 것이 바로 삶의 의미이다.

25

── 결론 ──

우리는 무엇이 될 것인가?

이제 다시 우리가 처음에 출발했던 "나는 누구인가?"라는 물음으로 돌아가자. 분별 있는 마음챙김 없이 단순히 상황에 반응하면서 아무 생각 없이 살아간다면, 우리는 정말 신경화학적·유전적으로 정해진 바에 따라 자극에 반응하는 로봇과 마찬가지일 수 있다. 또 본능을 따른다면, 우리는 단지 유전자와 감정의 지배를 받으며 생존과 번식과 일상적 즐거움을 위해 행동하는 동물로 생각될 수도 있다. 그리고 오백억 내지 천억 개의 은하계가 있는 하나의 우주에서 천억 개의 별들을 가진 은하계에 속한 태양계에 있는 행성들 중 하나인 지구에 우리가 살고 있다는 사실을 생각해 보면, 그토록 광대한 우주에서 생물학적 유기체인 우리 인간이란 흔적도 찾을 수 없도록 하찮은 존재로 보인다.

하지만 선구적 물리학자들은 우주에서 우리의 역할이 겉보기처럼 하찮은 것이 아닐 수도 있음을 제안하고 있다. 우리가 생각하고 경험하는 우주가 빅뱅에서 현재까지 진화해 온 데는 자체의 객관적이고 독립적인 본질이 없다. 반면에 우리는 관찰자이자 참여자로서 우리가 사는 세계가 어떤 곳이 될지를 선택한다. 그것이 과거와 현재에 있어서 사실이라면 분명히 미래에도 사실일 것이다. 그렇다면 우리는 생각과 행동을 통해 미래를 창조하고 있는 것이다.

유대교와 그리스도교에서는 인간 존재를 이해하기에 물리학과 생물학의 방법론은 매우 부족하다고 주장한다. 인간은 하느님의 형상으로 창조되었고, 점점 더 완벽하게 창조주를 닮아가는 수준까지 영적으로 진화할 수 있는 능력을 갖고 있기 때문이다. 이와 유사하게 불교에서는 인간뿐 아니라 모든 의식 있는 존재들은 불성을 가지고 있고, 붓다의 완전한 깨달음에 이를 수 있는 잠재력이 있다고 말한다.

급속한 인구 증가, 지구 천연 자원의 과도한 개발, 만족할 줄 모르는 소비지상주의를 통해 인류는 생존과 번영에 점점 더 해로운 방향으로 생태계를 급속하고도 철저히 변화시키고 있다. 이렇듯 우리는 이미 자기파괴적 궤도에 올라 있지만, 인간의 게놈은 백만 년마다 겨우 0.5%씩 변화하기 때문에, 우리 자신이 초래하는 급격한 환경 변화에 적응할 수 있도록 충분히 빠른 속도로 진화할 수 없다. 인류가 번영하지는 못하더라도 한 종으로서 계속 생존하기 위해서, 우리는 지금 당장 더 위대한 지혜와 우리의 본성 그리고 세계와 우리의 관계에 대한 통찰을 통해 영적으로 진화해야만 한다.

대원만 전통을 정점으로 한, 이 책에서 설명한 명상들은 어떤 종교를 가진 사람이라도 수행할 수 있다. 여기서 명상 이론과 수행을 제시하는 목적은 사람들을 불교나 다른 종교로 개종시키려는 것이 아니라, 누구든지 명상 이론을 익히고 명상 수행을 하면 마음의 본성과 세계에 대한 마음의 관계의 본질에 대해서 경험에 의해 통찰을 얻을 수 있다는 것이다. 그래서 우리 내면의 자원을 점점 더 잘 알게 되면, 우리의 마음은 더 균형 잡히고 평화로워지고, 우리는 다른 사람들과 더 조화롭게 살 수 있을 것이다.

그러면 명상 수행을 통해 얻는 통찰은 우리의 신앙으로 통합될 수 있다. 우리가 그리스도인이든 유대교인이든, 아니면 무슬림, 힌두, 도교인, 불자 혹은 불가지론자든 상관없다. 세계의 위대한 명상 전통들 대부분은 근대 이후에 쇠락의 길을 걸었지만, 이제 여러 영적 전통의 사람들이 그들의 명상 유산을 부흥시킬 수 있는 시기가 도래했는지도 모른다. 물리학에서 신경과학에 이르기까지, 과학자들도 명상 수행을 탐구함으로써 지식의 지평을 넓힐 수 있고, 그럼으로써 마음을 연구하는 과학에서 처음으로 위대한 혁명을 일으킬 수도 있다. 그것은 과학계에 지대한 영향을 미칠 것이고, 현재의 물리학과 생물학의 많은 전제들에 도전이 될 것이다.

우리들 중 한 사람이 진지하게 명상 수행을 할 때마다, 그것은 세계를 변화시키고, 우리의 미래의 모습을 만들고, 현대 사회의 이해와 의미를 새롭게 하는 것을 돕게 된다. 그런 수행을 통해 우리의 정체성, 우리가 선하게 될 수 있는 잠재력, 행복의 본질, 우주에서의 의식의 역할을 재발견하게 될 것이다. 역사 속에서 종교, 철학, 과학을 비롯한 인류 문명의 위대한 지혜 전통에 의해 그런 진리가 계시되었다.

우리는 지금 역사상 처음으로 동양과 서양의 통찰을 통합하는 위대한 부흥을 할 준비가 되어 있다. 인류가 성공적으로 현재의 어려움에 대처하고 미래에 번영할 수 있기 위해 우리의 영적 진화에서 한 걸음 더 내딛을 시기가 무르익은 것이다.

| 옮긴이의 말 |

『마음과 통찰』(Mind in the Balance)은 컬럼비아 대학 출판부에서 출간된 과학과 종교 시리즈 중의 한 권이다. 이 시리즈의 열 권 중 네 권이 앨런 월리스의 저서 혹은 편저서이다. 이것을 보더라도 그가 불교와 그리스도교 그리고 과학을 연결하는 영역에서 자리하고 있는 독특한 입지를 짐작할 수 있다. 티베트불교에 입문하여 오랜 세월 수행한 후에 대학에서 물리학과 과학철학을 배우고 교수가 된 후에는 종교학을 강의했던 경력이 지금의 그를 있게 한 것으로 보인다.

근래에 우리나라에서도 일부이긴 하지만 종교적 다원주의가 활발히 논의되고 있다. 한편 종교와 과학의 대화도 서서히 시작되고 있는 것이 사실이다. 앨런 월리스는 이 두 줄기를 모두 아우를 수 있는 연구자이자 수행자의 한 예를 보여 준다.

『마음과 통찰』은 일반인들을 대상으로 쓴 책이지만, 그 내용을 따라가며 읽기가 결코 만만치 않다. 1부에서는 서양과 동양에서 명상의 기원에 대해 설명하고, 2부에서는 실제 명상 수행에 대해서 단계적으로 설명해가면서, 각 수행에 대한 이론적 배경을 알려주고 있다.

저자가 이 책에서 무엇보다 강조하고 있는 것은 현대 과학이 갈릴레오 시대의 실증주의적 정신을 잃어버리고, 인간의 의식 혹은 마음에 대한 연구에 있어서 과학적 유물론이라는 근거 없는 믿음에 의존하고 있다는 사실이다. 그런 비판의 대상은 단지 행동을 연구함으로써 마음을 파악할 수 있다고 하는 심리학의 행동주의자, 실증적 근거 없이 마음을 연구하는 철학자, 실험실에서 생명체를 인공적으로 만들기 위해 애쓰거나 로봇에게 감정이나 마음이 있다고 주장하는 로봇공학자, 마음은 단지 뇌의 신경 상관물에서 비롯된 창발적 속성일 뿐이라고 생각하는 인지과학자 등이다.

반면에 그리스도교와 불교의 명상가들은 오래전부터 명상을 통해 실증적으로 마음을 탐구해왔다. 흔히 명상은 동양종교에만 있는 것으로 생각하기 쉽지만, 서양의 그리스도교에도 신에게 다가가기 위해 관상 혹은 묵상을 통해 마음을 다스리는 수행법이 발달했다.

또 과학적 연구에서는, 마음을 관찰하는 유일한 방법은 1인칭 시점이기 때문에, 마음을 연구할 때 여러 관찰자들이 반복 검증할 수 있어야 한다는 과학적 연구방법을 적용하는 데 어려움이 있는 것은 사실이다. 하지만 심리학을 개척했던 윌리엄 제임스의 예에서 볼 수 있듯이, 내적 성찰에 의해 마음을 관찰하는 것이 마음을 연구하는 데 필수적인 수단이 되어야 한다. 하지만 현대 과학은 아직 이 점을 직시하지 못하고 있다.

동서양의 문화교류가 활발해지면서 종교에 있어서 명상의 잠재력을 재평가하고, 마음의 과학에 명상을 도입하려는 시도가 일어나고 있다. 이와 함께 양자물리학을 비롯한 현대과학의 발전에 의해 관찰자가 수동적인 위치에 머무는 게 아니라 물리 세계에 참여하는 역할을 하고 있음이 밝혀지고 있다. 이러한 불교와 그리스도교와 과학의 만남과 교류는 인류에게 새로운 통찰을 열어줄 수 있을 것이다.

옮긴이는 교회를 다니면서 불교를 통해 예수의 삶과 영성 그리고 하느님을 이해하려고 모색과 탐구, 기도를 하고 있다. 그 첫째 결과물은 폴 니터의 자전적 종교 여정과 탐구를 담은 『붓다 없이 나는 그리스도인일 수 없었다』를 공동 번역한 것이었다. 이제 두 번째 번역서 『마음과 통찰』을 내놓음으로써 예수의 길을 따르는 보다 구체적인 길을 소개하고자 한다.

폴 니터가 불교의 사상과 수행을 통해 그리스도교 영성을 현대 언어로 이해하고 되살리는 길을 모색했다면, 앨런 월리스는 이 책에서 그리스도교와 불교의 토대인 마음을 수행하는 명상의 이론과 실제를 보여 준다. 그리고 그것이 현대과학과 접목되는 지점을 밝히려고 한다.

옮긴이가 부족한 지식으로 이 책을 번역하는 데 도움을 주신 분들이 계시다. 물리학에 관한 내용은 임동건 선생님, 권오대 선생님께서 도움을 주셨고, 인지과학에 대한 내용은 이정모 선생님께서 귀중한 도움을 주셨다. 그리고 그리스도인으로서 불교의 지평을 접할 수 있게 해 주신 길희성 선생님께 깊은 감사를 드리고 싶다. 마지막으로 어려운 내용을 보다

수월하게 읽을 수 있게 하기 위해서 보다 정확하고 쉬운 우리말을 고르는 데 정말 귀중한 조언을 해 주고 함께 문장을 다듬어 준 아내 배정은에게 더할 수 없는 고마움을 보낸다.

불교와 그리스도교와 현대과학을 오가면서 마음을 탐구하는 책의 내용이 읽기에 결코 쉬운 것은 아니지만, 특정 종교의 신앙이나 과학적 관점에 사로잡히지 않고 마음과 세계를 탐구하는 지평을 넓힐 수 있는 귀중한 계기가 될 수 있을 것이다. 현대 사회에서 복잡하고 수고로운 삶을 살면서도 단지 삶에 끌려가지 않고 인생의 귀중한 의미를 알고자 애쓰는 분들에게 이 책이 작은 도움이 되기를 바란다.

2012년 10월
이창엽

마음과 통찰

MIND IN THE BALANCE

1판 1쇄 인쇄 2012년 10월 25일
1판 1쇄 발행 2012년 10월 30일

지은이 앨런 월리스(B. Alan Wallace)
옮긴이 이창엽
펴낸이 이태호

편집 김창현
디자인 우진
인쇄 보현 PNP

펴낸곳 클리어마인드
출판등록 제 300-2005-54호
주소 서울시 종로구 수송동 58번지 두산위브파빌리온 736호
전화 (02) 2198-5151
팩스 (02) 2198-5153

ⓒ 이창엽, 2012

ISBN 978-89-93293-32-6 03100

값 14,000원

* 잘못된 책은 교환해 드립니다.
* 이 책은 저작권법에 따라 보호받는 저작물이므로 무단전재와 복제를 금지하며,
  이 책 내용의 일부를 이용할 때도 반드시 옮긴이와 본 출판사의 서면동의를 받아야 합니다.
* 클리어마인드는 (주)지오비스의 출판브랜드입니다.